# CONTEÚDO DIGITAL PARA ALUNOS
Cadastre-se e transforme seus estudos em uma experiência única de aprendizado:

**1** Entre na página de cadastro:
https://sistemas.editoradobrasil.com.br/cadastro

**2** Além dos seus dados pessoais e dos dados de sua escola, adicione ao cadastro o código do aluno, que garantirá a exclusividade do seu ingresso à plataforma.

9660221A1584018

**3** Depois, acesse: https://leb.editoradobrasil.com.br/
e navegue pelos conteúdos digitais de sua coleção :D

*Lembre-se de que esse código, pessoal e intransferível, é válido por um ano. Guarde-o com cuidado, pois é a única maneira de você acessar os conteúdos da plataforma.*

# SÉRIE BRASIL
Ensino Médio

ENSINO MÉDIO

# BIOLOGIA
## Natureza e sociedade

**1**

### Diarone Paschoarelli Dias

Licenciado em Ciências Biológicas pela Universidade de São Paulo, mestre em Melhoramento Genético Vegetal pela Faculdade de Ciências Agrárias e Veterinárias Unesp - SP. Professor de Biologia do Ensino Médio, de Ciências do Ensino Fundamental e de Genética no Ensino Superior. Diretor de Escola de Ensino Básico de escolas particulares. Autor de apostilas de Biologia para Ensino Médio e Pré-vestibular de três sistemas de ensino. Membro da Sociedade Brasileira de Genética.

### Verônica Bercht

Bacharel e licenciada em Ciências Biológicas pela Universidade de São Paulo. Foi professora de escolas públicas e particulares, editora de ciências em revista informativa e, desde 2009, é editora de livros didáticos de Ciências e Biologia.

2ª edição
São Paulo – 2016

COMPONENTE CURRICULAR
BIOLOGIA
1º ANO ENSINO MÉDIO

Editora do Brasil

© Editora do Brasil S.A., 2016
*Todos os direitos reservados*

**Direção geral:** Vicente Tortamano Avanso
**Direção adjunta:** Maria Lúcia Kerr Cavalcante Queiroz

**Direção editorial:** Cibele Mendes Curto Santos
**Gerência editorial:** Felipe Ramos Poletti
**Supervisão editorial:** Erika Caldin
**Supervisão de arte, editoração e produção digital:** Adelaide Carolina Cerutti
**Supervisão de direitos autorais:** Marilisa Bertolone Mendes
**Supervisão de controle de processos editoriais:** Marta Dias Portero
**Supervisão de revisão:** Dora Helena Feres
**Consultoria de iconografia:** Tempo Composto Col. de Dados Ltda.
**Licenciamentos de textos:** Cinthya Utiyama, Jennifer Xavier, Paula Harue Tozaki e Renata Garbellini
**Coordenação de produção CPE:** Leila P. Jungstedt

**Concepção, desenvolvimento e produção:** Triolet Editorial e Mídias Digitais
**Diretora executiva:** Angélica Pizzutto Pozzani
**Diretor de operações:** João Gameiro
**Gerente editorial:** Denise Pizzutto
**Editora de texto:** Verônica Bercht
**Assistente editorial:** Tatiana Gregório
**Preparação e revisão:** Amanda Andrade, Carol Gama, Érika Finati, Flávia Venezio, Flávio Frasqueti, Gabriela Damico, Juliana Simões, Leandra Trindade, Mayra Terin, Patrícia Rocco, Regina Elisabete Barbosa, Sirlei Pinochia
**Projeto gráfico:** Triolet Editorial/Arte
**Editor de arte:** Wilson Santos Junior
**Assistentes de arte:** Beatriz Landiosi (estag.), Lucas Boniceli (estag.)
**Ilustradores:** Bentinho, Estúdio Ornitorrinco, Dawidson França, Suryara Bernardi
**Iconografia:** Pamela Rosa (coord.), Erika Freitas, Joanna Heliszkowski, Vanessa Volk
**Tratamento de imagens:** Fusion DG
**Capa:** Beatriz Marassi
**Imagem de capa:** Steve Gschmeissner/SPL/Latinstock

**Dados Internacionais de Catalogação na Publicação (CIP)**
**(Câmara Brasileira do Livro, SP, Brasil)**

Dias, Diarone Paschoarelli
  Biologia natureza e sociedade, 1 : ensino médio / Diarone Paschoarelli Dias, Verônica Bercht. – 2. ed. – São Paulo : Editora do Brasil, 2016. – (Série Brasil : ensino médio)

  Componente curricular: Biologia.
  ISBN 978-85-10-06128-5 (aluno)
  ISBN 978-85-10-06129-2 (professor)

  1. Biologia (Ensino médio) I. Bercht, Verônica.
  II. Título. III. Série.

16-05812                                CDD-574.07

**Índice para catálogo sistemático:**
1. Biologia : Ensino médio    574.07

Reprodução proibida. Art. 184 do Código Penal e Lei n. 9.610 de 19 de fevereiro de 1998.
Todos os direitos reservados

2016
Impresso no Brasil

2ª edição / 3ª impressão, 2024
**Impressão e acabamento:** Forma Certa Gráfica Digital

Avenida das Nações Unidas, 12901
Torre Oeste, 20º andar
São Paulo, SP – CEP: 04578-910
Fone: +55 11 3226-0211
www.editoradobrasil.com.br

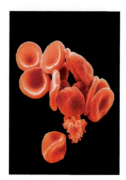

**Imagem de capa:**
Glóbulos vermelhos.
Ampliação: x5 000 em uma imagem de 10 centímetros.

Suryara Bernardi

# APRESENTAÇÃO

Caro aluno,

Os animais, principalmente os mamíferos, são extremamente curiosos, desde que nascem. Filhotes e crianças se aventuram voluntariamente e, em geral, sem qualquer cuidado, para elucidar o mundo que os cerca e satisfazer as curiosidades que naturalmente têm.

As ciências, entre elas a Biologia, também nasceram, cresceram e se desenvolveram a partir do desejo intenso das pessoas que procuravam explicações convincentes sobre o que observavam ao seu redor.

As plantas, os animais, o céu, a Terra e o Sol despertaram profundo interesse nos povos primitivos que, procurando os "porquês" e "comos", começaram a investigar a natureza e a si próprios. Assim, geração após geração, acumulamos conhecimentos sobre a nossa realidade e desenvolvemos tecnologias que trouxeram grandes benefícios para a humanidade. A produção de alimentos aumentou, a cura das doenças tornou-se possível, o bem-estar das pessoas melhorou, as informações chegam-nos rapidamente, ou seja, o conhecimento científico possibilitou a melhoria das condições de vida e o prolongamento dela.

Essa coleção foi elaborada com a intenção de colaborar na sua iniciação nos conhecimentos e métodos científicos das Ciências Biológicas de que atualmente dispomos e de prepará-lo para perguntar, duvidar e procurar por esclarecimentos. Esperamos incrementar a curiosidade que cada um tem dentro de si e que ela os oriente para a pesquisa e investigação.

Não tenha dúvidas, Mendel, Darwin, Pasteur, Einstein, Newton, Lavoisier e muitos outros pesquisadores que marcaram época eram extremamente curiosos e atentos em suas observações, como qualquer um é e pode ser.

**O autor**

# Conheça o livro

## Abertura de unidade
Uma imagem representativa e interessante, acompanhada de um breve texto, traz questões instigantes sobre o tema da unidade.

## Biologia e...
Aproxima temas próprios da Biologia de saberes de outras disciplinas, conectando conhecimentos biológicos a temáticas das diferentes áreas do conhecimento.

**Glossário**
Verbetes são destacados no texto principal.

## Em foco
Valoriza o caráter multidisciplinar de diversos tópicos, relacionando-os a temas de saúde, tecnologia, cotidiano e sociedade.

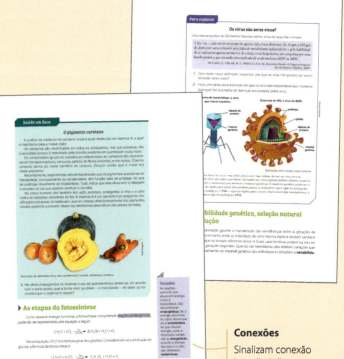

## Para explorar
Atividades de investigação e experimentação estimulam a relação entre o que se aprende na escola e os diferentes aspectos da realidade.

**Conexões**
Sinalizam conexão interdisciplinar entre conceitos.

## Para ler e refletir

Destaca o desenvolvimento de habilidades de leitura e escrita, e da capacidade de reflexão crítica. É um exercício não apenas de letramento científico, mas de incentivo à prática da cidadania crítica por meio do domínio da língua.

## Mãos à obra!

Propõe o estudo do meio com a realização de seminários, debates e jogos. Voltada especialmente ao desenvolvimento de valores na convivência escolar.

## Ação e cidadania

Propostas de atividade em grupo, de caráter interdisciplinar, voltadas para a solução coletiva de situações da comunidade escolar ou de seu entorno.

**Veja também**
Indicação de aprofundamento do tema.

## Para rever e estudar
### (Enem e Vestibulares)

Revisão de conteúdos da unidade, com base em questões selecionadas do Enem e dos principais vestibulares do país.

## Explorando habilidades e competências

Atividades contextualizadas trabalham o desenvolvimento de habilidades e competências da matriz de referência do Enem.

## Atividades

Revisão dos assuntos abordados no capítulo, para realização individual, preferencialmente.

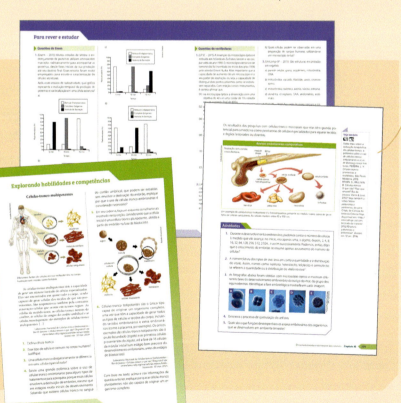

# Sumário

## UNIDADE 1 O estudo da vida

**Capítulo 1** A vida e os seres vivos ..... 10
- Composição química ..... 11
- Organização celular ..... 12
- Nutrição e metabolismo ..... 12
- Reprodução e hereditariedade ..... 13
- Variabilidade genética, seleção natural e evolução ..... 14
- Atividades ..... 16

**Capítulo 2** A Biologia na prática ..... 18
- O que são experimentos controlados? ..... 19
- Níveis de organização da vida ..... 22
- Atividades ..... 24
- Para ler e refletir – Doenças negligenciadas estão nos países pobres e em desenvolvimento ..... 25
- Mãos à obra! – Trabalhando dimensões ..... 26
- Explorando habilidades e competências ..... 27
- Para rever e estudar ..... 28

## UNIDADE 2 A célula

**Capítulo 3** O estudo da célula ..... 32
- Unidades de medida na microscopia ..... 33
- A preparação do material ..... 34
- A descoberta da célula ..... 35
- A Teoria Celular ..... 37
- Padrões celulares ..... 38
- Os vírus ..... 41
- Atividades ..... 41

**Capítulo 4** Composição química da célula ..... 42
- Água ..... 42
- Sais minerais ..... 44
- Glicídios ..... 47
- Lipídios ..... 50
- Aminoácidos ..... 53
- Proteínas ..... 54
- Ácidos nucleicos ..... 58
- Vitaminas ..... 61
- Atividades ..... 63

**Capítulo 5** Membrana plasmática ..... 64
- O modelo mosaico-fluido ..... 64
- Envoltórios da membrana plasmática ..... 65
- Adaptações da membrana plasmática ..... 66
- Atividades ..... 69

**Capítulo 6** Organelas citoplasmáticas ..... 70
- Ribossomos ..... 70
- Retículo endoplasmático ..... 70
- Complexo golgiense ..... 71
- Lisossomos ..... 72
- Vacúolos ..... 74
- Peroxissomos ..... 76
- Mitocôndrias ..... 76
- Plastos ..... 77
- Centríolos ..... 78
- Cílios e flagelos ..... 78
- Atividades ..... 79

**Capítulo 7** Núcleo e cromossomos ..... 80
- Estrutura do núcleo ..... 80
- Os cromossomos ..... 82
- Atividades ..... 87
- Para ler e refletir – Cresce doação de órgãos no Brasil, mas rejeição de famílias ainda é alta ..... 89
- Mãos à obra! – Construção de modelo de célula ..... 90
- Explorando habilidades e competências ..... 91
- Para rever e estudar ..... 92

## UNIDADE 3 A vida da célula

**Capítulo 8** O transporte de substâncias ..... 98
- Transporte passivo ..... 98
- Transporte ativo ..... 103
- Endocitose e exocitose ..... 105
- Atividades ..... 106

**Capítulo 9** Respiração celular e fermentação ..... 107
- A energia utilizável pela célula ..... 107
- Origem da energia para produzir ATP ..... 108
- Respiração celular aeróbia ..... 109
- Respiração celular anaeróbia ..... 111
- Fermentação ..... 112
- Atividades ..... 116

**Capítulo 10** Fotossíntese e quimiossíntese ..... 117
- A clorofila ..... 118
- As etapas da fotossíntese ..... 119
- Quimiossíntese ..... 126
- Atividades ..... 127

**Capítulo 11** Síntese de proteínas ..... 128
- Transcrição gênica ..... 128
- Tradução gênica ..... 129
- Atividades ..... 135

**Capítulo 12** Ciclo celular, mitose e meiose ..... 136
- Fase de síntese e fase G2 ..... 137
- Mitose ..... 138
- Meiose ..... 142
- Mitose *versus* meiose ..... 144
- Atividades ..... 145

Para ler e refletir – Fotossíntese artificial......................146

Ação e cidadania – Como vão as nossas áreas verdes?......................148

Explorando habilidades e competências......................150

Para rever e estudar......................151

## UNIDADE 4  A reprodução dos organismos

**Capítulo 13**  Reprodução assexuada......................158

Divisão binária......................158

Brotamento......................159

Esporulação......................159

Multiplicação vegetativa......................160

Regeneração......................163

Atividades......................163

**Capítulo 14**  Reprodução sexuada......................164

Organismos monoicos e dioicos......................165

Fecundação......................166

Fertilização......................167

Partenogênese......................168

Conjugação......................168

Neotenia......................169

Ciclos de vida......................170

Atividades......................171

**Capítulo 15**  Reprodução humana......................172

Sistema genital masculino......................172

Sistema genital feminino......................173

Hormônios da reprodução humana......................176

Gametogênese......................179

Métodos anticoncepcionais......................181

Atividades......................184

Para ler e refletir – Nova geração de tartarugas marinhas ocupa as praias brasileiras......................185

Ação e cidadania –  A aids entre os jovens......................186

Explorando habilidades e competências......................188

Para rever e estudar......................189

## UNIDADE 5  Desenvolvimento animal

**Capítulo 16**  Desenvolvimento embrionário dos animais......................194

Tipos de ovos......................195

Padrões de segmentação......................197

Etapas do desenvolvimento embrionário......................199

Anexos embrionários......................205

Desenvolvimento pós-embrionário......................206

Células-tronco......................207

Atividades......................209

**Capítulo 17**  Desenvolvimento embrionário humano......................210

Fase embrionária......................210

Fase fetal......................213

Nascimento......................215

Nascimento múltiplo – os gêmeos......................216

Atividades......................217

Para ler e refletir – Gravidez na adolescência: desejo ou subversão? e No Brasil, 75% das adolescentes que têm filhos estão fora da escola......................218

Mãos à obra!......................219

Explorando habilidades e competências......................220

Para rever e estudar......................221

## UNIDADE 6  Histologia animal

**Capítulo 18**  Tecido epitelial......................228

Tecido epitelial de revestimento......................228

Tecido epitelial glandular......................233

Atividades......................234

**Capítulo 19**  Tecido conjuntivo......................235

Tecido conjuntivo frouxo......................235

Tecido conjuntivo denso......................236

Tecido conjuntivo adiposo......................236

Tecido conjuntivo cartilaginoso......................236

Tecido conjuntivo ósseo......................237

Tecido hematopoiético......................239

Sangue......................240

Atividades......................245

**Capítulo 20**  Tecido muscular......................246

Tecido muscular estriado esquelético......................246

Tecido muscular estriado cardíaco......................248

Tecido muscular não estriado......................249

Atividades......................250

**Capítulo 21**  Tecido nervoso......................251

Neurônios......................252

Organização do tecido nervoso......................254

Atividades......................256

Para ler e refletir  – O que são drogas psicotrópicas?......................257

Mãos à obra! – Perfil Histologia......................258

Explorando habilidades e competências......................259

Para rever e estudar......................260

Bibliografia......................268

Sites......................269

Siglas......................272

# UNIDADE 1

# O ESTUDO DA VIDA

Na Terra vivem milhões de espécies de seres vivos diferentes e, cada uma a seu modo, se relaciona com outras espécies e com o ambiente. O que elas têm em comum? O que as diferencia? Como elas sobrevivem? Por que elas se modificam? Essas são questões que a Biologia busca responder para entendermos o mundo do qual fazemos parte. Conhecimentos básicos dessa ciência nos ajudam a entender os impactos que causamos na natureza, a participar conscientemente de ações para preservá-la e a cuidarmos da nossa saúde e do ambiente em que vivemos.

Ping Yan/Cpressphoto/Corbis/Fotoarena

Fêmea de pássaro papa-moscas, da espécie *Terpsiphone paradisi*, alimentando seus filhotes. Ela mede entre 19 cm e 22 cm da cabeça à extremidade da cauda.

## CAPÍTULO 1

# A VIDA E OS SERES VIVOS

A Biologia (do grego *bio* = vida; *logos* = estudo) é o ramo das Ciências Naturais que estuda a vida e todos os seres vivos.

Mas o que é vida? O que é comum a todos os seres vivos e, ao mesmo tempo, os diferencia de tudo o que não é vivo? Responder a essas perguntas não é tarefa fácil, pois a vida é um fenômeno natural que envolve desde reações químicas que ocorrem dentro das células em curto período de tempo até alterações que se processam ao longo de milhares ou milhões de anos, por meio da evolução das espécies.

Embora cientistas de diversas áreas do conhecimento busquem responder a essa questão, não há uma definição amplamente aceita do que é a vida, coerente com tudo o que se conhece sobre os seres vivos e o mundo físico.

Para os biólogos a vida é definida, em geral, de maneira indireta, com base em atributos que caracterizam os seres vivos, entre os quais os mais importantes são: composição química; organização celular; metabolismo; reprodução, hereditariedade e evolução.

A fórmula molecular e o modelo espacial são formas de representar as moléculas. Na fórmula molecular, o símbolo dos elementos químicos é acompanhado do respectivo número subscrito de átomos presente na molécula. No modelo espacial, os átomos são representados por esferas, e as ligações químicas por traços.

**fórmula molecular da água**

$H_2O$

A água é uma molécula essencial para a vida como a conhecemos e está relacionada ao seu surgimento e à sua manutenção.

**modelo espacial da água**

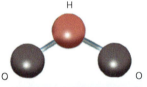

## ▶ Composição química

Os seres vivos são feitos de matéria, tal como as rochas, os gases da atmosfera e a água, e estão sujeitos às mesmas leis químicas e físicas que regem o comportamento da matéria que compõe o mundo não vivo.

Como toda matéria, os seres vivos são constituídos de átomos que podem se unir por meio de ligações químicas, formando moléculas. No entanto, as moléculas que constituem a matéria viva são, na maioria, muito mais complexas do que as encontradas na matéria não viva. Elas podem ser formadas por vários átomos de carbono (C) unidos por ligações químicas, formando extensas cadeias, e aos quais estão ligados, principalmente, átomos de hidrogênio (H), oxigênio (O) e nitrogênio (N).

A molécula da clorofila – pigmento verde que participa da fotossíntese –, por exemplo, é constituída de 55 átomos de carbono, 72 de hidrogênio, 5 de oxigênio, 4 de nitrogênio e 1 átomo de magnésio (Mg). Ela está presente em plantas e em vários organismos aquáticos, como os cianobactérias (invisíveis a olho nu), que são os principais seres fotossintetizantes dos mares.

**Conexões**

Em Física, a matéria pode ser definida como tudo o que tem massa e ocupa espaço.

Ao lado vemos a fórmula molecular e o modelo espacial da clorofila (pigmento presente em cianobactérias). No modelo espacial da clorofila, as esferas de cor preta representam os átomos de carbono; as cinzas, os de hidrogênio; as vermelhas, os de oxigênio; as azuis, os de nitrogênio; e a roxa, o átomo de magnésio.

Recife de corais no Mar da Indonésia.

modelo espacial da clorofila

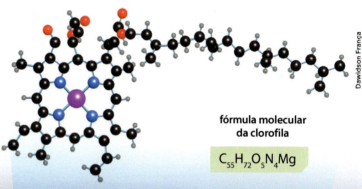

fórmula molecular da clorofila

$C_{55}H_{72}O_5N_4Mg$

11

As substâncias compostas de átomos de carbono e de hidrogênio, mas que podem conter outros átomos, presentes nos seres vivos são chamadas, genericamente, de **substâncias orgânicas**. Em contraposição, as substâncias da matéria bruta são chamadas de **substâncias inorgânicas**.

Os seres vivos são constituídos de enorme quantidade de diferentes substâncias orgânicas e também de substâncias inorgânicas, como água e sais minerais.

Na Química, as substâncias orgânicas são objeto de estudo da Química Orgânica, também conhecida como Química do Carbono. No entanto, não há uma divisão clara entre compostos orgânicos e inorgânicos. Por exemplo, o gás carbônico ($CO_2$), com um carbono na molécula, não é considerado orgânico, mas um óxido – o óxido é uma categoria de compostos inorgânicos –, enquanto o metano ($CH_4$), também com um carbono na molécula, é orgânico; e o oxalato de cálcio – composto de uma cadeia de dois carbonos ($CaC_2O_4$) – é classificado como inorgânico.

## ▶ Organização celular

Os seres vivos são constituídos de uma estrutura organizada – a **célula**. Essa estrutura, geralmente microscópica, é capaz de se nutrir, obter energia a partir das substâncias nutritivas, crescer e se reproduzir. Por isso, é considerada a unidade estrutural e funcional de todos os seres vivos.

Os seres vivos podem ser constituídos de uma única célula (**organismos unicelulares**) ou de dezenas a trilhões de células (**organismos multicelulares** ou pluricelulares). Calcula-se que o corpo humano, por exemplo, possui cerca de 60 trilhões de células.

O paramécio (*Paramecium caudatum*) é um organismo unicelular que se locomove movimentando os cílios na parte externa da célula. Micrografia óptica; ampliada cerca de 250 vezes.

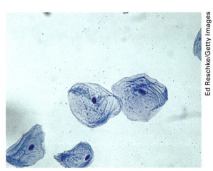

Células epiteliais isoladas do tecido que reveste a cavidade bucal humana, que é uma estrutura multicelular. Micrografia óptica; ampliada cerca de 55 vezes.

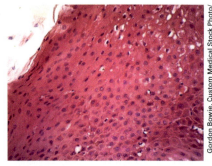

Células epiteliais em uma fina fatia do tecido que reveste o esôfago humano também são exemplo de estrutura multicelular. Micrografia óptica; ampliada cerca de 130 vezes.

## ▶ Nutrição e metabolismo

No interior dos seres vivos, ocorre intensa e incessante transformação de substâncias.

As substâncias que constituem os seres vivos não são imutáveis – elas se desgastam, são degradadas e formadas por meio de reações químicas e eliminadas para o ambiente pelo próprio organismo.

Por meio da **nutrição**, os seres vivos obtêm substâncias do ambiente que, dentro do organismo, passam por várias reações químicas até serem transformadas nas substâncias nutritivas de que eles necessitam. Dessa forma o ser vivo repõe moléculas, obtém matéria-prima para crescer e energia para manter suas atividades.

O conjunto de todas as reações químicas que ocorrem nos seres vivos é chamado **metabolismo**, que engloba dois conjuntos diferentes de reações químicas. O **anabolismo** refere-se ao conjunto das reações químicas (de síntese ou condensação) em que há construção de substâncias a partir de substâncias mais simples. Um exemplo de via anabólica é a fotossíntese. As plantas, por meio do processo da fotossíntese, conseguem sintetizar as substâncias nutritivas de que necessitam a partir de substâncias simples e abundantes (o gás carbônico e a água) com o aproveitamento de uma fonte inesgotável de energia, a luz solar.

O **catabolismo** refere-se ao conjunto das reações químicas (de análise ou decomposição) em que, ao contrário, há transformação de substâncias complexas em outras mais simples, com liberação de energia. Um exemplo de via catabólica é a respiração celular, realizada por vegetais, animais e microrganismos que usam a glicose para obter energia e na qual o desmonte da molécula de glicose ($C_6H_{12}O_6$) resulta em moléculas mais simples de água ($H_2O$) e gás carbônico ($CO_2$), além de liberar energia.

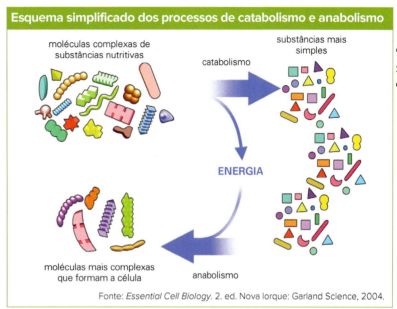

O catabolismo envolve reações químicas que liberam energia. A energia é utilizada pelo organismo no anabolismo para produzir as moléculas de que necessita e para manter suas atividades.

Fonte: *Essential Cell Biology*. 2. ed. Nova Iorque: Garland Science, 2004.

Ilustração sem escala; cores-fantasia.

### Para explorar

**Nutrição de animais e vegetais**

Os vegetais e os animais obtêm as substâncias nutritivas de modos muito diferentes. Com base no texto acima e no que foi aprendido no Ensino Fundamental, descreva resumidamente como cada grupo obtém essas substâncias.

## ▶ Reprodução e hereditariedade

Os seres vivos são capazes de se reproduzir. A **reprodução** pode ser definida como a capacidade dos seres vivos darem origem a outros indivíduos. Ela é um atributo essencial deles e que vem mantendo a vida na Terra há mais de 3,5 bilhões de anos.

A reprodução está associada a outra característica importante dos seres vivos, a **hereditariedade**. Ela é a capacidade dos seres vivos transmitirem aos descendentes informações que garantem a manutenção das semelhanças entre as gerações. Essas informações estão organizadas no **material genético**, que é transmitido aos descendentes durante a reprodução. Dessa maneira, a reprodução e a hereditariedade asseguram a existência e a continuidade das espécies e da vida.

> **Para explorar**
>
> ### Os vírus são seres vivos?
>
> Uma das acepções do *Dicionário Houaiss* define vírus da seguinte maneira:
>
> > **2 Bio vir** – cada um de um grupo de agentes infecciosos diminutos (de 10 nm a 250 nm de diâmetro) caracterizados pela falta de metabolismo independente e pela habilidade de se replicarem apenas no interior de células vivas hospedeiras; são compostos por uma bainha proteica que circunda uma molécula de ácido nucleico (ADN ou ARN).
> >
> > HOUAISS, A.; VILLAR, M. S.; FRANCO, F. M. M. *Dicionário Houaiss da língua portuguesa*. Rio de Janeiro: Objetiva, 2009.
>
> **1.** Com base nessa definição, responda: Por que os vírus não podem ser considerados seres vivos?
>
> **2.** Faça uma pesquisa e explique: Por que os vírus são responsáveis por inúmeras doenças? Dê exemplos de doenças provocadas pelos vírus.
>
>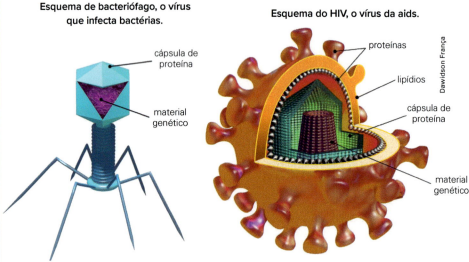
>
> Ilustrações sem escala; cores-fantasia.
>
> Existem vários tipos de vírus, mas todos dependem das células de um ser vivo para se reproduzir. Os vírus são seres acelulares, formados por uma cápsula proteica (bainha proteica, de acordo com o dicionário) que envolve o material genético. O material genético pode ser o DNA – sigla do inglês para ácido desoxirribonucleico (o dicionário usa a sigla do português, ADN, menos usada) ou o RNA – sigla do inglês para o ácido ribonucleico (da mesma forma, o dicionário usa a sigla do português ARN).

## ▶ Variabilidade genética, seleção natural e evolução

A hereditariedade garante a manutenção das semelhanças entre as gerações de uma espécie; no entanto, entre os indivíduos de uma mesma espécie existem também características que os tornam diferentes entre si. Essas características podem ou não ser transmitidas às gerações seguintes. Quando são hereditárias, elas refletem variações que existem, principalmente, no material genético dos indivíduos e compõem a **variabilidade genética**.

A variabilidade genética proporciona a alguns indivíduos características que lhes conferem mais chances de sobreviver e se reproduzir em determinadas condições ambientais. Assim, eles tendem a produzir maior número de descendentes com as características vantajosas e, ao longo das gerações, elas podem se tornar presentes em todos os indivíduos da espécie.

A preservação dos indivíduos com variações favoráveis à sobrevivência e à reprodução, e a eliminação das desfavoráveis é chamada de **seleção natural**.

Um exemplo da atuação da seleção natural sobre a variabilidade genética que afeta diretamente as atividades humanas é o de insetos que, ao longo do tempo, podem deixar de ser **suscetíveis** aos inseticidas.

> **Suscetível:** sensível; capaz ou passível de sofrer certas modificações.

Nos últimos 70 anos, os inseticidas têm sido usados no combate aos insetos que podem causar prejuízos à saúde ou à produção agrícola. Quando recém-lançados, eles são muito eficazes; no entanto, ao longo do tempo, eles podem deixar de funcionar. Tal evento é assim entendido: no início, a população de insetos é constituída predominantemente por indivíduos portadores de variações genéticas sensíveis ao inseticida e poucos com resistência. A resistência, nesse caso, não oferece vantagem alguma ao inseto portador dela e, por causa disso, está presente em poucos indivíduos da população.

Com a aplicação do inseticida a situação se modifica. Os insetos sensíveis não resistem e sucumbem sem deixar descendentes, enquanto os resistentes sobrevivem e procriam gerando muitos descendentes.

A seleção natural é um dos mecanismos que estão na base da **evolução** das espécies. As ideias centrais da evolução preconizam que a vida tem uma história, isto é, as espécies mudam com o passar do tempo, e que as espécies existentes compartilham um ancestral comum.

## Esquema em árvore representando a evolução dos seres vivos

Bentinho

A evolução das espécies pode ser representada por uma árvore, na qual os seres vivos vão se tornando mais complexos a partir da base. Todos os grupos de organismos representados na árvore se originaram de um ancestral comum, há cerca de 3,5 bilhões de anos.

Ilustração sem escala; cores-fantasia.

A vida e os seres vivos **Capítulo 1** 15

## Atividades

1. Com base nos dados apresentados na tabela abaixo, responda às questões a seguir.

| Nome da substância | Fórmula molecular |
|---|---|
| Glicose | $C_6H_{12}O_6$ |
| Adenosina trifosfato (ATP) | $C_{10}H_{16}N_5O_{13}P_3$ |
| Cloreto de sódio (sal de cozinha) | $NaC\ell$ |
| Água | $H_2O$ |

a) Sabendo que os símbolos dos elementos químicos são: C – Carbono; $C\ell$ – Cloro; H – Hidrogênio; Na – Sódio; O – Oxigênio; P – Fósforo, descreva as moléculas de cada substância indicando os elementos químicos e o número de átomos que as compõem.

b) Identifique quais são as substâncias orgânicas e descreva o critério adotado para reconhecê-las.

2. O neurocientista português António Damásio, em seu livro *E o cérebro criou o homem* (São Paulo: Companhia das Letras, 2011), comenta e critica a corriqueira comparação entre máquinas e seres vivos, afirmando que a mais importante diferença entre um Boeing 777 e um organismo vivo é "que cada componente do corpo do organismo vivo (e com isso estou querendo dizer cada célula) é, em si, um organismo vivo [...] sujeito a perecer em caso de pane".

Quais as características das células que permitem ao autor fazer essa afirmação?

3. Monte em seu caderno um quadro como o mostrado a seguir. Ele traz os nomes comuns de alguns seres vivos. Mas além do nome comum pelo qual são conhecidos, no estudo da Biologia eles são classificados detalhadamente e recebem um nome científico. Assim sendo, pesquise e descubra o reino e o nome científico de cada um desses seres e complete o quadro.

| Nome comum | Reino | Nome científico |
|---|---|---|
| Tatu-canastra | | |
| Orelha-de-pau | | |
| Bacilo de koch | | |
| Protozoário entamoeba | | |
| Mamona | | |
| Lombriga | | |

4. Explique por que a reprodução é essencial para a permanência da vida na Terra.

5. Pesquise na internet o que são bactérias super-resistentes e responda em seu caderno:

a) O que provocou o surgimento dessas bactérias?

b) Como o surgimento dessas bactérias se relaciona com os conceitos de hereditariedade, variabilidade genética e seleção natural?

c) Quais as consequências do surgimento dessas bactérias para o ser humano?

d) O que você pode fazer para ajudar a evitar o surgimento de bactérias super-resistentes?

6. "Quando certos [grupos de] organismos compartilham uma série de características, apesar de apresentar outras distinções, isso se deve ao fato de que descendem de um mesmo ancestral. As semelhanças se devem à herança que receberam desse ancestral e as diferenças foram adquiridas após as linhas ancestrais se separarem." (MAYR, Ernst. *O que é evolução*. Rio de Janeiro: Rocco, 2009, p. 43).

   a) A qual processo o biólogo estadunidense Ernst Mayr (1904-2005) se refere no trecho acima?

   b) A que atributos dos seres vivos o autor se refere na passagem: "As semelhanças se devem à herança que receberam desse ancestral..."?

   c) E na passagem: "... e as diferenças foram adquiridas após as linhas ancestrais se separarem"?

7. Como você pode definir vida?

8. Antigamente moléculas orgânicas eram relacionadas com os seres vivos e só poderiam ser geradas por eles. Após estudos, porém, provou-se que moléculas orgânicas poderiam surgir de moléculas inorgânicas e sua definição teve de ser alterada. Atualmente, elas são definidas por vários pesquisadores como moléculas que contêm carbono. Sabendo que os seres vivos contêm grande quantidade de água ($H_2O$) e sais ($Na^+$, $Cl^-$, $K^+$ etc.) em sua composição, responda se podemos relacionar substâncias inorgânicas (aquelas que não contêm carbono) com a matéria não viva.

9. É comum encontrar propagandas de suplementos alimentares com frases como "acelera seu metabolismo" ou "estimula o anabolismo". Qual o significado delas?

10. Observe os modelos espaciais de três moléculas distintas. A seguir, responda às questões.

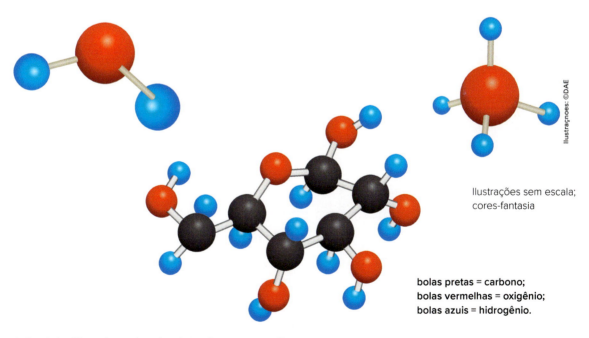

Ilustrações sem escala; cores-fantasia

bolas pretas = carbono;
bolas vermelhas = oxigênio;
bolas azuis = hidrogênio.

   a) Qual é a fórmula molecular de cada composto?

   b) Quais delas podem ser consideradas moléculas orgânicas?

   c) Qual dessas moléculas tem maior tendência a ser catabolizada?

**CAPÍTULO 2**

# A BIOLOGIA NA PRÁTICA

Embora os conhecimentos científicos estejam muito presentes na nossa sociedade, boa parte do conhecimento que usamos para a nossa sobrevivência diária não tem origem científica.

Por exemplo, ao atravessarmos a rua, olhamos para os dois lados porque sabemos por observação, aprendizado ou experiência própria que nosso corpo não pode ocupar o mesmo espaço que o carro. E isso nos parece tão óbvio, tão corriqueiro, que não nos questionamos a esse respeito. Não nos lembramos de que, ao olharmos para os dois lados da rua, estamos colocando em prática, para nos preservarmos, o postulado de Ciências: "dois corpos não ocupam o mesmo lugar no espaço", e sequer nos perguntamos por que isso acontece.

O conhecimento científico também não foi necessário para nossos antepassados que, há cerca de dez mil anos, desenvolveram técnicas de cultivo de plantas e criação de animais para satisfazer às suas necessidades alimentares, produtivas (por exemplo, o uso de animais para o transporte) ou místicas (por exemplo, para sacrifícios ou adoração).

Essas técnicas foram fundamentais para o florescimento posterior da espécie humana e foram desenvolvidas muito antes do surgimento da Ciência, entre os séculos VII e IV a.C.

A relação dos cientistas com a natureza difere da do cidadão comum e da de nossos antepassados porque os cientistas buscam explicações para o que ocorre na natureza.

Os cientistas, entre eles os biólogos, elaboram perguntas sobre o que observam e buscam responder a elas com base no conhecimento científico existente. Esse conhecimento prévio permite-lhes formular uma possível resposta – uma espécie de palpite – à pergunta ou ao problema que querem resolver. Esse palpite é chamado **hipótese** e, com base nessa hipótese, o cientista pode fazer previsões, isto é, imaginar o que deve acontecer caso ela esteja correta. Ele, então, pode criar formas de verificar se a hipótese está correta. E uma dessas formas é a da **experimentação**.

A estatueta de pedra conhecida como Mulher de Willendorf, de 11,1 cm de altura, foi feita entre os anos 28 000 a.C. e 25 000 a.C., tendo sido achada na Áustria em 1908. Especula-se que ela tinha um significado místico relacionado à fertilidade. Pesquisadores defendem que muitos povos deste tempo não tinham conhecimento da participação masculina na procriação, por isso a valorização da fêmea fértil.

> **Para explorar**
>
> ### Pesquisando o desenvolvimento humano
>
> Organizados em grupos de três alunos, escolham uma das técnicas listadas a seguir e pesquisem sua história e o impacto que causou no desenvolvimento humano:
>
> - Domínio do fogo.
> - Domesticação das plantas ou agricultura.
> - Domesticação de animais.
>
> Preparem-se para apresentar os resultados da pesquisa em um seminário, seguindo as orientações do professor.

18 Unidade 1 O estudo da vida

## ▶ O que são experimentos controlados?

Imagine que um agricultor obtém sementes de determinada espécie de mesma origem genética, isto é, obtidas de uma mesma planta, e pretende plantá-las em duas áreas diferentes.

Para isso, ele divide as sementes em dois lotes e semeia um deles numa área e o outro, em área próxima, com condições ambientais semelhantes. Passado um tempo, o agricultor observa que as sementes plantadas na primeira área germinaram, em média, em 5 dias, e as semeadas na outra área, em 8 dias.

O agricultor se pergunta: Por que essa diferença no tempo de germinação? E passa a refletir a fim de responder a essa questão.

Como as sementes têm a mesma origem genética, ele supõe que um ou mais fatores ambientais (ou variáveis) devem ser responsáveis pela diferença de tempo.

Uma vez que as áreas são próximas, ele considera que a temperatura e a quantidade de luz não devem variar substancialmente de um lugar para outro, e que muito provavelmente o sistema de rega ou chuva é o mesmo para ambas as áreas. Partindo dessas premissas, o agricultor levanta a hipótese de que a diferença do tempo de germinação deve estar relacionada aos tipos de solo das áreas.

Para testar se a variável é o tipo de solo, ele procede da seguinte maneira:

1. Preenche cinco vasos iguais com terra de qualidades diferentes, conhecidas e nas mesmas quantidades.

2. Semeia dez sementes de mesma origem genética (da mesma planta relatada anteriormente) em cada vaso, na mesma profundidade e na mesma distância entre si.

3. Os vasos são colocados no mesmo ambiente e mantidos sob as mesmas condições.

Ilustrações: Dawidson França

A Biologia na prática   Capítulo 2   19

Duas vezes por dia, o agricultor visita o experimento montado e registra, numa folha de papel especialmente preparada para isso, o número de sementes germinadas. Se os tempos de germinação registrados forem diferentes, o agricultor pode concluir que a terra de cada vaso foi o fator que condicionou os tempos de germinação e, assim, dizer que a hipótese foi aceita e está, portanto, correta. Caso os tempos de germinação registrados sejam iguais nos diferentes vasos, o agricultor pode deduzir que não é o tipo de terra que interfere no tempo de germinação daquelas sementes e que deve ser outro fator, e agora novas pesquisas e experiências terão de ser feitas para determiná-lo.

Esse é um experimento controlado porque foram tomados todos os cuidados para que, exceto o tipo de solo, todas as demais variáveis (temperatura, luz, umidade e procedência genética da semente) estivessem controladas, ou seja, atuando da mesma forma em todos os vasos.

A grande vantagem de um experimento controlado é que ele ajuda a eliminar grande parte da incerteza na análise dos resultados.

### Biologia e Filosofia

#### Dedução: um modo lógico de pensar

**Premissa:** ponto ou ideia de que se parte para construir um raciocínio.

A dedução é um tipo de raciocínio lógico muito usado no nosso dia a dia e na atividade científica que consiste em, com base em **premissas** consideradas verdadeiras, obter uma conclusão necessária e evidente. Um exemplo clássico de dedução, muito comum em estudos filosóficos, é:

Premissa 1: SE todos os homens são mortais;
Premissa 2: E Sócrates é um homem;
Conclusão: ENTÃO, Sócrates é mortal.

No experimento controlado descrito anteriormente, esse tipo de raciocínio é usado em várias etapas. Numa delas, ele pode ser descrito assim:

Premissa 1: SE o tempo de germinação das sementes é determinado pelas condições ambientais e pelo material genético que elas contêm;
Premissa 2: E sementes geneticamente iguais germinaram em tempos diferentes;
Conclusão: ENTÃO algum fator ambiental foi responsável pela diferença no tempo de germinação das sementes.

1. Agora que você aprendeu um pouco sobre o processo de dedução, pesquise como ocorre e onde se aplica o processo de indução.

Nem sempre é possível fazer experimentos controlados, principalmente fora de um laboratório, mas podem-se obter dados úteis com base em outros tipos de experimentos, que requerem outros cuidados na fase da análise dos resultados.

É difícil, por exemplo, fazer experimentos controlados em testes com seres humanos. O número de variáveis é muito grande – idade, gênero, tipo de alimentação, rotina de exercícios, carga genética, exposição ao estresse, horas e qualidade do sono etc. Os testes de remédios tentam levar em conta o maior número possível de variáveis, mas dificilmente podem controlar todas elas. Por isso, em geral, os testes de novos medicamentos levam vários anos, até que estes possam ser comercializados.

Em laboratório, o pesquisador tem controle total sobre as variáveis, pois o ambiente da experimentação é criado e conduzido por ele. Na foto, microbiologista fazendo testes.

### Para explorar

#### O método científico

Dependendo do objeto de estudo e da criatividade do pesquisador, a prática do cientista pode envolver diversas atividades. No entanto, nas Ciências Naturais alguns procedimentos são muito comuns e formam o que se denominou **método científico**, que geralmente consiste nos seguintes passos:

1. Observação;
2. Identificação de um problema;
3. Pesquisa bibliográfica sobre o assunto e formulação de uma hipótese;
4. Elaboração de previsões ou levantamento de deduções com base na hipótese;
5. Teste das deduções por meio de novas observações ou de experimentos;
6. Conclusões sobre a validade da hipótese.

Identifique cada um desses passos no experimento controlado exposto anteriormente e descreva-os em seu caderno.

As ilustrações desta página são apenas ícones, representando certos elementos, sem relação direta com a realidade.

## Níveis de organização da vida

O mundo vivo é composto de um conjunto imenso de seres vivos das mais variadas espécies, que ocupam a superfície da Terra. Os seres vivos interagem entre si e com o ambiente físico, formando um todo contínuo. Com a intenção de estudá-lo e entendê-lo, os estudiosos dividiram o mundo vivo em níveis hierárquicos de organização.

Comumente, adota-se como nível de referência o **organismo**. Acima dele estão população, comunidade, ecossistema e biosfera; abaixo, sistema, órgão, tecido, célula, organela, molécula e átomo, conforme mostra o infográfico a seguir.

### Biosfera
É a reunião de todos os ecossistemas que existem na Terra; portanto, compreende todas as regiões do nosso planeta onde existe vida.

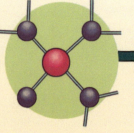

### Átomo
É uma estrutura composta de prótons, nêutrons e elétrons. O modelo atômico de Rutherford (1911) supõe um núcleo, que contém os prótons e os nêutrons, envolvido pela eletrosfera, onde se localizam os elétrons.

### Molécula
É formada por dois ou mais tipos de átomos. As reações químicas ocorrem a nível molecular.

### Organela
Estrutura encontrada no interior das células. Exemplos: mitocôndrias, cloroplastos e ribossomos. É formada por um conjunto de moléculas diferentes que variam conforme a função que desempenham.

### Comunidade
É o conjunto de populações de diferentes espécies que coabitam e interagem em determinada região. Exemplos de comunidade: os seres vivos de uma caverna, de uma lagoa ou de uma fazenda.

### Ecossistema
É o conjunto formado pela comunidade e por todos os aspectos do ambiente em que ela vive, como temperatura, luminosidade e umidade.

22

Os níveis de organização são divisões artificiais. Ao estudarmos um fenômeno em um nível de organização, constatamos que ele é interdependente de todos os demais níveis.

Se por um lado a divisão em níveis de organização facilita o estudo, por outro pode dificultar o entendimento do todo, pois o estudo da natureza separada em partes gera conhecimentos fragmentários, que devem, então, ser revistos ao serem integrados aos níveis mais altos de organização da vida, de modo que forme um todo coerente.

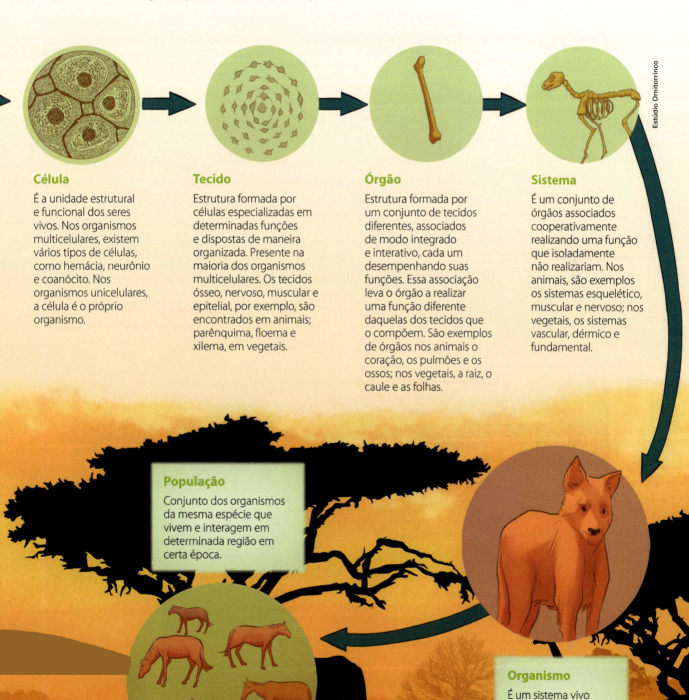

**Célula**
É a unidade estrutural e funcional dos seres vivos. Nos organismos multicelulares, existem vários tipos de células, como hemácia, neurônio e coanócito. Nos organismos unicelulares, a célula é o próprio organismo.

**Tecido**
Estrutura formada por células especializadas em determinadas funções e dispostas de maneira organizada. Presente na maioria dos organismos multicelulares. Os tecidos ósseo, nervoso, muscular e epitelial, por exemplo, são encontrados em animais; parênquima, floema e xilema, em vegetais.

**Órgão**
Estrutura formada por um conjunto de tecidos diferentes, associados de modo integrado e interativo, cada um desempenhando suas funções. Essa associação leva o órgão a realizar uma função diferente daquelas dos tecidos que o compõem. São exemplos de órgãos nos animais o coração, os pulmões e os ossos; nos vegetais, a raiz, o caule e as folhas.

**Sistema**
É um conjunto de órgãos associados cooperativamente realizando uma função que isoladamente não realizariam. Nos animais, são exemplos os sistemas esquelético, muscular e nervoso; nos vegetais, os sistemas vascular, dérmico e fundamental.

**População**
Conjunto dos organismos da mesma espécie que vivem e interagem em determinada região em certa época.

**Organismo**
É um sistema vivo individual, como um animal, uma planta ou uma bactéria.

23

Os níveis de organização biológica podem ser identificados nos objetos de estudo das diversas áreas das Ciências Biológicas, ou Biologia, conforme mostra a tabela a seguir.

| Algumas divisões das Ciências Biológicas e seus objetos de estudo ||
| --- | --- |
| Divisão | Objeto de estudo |
| Citologia | Organelas e células. |
| Histologia | Tecidos. |
| Embriologia | Desenvolvimento de tecidos, órgãos e sistemas no organismo. |
| Fisiologia | Funcionamento de tecidos, órgãos e sistemas no organismo. |
| Anatomia | Arranjo estrutural de tecidos, órgãos e sistemas no organismo. |
| Botânica | Organismos vegetais. |
| Zoologia | Organismos animais. |
| Microbiologia | Microrganismos. |
| Ecologia | Populações, comunidades, ecossistemas e biosfera. |

## Atividades

1. Identifique uma situação do dia a dia em que o pensamento dedutivo orienta a ação e descreva-a explicitando as premissas e a conclusão.

2. Por que o experimento controlado ajuda a eliminar grande parte da incerteza na análise dos resultados?

3. Com base na fotografia abaixo e em sua legenda, responda:

O tuiuiú, ou jaburu, é a ave-símbolo do Pantanal mato-grossense. Ela mede cerca de 1,5 m de altura. Poconé (MT), 2013.

a) Quais níveis de organização biológica estão explícitos na fotografia?

b) Quais níveis de organização não estão explícitos na fotografia, mas cuja existência pode ser inferida ao observá-la?

c) Justifique as suas respostas aos itens anteriores no que diz respeito à célula e ao ecossistema.

4. O coração é um órgão que pode ser estudado por um embriologista, um fisiologista ou um anatomista. O que cada um desses profissionais procuraria saber a respeito dele?

# PARA LER E REFLETIR

## Doenças negligenciadas estão nos países pobres e em desenvolvimento

Espalhadas por todo o planeta, mais de um bilhão de pessoas vivem com menos de US$ 2 por dia: seja no Brasil ou outros países da América Latina e do Caribe, na África, na Ásia e, também, nos Estados Unidos e em alguns países da Europa. Estão principalmente no campo, em áreas urbanas de pobreza extrema e em regiões de conflito. Sofrem de todo tipo de carência – de água potável, de escolaridade, de saneamento básico, de moradia e de acesso a tratamentos de saúde – e são as principais vítimas de doenças negligenciadas.

O progresso científico dos últimos 30 anos, principalmente em países desenvolvidos, gerou avanços médicos sem precedentes e um ganho substancial na expectativa de vida. Um artigo publicado na revista *Lancet*, em 2006, apontou que, entre 1975 e 2004, foram registrados 1 556 medicamentos. Destes, porém, apenas 21 foram registrados para doenças negligenciadas, apesar de representarem 12% da carga global de doenças. E mais: em 2002, quando o mercado mundial de fármacos era de US$ 400 bilhões, nos Estados Unidos 194 novos medicamentos estavam sendo desenvolvidos pela indústria farmacêutica e de biotecnologia, dos quais apenas uma única droga era contra doenças parasitárias e nenhuma era vacina contra doenças tropicais.

A lista de doenças consideradas negligenciadas varia de um país para outro. Atualmente, a Organização Mundial da Saúde (OMS) concentra seus esforços em dois grandes grupos: doenças tratáveis e contra as quais existem meios de combate (como filariose linfática, oncocercose, esquistossomose e dengue), e doenças ainda sem tratamento e que exigem cuidados específicos (como leishmaniose e doença de Chagas). No Brasil, o quadro de doenças negligenciadas é inquietante, a julgar pelas informações disponíveis em artigos publicados em periódicos qualificados da área médica. Peter Hotez, da George Washington University Medical Center, nos EUA, aponta que grande parte dessas doenças da América Latina e Caribe ocorre atualmente no Brasil, incluindo todos os casos de tracoma e hanseníase, e a maioria dos casos de ascaríase, dengue, ancilostomíase, esquistossomose e leishmaniose visceral.

[...]

Segundo Michel Lotrowska, diretor do escritório regional no Rio de Janeiro da Iniciativa Medicamentos para Doenças Negligenciadas (DNDi, na sigla em inglês), "em 2003, a África consumia apenas 1% dos remédios produzidos na época". Lotrowska conta que a DNDi surgiu justamente ante as constatações da organização Médicos Sem Fronteiras (MSF), que faltavam medicamentos em regiões empobrecidas. E acrescenta: "para doenças que também atingiam países ricos, os remédios eram muito caros; para doenças que só atingiam países pobres, os remédios eram muito velhos, sem inovação, e por vezes com muitos efeitos colaterais".

[...]

Para Lotrowska, a situação é consequência "tanto de políticas públicas insuficientes voltadas para pesquisa e desenvolvimento (P&D) de medicamentos de interesse nacional dos países em desenvolvimento, quanto da falta de mercado, provocada pelo baixo interesse econômico que esses pacientes representam para a indústria". Com baixo poder aquisitivo e sem influência política, os doentes e sistemas de saúde de países pobres não conseguem gerar o retorno financeiro exigido pela maior parte das empresas.

[...]

ASSAD, Leonor. Doenças negligenciadas estão nos países pobres e em desenvolvimento. *Ciencia e Cultura*, São Paulo, v. 62, n. 1, 2010. Disponível em: <http://cienciaecultura.bvs.br/scielo.php?script=sci_arttext&pid=S0009-67252010000100003&lng=en&nrm=iso>. Acesso em: 2 set. 2015.

## QUESTÕES

1. Com base no texto, identifique três fatores relacionados à manutenção das doenças negligenciadas apesar do desenvolvimento científico e tecnológico da atualidade.

2. Reúna-se com dois ou três colegas. Compartilhem e debatam as respostas de cada um e reflitam sobre elas. Ao final, elaborem e escrevam coletivamente a resposta à questão anterior, expondo os argumentos que a apoiam.

## Mãos à obra!

# Trabalhando dimensões

O tamanho dos componentes de cada um dos níveis de organização biológica é muito diferente, desde o átomo até a biosfera. Esta atividade vai ajudá-los a ter uma noção comparativa das dimensões dos átomos, das moléculas e das células.

Para isso, analisem a tabela abaixo. Observem que o tamanho de cada item é aproximado – ele está apresentado em ordem de grandeza. Esta é uma forma de trabalhar com objetos de dimensões muito diferentes. Assim, a ordem de grandeza do tamanho humano é próxima de 1 m – isso significa que ele não é menor que 0,1 m nem maior que 10 m. Neste intervalo, estão incluídos, por exemplo, vários animais, como pássaros, leão e cavalo; praticamente todos os arbustos; e várias árvores.

O desafio desta atividade é criar, com base nos dados da tabela, uma forma de representar comparativamente o tamanho de uma célula epitelial ao de uma molécula de glicose.

Sugerimos que, inicialmente, vocês calculem quantas vezes uma célula epitelial é maior que a molécula de glicose. Posteriormente, pesquisem na internet o tamanho de objetos ou de espaços que vocês conheçam e escolham dois deles que apresentem a mesma relação de tamanho entre a célula e a molécula.

Usando a criatividade e a imaginação, elaborem um material visual no qual a diferença de tamanho dos objetos escolhidos seja facilmente percebida, mesmo que eles não estejam representados em escala. Exponham o material para a classe.

| Tabela comparativa da ordem de grandeza de elementos selecionados ||
|---|---|
| Ordem de grandeza (em m) | Elemento |
| 10 | Baleia, girafa, eucalipto |
| $10^{-1}$ | Ser humano, galinha, hipopótamo |
| $10^{-2}$ | Formiga, grão de arroz, semente de girassol |
| $10^{-3}$ | Grão de areia, paramécio, ameba |
| $10^{-4}$ | Célula epitelial |
| $10^{-5}$ | Núcleo celular, mitocôndria |
| $10^{-6}$ | Limite da visão humana ao microscópio óptico |
| $10^{-7}$ | Vírus da aids |
| $10^{-8}$ | Molécula de glicose, de clorofila |
| $10^{-9}$ | Átomo de césio [elemento radioativo] |
| $10^{-10}$ | Molécula de água, átomo de carbono |

Fonte: HUANG, Cary; HUANG, Michael. *Scale of the Universe 2*. (A escala do Universo 2). Disponível em: <http://htwins.net/scale2/lang.html>. Acesso em: 2 set. 2015.

# Explorando habilidades e competências

**1.** Como você define vida?

**2.** Leia o texto abaixo e responda às questões.

### O que é vida?

Definir a vida sempre foi uma questão importante para a humanidade, e diversas ideias foram elaboradas na tentativa de compreendê-la. Provavelmente, o primeiro filósofo a tentar definir formalmente a vida foi Aristóteles, em seu tratado denominado *Da Alma*. Segundo ele, os seres vivos têm dois princípios: a matéria e a forma, que são inseparáveis. Assim, "a vida é aquilo pelo qual um ser se nutre, cresce e perece por si mesmo".

Entretanto, na Idade Antiga e Medieval, as tentativas de explicar o mundo não distinguiam as ideias de matéria, vida e espírito e, no mundo ocidental, persistiu a definição de vida dada pela tradição cristã: a vida é aquilo que nos salva da morte e da aniquilação.

Ainda durante a Idade Média, diversos pensadores de tradição cristã sofreram a influência dos pensamentos aristotélicos e a definição de vida ganhou novos contornos. Um desses pensadores foi Tomás de Aquino (1225-1274), um frade italiano cujas ideias sobre teologia e filosofia influenciaram muito toda a cultura ocidental até os dias atuais. Ele adaptou a filosofia aristotélica à visão cristã e postulou que a vida só era possível devido a uma força externa. Ele considerava a alma imortal e independente em relação ao corpo, contrariando alguns aspectos da ideia de Aristóteles.

Muitos séculos depois, já na Idade Moderna, o debate sobre a definição de vida voltou a florescer. Por volta do século XIX, existiam diferentes correntes de pensamento, como o vitalismo, o mecanicismo e o organicismo, que em muitos aspectos compartilhavam parte de suas proposições. Assim, não havia um pensador vitalista ou mecanicista puro.

O vitalismo era uma posição filosófica que postulava a existência de uma força ou impulso vital sem a qual a vida não poderia ser explicada. O princípio vital seria, assim, uma força específica, distinta da energia estudada pela Física e por outras ciências naturais, que, atuando sobre a matéria organizada, daria como resultado a vida.

O organicismo compreendia que a vida era uma propriedade de um determinado nível de complexidade próprio dos organismos. Ou seja, a vida seria o resultado da interação entre as partes constituintes do organismo em diversos níveis.

Já o mecanicismo defendia que o mundo é um organismo vivo orientado para um fim, assim a vida seria um mecanismo regulado por leis precisas e rigorosas.

Porém, com o passar do tempo, todas essas ideias sofreram questionamentos, e o entendimento de que não existia um princípio vital exclusivo dos seres vivos passou a ser aceito por vários estudiosos. Isso levou a uma mudança: em vez de tentar definir a vida, de tentar produzir um conceito unificado sobre vida, alguns pesquisadores passaram a descrever propriedades e fenômenos presentes nos seres vivos.

Ainda assim, surgiram vários estudos teóricos de Biologia que discutiam como buscar a definição de vida. Segundo alguns pesquisadores, essa definição deveria satisfazer os seguintes critérios: ser geral e abranger todas as formas possíveis de vida; ser coerente com o conhecimento atual sobre sistemas vivo; apresentar conceitos claros e bem definidos; e ser específica a ponto de conseguir separar os sistemas vivos dos não vivos. Seguindo esses preceitos, atualmente, existem algumas tentativas de definir vida, entre as quais podemos destacar:

- A autopoiese, que considera a organização circular a característica que define os sistemas vivos. Assim, a vida seria um sistema organizado fechado, que acontece por meio de uma rede de interações cíclicas.

- A seleção de replicadores se refere à capacidade dos seres vivos de produzirem cópias de si mesmos, mantendo características genéticas eficientes ou mudando algumas características para serem mais eficientes com o passar do tempo.

- A teoria de sistemas autônomos com evolução aberta, em que os organismos vivos são redes de interações que se mantêm com processos evolutivos.

Fonte de Pesquisa: CORRÊA, A. L.; SILVA, P. R.; MEGLHIORATTI, F. A.; CALDEIRA, A. M. A. Aspectos históricos e filosóficos do conceito de vida: contribuições para o ensino de Biologia. *Filosofia e História da Biologia*, v. 3, p. 21-40, 2008. Disponível em: <www.abfhib.org/FHB/FHB-03/FHB-v03-02-Andre-Correa-et-al.pdf>. Acesso em: 12 abr. 2016.

a) O texto mostra como as ideias sobre vida se modificaram ao longo do tempo. Cite duas diferenças entre as teorias mais antigas e as mais atuais.

b) Após ler o texto, você alteraria a resposta para a questão 1? Justifique.

**3.** As primeiras ideias sobre vida possuíam pouco caráter experimental, já que essa prática se tornou comum apenas nos últimos séculos. Como a experimentação pode afetar o surgimento de ideias sobre a vida?

A Biologia na prática **Capítulo 2** 27

# Para rever e estudar

## Questões do Enem

**1.** (Enem – 2014) Embora seja um conceito fundamental para a biologia, o termo "evolução" pode adquirir significados diferentes no senso comum. A ideia de que a espécie humana é o ápice do processo evolutivo é amplamente difundida, mas não é compartilhada por muitos cientistas.

Para esses cientistas, a compreensão do processo citado baseia-se na ideia de que os seres vivos, ao longo do tempo, passam por

a) modificação de características.

b) incremento no tamanho corporal.

c) complexificação de seus sistemas.

d) melhoria de processos e estruturas.

e) especialização para uma determinada finalidade.

**2.** (Enem – 2013)

Apesar de belos e impressionantes, corais exóticos encontrados na Ilha Grande podem ser uma ameaça ao equilíbrio dos ecossistemas do litoral do Rio de Janeiro. Originários do Oceano Pacífico, esses organismos foram trazidos por plataformas de petróleo e outras embarcações, provavelmente na década de 1980, e disputam com as espécies nativas elementos primordiais para a sobrevivência, como espaço e alimento. Organismos invasores são a segunda maior causa de perda de biodiversidade, superados somente pela destruição direta de *habitats* pela ação do homem. As populações de espécies invasoras crescem indefinidamente e ocupam o espaço de organismos nativos.

LEVY, I. Disponível em: <http://cienciahoje.uol.com.br>.
Acesso em: 5 dez. 2011 (adaptado).

As populações de espécies invasoras crescem bastante por terem a vantagem de:

a) não apresentarem genes deletérios no seu pool gênico.

b) não possuírem parasitas e predadores naturais presentes no ambiente exótico.

c) apresentarem características genéticas para se adaptarem a qualquer clima ou condição ambiental.

d) apresentarem capacidade de consumir toda a variedade de alimentos disponibilizados no ambiente exótico.

e) apresentarem características fisiológicas que lhes conferem maior tamanho corporal que o das espécies nativas.

## Questões de vestibulares

**1.** (Uece – 2015) No mundo dos multicelulares, há níveis de organização superiores à célula. A partir dessa informação, assinale a afirmação verdadeira.

a) Ecossistema é o conjunto das populações de uma região.

b) População é formada pelos indivíduos de distintas espécies que vivem em uma mesma região e em uma determinada época.

c) Tecido é um conjunto de células semelhantes que se reúnem para desempenhar determinadas funções.

d) Células são as unidades morfofisiológicas dos seres vivos que compõem os tecidos.

**2.** (PUC-RJ – 2015) Os seres vivos são descendentes de um ancestral unicelular que surgiu há, aproximadamente, 4 bilhões de anos. Devido a sua ancestralidade comum, compartilham algumas características não encontradas no mundo inanimado. No entanto, algumas exceções levam os cientistas a terem dúvidas se os vírus são ou não seres vivos.

A respeito dos vírus, considere as afirmativas:

I. São formados por uma ou mais células.

II. Apresentam material genético e evoluem.

III. Apresentam capacidade de converter moléculas obtidas a partir do seu ambiente em novas moléculas orgânicas.

Sobre os vírus, não é correto o que se afirma em:

a) Apenas I.

b) Apenas II.

c) Apenas I e III.

d) Apenas II e III.

e) I, II e III.

**3.** (Uern – 2015) O corpo humano, como na maioria dos animais, é formado por sistemas. No homem, pode-se encontrar o sistema digestório, respiratório, cardiovascular, nervoso, entre outros. Cada sistema é formado por órgãos, constituídos por tecidos, que são compostos por células. No que se refere à organização celular humana, marque a alternativa correta.

a) No citoplasma ocorre a maioria das reações químicas celulares.

b) As partes fundamentais das células são membrana plasmática e núcleo.

c) O núcleo é responsável por controlar as trocas de substâncias entre o interior e o exterior da célula.

d) A membrana plasmática é envolta por uma parede celular semirrígida que exerce o controle sobre as substâncias que penetram na célula.

4. (PUC-RS – 2014) Os organismos vivos são assim denominados por apresentarem, entre outras propriedades, metabolismo próprio. Considerando essa informação, das seguintes alternativas, qual não é uma característica dos organismos vivos?

a) Podem ser celulares ou acelulares.
b) São estruturados por proteínas.
c) São baseados em soluções aquosas.
d) São mantidos por reações enzimáticas.
e) Possuem genoma composto por bases nucleotídicas.

5. (Uern – 2013) A metodologia científica está presente em todas as áreas do conhecimento, objetivando solucionar problemas do mundo real, assim como novas descobertas, através de resultados metodicamente sistematizados, confiáveis e verificáveis. Acerca dos objetivos e conceitos epigrafados anteriormente, é incorreto afirmar que

a) a hipótese, quando confirmada por grande número de experimentações, é conhecida como teoria, embora nunca seja considerada uma verdade absoluta.
b) após realizar a dedução, não são necessárias novas observações ou experimentações, permitindo que se tirem, a partir desta dedução, uma conclusão sobre o assunto.
c) um aspecto importante da ciência é que os conhecimentos científicos mudam sempre e, com base nesses conhecimentos, novas teorias são formuladas, substituindo, muitas vezes, outras aceitas anteriormente.
d) ao formularem uma hipótese, os cientistas buscam reunir várias informações disponíveis sobre o assunto. Uma vez levantada a hipótese, ocorre a dedução, prevendo o que pode acontecer se a hipótese for verdadeira.

6. (UFF-RJ – 2010) Os seres vivos possuem composição química diferente da composição do meio onde vivem (gráficos abaixo). Os elementos presentes nos seres vivos se organizam, desde níveis mais simples e específicos até os níveis mais complexos e gerais.

**Gráfico 1**

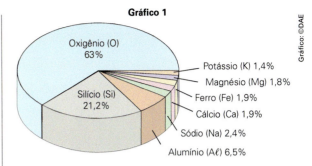

**Gráfico 2**

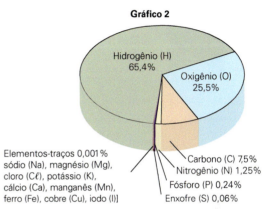

Assinale a opção que identifica o gráfico que representa a composição química média e a ordem crescente dos níveis de organização dos seres vivos.

a) Gráfico 1, molécula, célula, tecido, órgão, organismo, população e comunidade.
b) Gráfico 1, molécula, célula, órgão, tecido, organismo, população e comunidade.
c) Gráfico 2, molécula, célula, órgão, tecido, organismo, população e comunidade.
d) Gráfico 2, molécula, célula, tecido, órgão, organismo, comunidade e população.
e) Gráfico 2, molécula, célula, tecido, órgão, organismo, população e comunidade.

7. (UFPB – 2009) A descoberta dos microscópios de luz (óptico) e eletrônico permitiu muitos avanços nas diversas áreas da Biologia. Um microscópio de luz pode apresentar um poder de resolução 1200 vezes maior que o do olho humano e o eletrônico, 250 mil vezes. Utilizando-se um microscópio de luz, é correto afirmar que é possível observar os seguintes níveis de organização da vida:

a) Populações, tecidos e átomos.
b) Populações, moléculas e órgãos.
c) Moléculas, átomos, e órgãos.
d) Moléculas, organismos e células.
e) Células, tecidos e organismos.

# UNIDADE 2

# A CÉLULA

O corpo humano é composto de trilhões de células que atuam em conjunto harmonicamente e, assim, mantêm as atividades vitais do organismo. A respiração, a sensação de fome, saciedade, frio ou calor, as emoções, os movimentos do corpo, a audição e tantas outras atividades do corpo humano dependem da atividade das células que o compõem e da relação harmônica que elas mantêm entre si. Mesmo os seres multicelulares mais simples dependem dessa atuação conjunta das células. Mas de que são feitas as células? Como elas estão organizadas para realizar suas funções? Este capítulo apresenta as principais organelas celulares e, também, como o desenvolvimento do microscópio e a descoberta da célula permitiu o conhecimento de um mundo até então inacessível ao olho humano.

Detalhe de tecido que recobre a traqueia humana. As células desse tecido produzem muco e são providas de cílios (em verde) cujo movimento encaminha seres estranhos inalados com o ar em direção à faringe, onde podem ser deglutidos ou eliminados pela tosse. Micrografia eletrônica de varredura; cores artificiais; ampliada cerca de 16 000 vezes.

## CAPÍTULO 3

# O ESTUDO DA CÉLULA

A maioria das células apresenta dimensões tão reduzidas que conseguimos observá-las somente com o uso de instrumentos como lupas e microscópios. Sem esses instrumentos não é possível distingui-las, por exemplo, na nossa pele ou na folha de uma planta. Isso ocorre porque a capacidade do olho humano, em perfeitas condições, é limitada à observação de objetos com dimensões mínimas de 0,1 mm (um décimo de milímetro). O objeto é invisível para nós quando apresenta tamanho inferior a essa medida.

O microscópio é um instrumento que produz imagens ampliadas dos corpos e aumenta a nossa capacidade de visão. Há dois tipos básicos de microscópio: **o microscópio óptico** e o **microscópio eletrônico**. O poder de aumento do microscópio eletrônico é de mais de 100 mil vezes, enquanto que o óptico aumenta até, aproximadamente, 2 mil vezes.

No microscópio óptico, o objeto observado é atravessado por um feixe de luz, e no eletrônico, por um feixe de elétrons. O que se vê nos microscópios são as imagens projetadas por esses feixes.

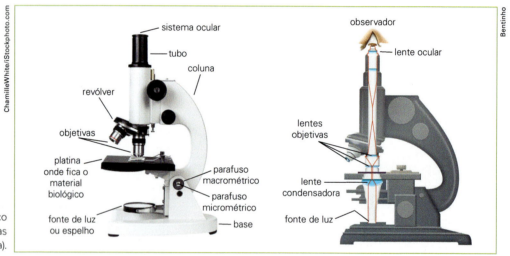

Microscópio óptico (à esquerda) e suas estruturas (à direita).

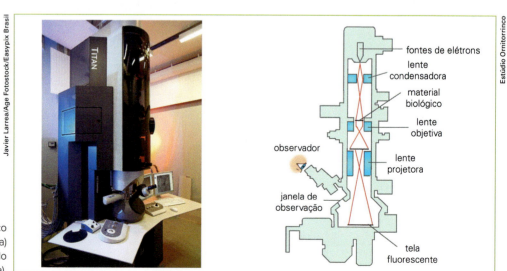

Microscópio eletrônico de transmissão (à esquerda) e esquema do percurso do feixe de elétrons (à direita).

32  Unidade 2  A célula

Há alguns tipos de microscópios ópticos e eletrônicos, adequados para observar materiais diferentes ou aspectos diferentes de um mesmo material. Entre eles, podemos citar:

- Microscópio de campo claro
- Microscópio de fundo escuro
- Microscópio de contraste de fase
- Microscópio estereoscópico ou lupa binocular
- Microscópio eletrônico de varredura
- Microscópio eletrônico de transmissão

Os microscópios ópticos, embora possuam menor capacidade de aumento, permitem ver amostras vivas, ao contrário dos microscópios eletrônicos. Assim, cada tipo de microscópio possui características diferentes, e a escolha de qual deles usar depende do objetivo da análise.

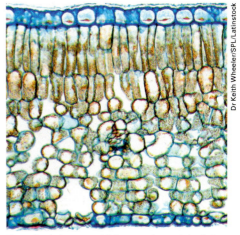

Exemplo de imagem obtida com microscópio óptico. Corte transversal de folha de chá (*Camellia sinensis*), ampliada cerca de 180 vezes.

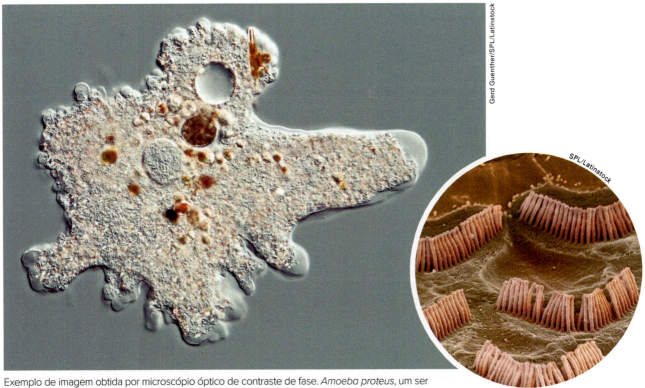

Exemplo de imagem obtida por microscópio óptico de contraste de fase. *Amoeba proteus*, um ser unicelular eucariota. Ampliada cerca de 130 vezes.

Exemplo de imagem obtida com microscópio eletrônico de varredura. Epitélio ciliado da orelha média; cores artificiais; ampliada cerca de 6 800 vezes.

## ▶ Unidades de medida na microscopia

O metro (m) é a unidade básica de medida adotada pelo Sistema Internacional (SI) conveniente para medir o comprimento da maioria dos objetos com os quais temos contato no dia a dia, mas é inadequado para expressar os tamanhos envolvidos na microscopia. Experimente, por exemplo, dizer para seu colega que uma hemácia (célula vermelha do sangue) mede 0,000001 metro. Você, provavelmente, teria de contar o número de zeros até perceber que se trata de um milionésimo de metro. Fazer cálculos com essas medidas diminutas também é complicado.

O estudo da célula  Capítulo 3

1 micrômetro = 1 µm =
= 1/1 000 000 m ou
$10^{-6}$ m

1 nanômetro = 1 nm =
= 1/1 000 000 000 m
ou $10^{-9}$ m

1 Ångström = 1 Å =
= 1/10 000 000 000 m
ou $10^{-10}$ m

Para facilitar, foram criadas unidades de medida a partir de subdivisões do metro, expressas em notação científica como potências negativas de 10. Nessa notação, um centímetro (0,01 m), por exemplo, é grafado $10^{-2}$, e o milímetro (0,001), $10^{-3}$ metros.

As unidades de medida de comprimento mais usadas em microscopia são o **micrômetro** (µm), o **nanômetro** (nm) e o **Ångström** (Å).

### ▶ A preparação do material

O microscópio óptico permite a observação de material vivo, como organismos unicelulares em uma gota de água ou as células de um tecido vegetal, sem preparação prévia. No entanto, para se observar detalhes da célula é necessário que o material seja transparente, pois eles só se tornam visíveis quando são atravessados pelo feixe de luz. Assim, para observar as células dos tecidos, é preciso que ele esteja cortado em fatias muito finas. Isso pode ser feito com uma lâmina de barbear ou bisturi, que proporciona fatias mais grosseiras, ou com um aparelho chamado **micrótomo**, que possibilita a obtenção de fatias com espessura entre 1 e 10 µm. Ao se tentar fatiar um tecido celular ou mais células em fatias finíssimas, no entanto, surge um problema: como cortar um corpo líquido em fatias, já que as células são compostas, geralmente, de mais de 50% de água? Para resolver esse problema, um pedaço de tecido passa por um tratamento de maneira que o líquido das células seja substituído por outro capaz de endurecer sem danificar as estruturas celulares, como a parafina. Ao esfriar, ela se solidifica e facilita o corte do tecido pelo micrótomo. Essa técnica é conhecida como **inclusão**. Porém, ela tem como consequência a morte das células e o que passa a ser observado no material são as estruturas celulares estáticas.

Para visualizar com nitidez o limite das células e as organelas é necessário também corá-las, pois em geral são incolores e confundem-se com o meio no qual estão imersas. Existem vários tipos de corantes e cada um dá cor a organelas específicas, facilitando a observação.

Quando a observação é demorada ou quando se pretende obter um material que dure um tempo mais longo, são usados **fixadores** – substâncias como álcool ou formol, que conservam a célula alterando minimamente sua estrutura.

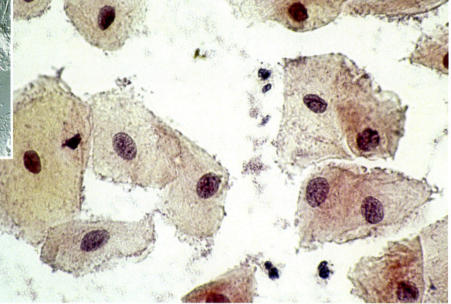

Células epiteliais da pele humana ao microscópio óptico, acima sem corante e com corante (à direita). Imagem acima ampliada cerca de 130 vezes. Imagem à direita ampliada cerca de 4 800 vezes.

## ▶ A descoberta da célula

Não se sabe ao certo quem inventou o primeiro microscópio, no entanto sua origem está relacionada às lentes de aumento, amplamente usadas como óculos desde pelo menos o século XII.

Atribui-se a Zacharias Janssen (1580-1638), um comerciante holandês que mantinha uma oficina de fabricação de óculos, a ideia de colocar uma lente em cada extremidade de um tubo e obter um aumento maior do que o produzido por cada lente isolada. Esse tubo com duas lentes é considerado o primeiro microscópio composto (por ter duas lentes), mas a qualidade da imagem não era muito boa e também não há registro de seu uso para finalidades científicas. Sabe-se que Janssen passou a fornecer esses instrumentos para a realeza, que os comprava como brinquedos para observar pequenos objetos.

Anos depois, por volta de 1650, vários pesquisadores e curiosos observavam o mundo microscópico com o uso de lentes. Um deles foi Anton van Leeuwenhoek (1632-1723), comerciante de tecidos e botões, na cidade de Delft (Holanda). Ele construiu diversas variações de microscópios na tentativa de aprimorar as observações que fazia do mundo microscópico – inclusive de seres vivos – em seus momentos de lazer. Com uma única lente aplicada a uma placa de metal, conseguiu obter uma ampliação de 200 vezes e, assim, observou microrganismos como bactérias, protozoários e rotíferos, e células do esperma e do sangue, chamando-as de "glóbulos".

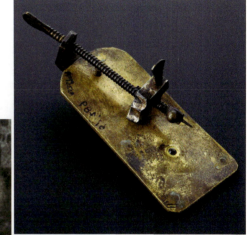

Leeuwenhoek construiu diversos tipos de microscópios simples (com uma só lente). Na figura acima está seu microscópio mais conhecido, de 1674.

Representação de Anton van Leeuwenhoek utilizando um de seus microscópios. Autoria desconhecida, século XVII.

Foi, porém, o trabalho do filósofo natural inglês, Robert Hooke (1635-1703), que causou o maior impacto na história da microbiologia. Seu livro *Micrographia*, publicado em 1665 pela Royal Society (sociedade de cientistas sediada em Londres, fundada em 1660, e da qual era empregado), é considerado uma das mais importantes obras científicas de todos os tempos. Ele observou vários tipos de coisas ao microscópio, como fios de seda, areia, lâmina de uma navalha, vidro, carvão etc., e também a cabeça de uma mosca, uma pulga, uma formiga, o ferrão de uma abelha, fios de cabelo, a superfície de folhas e os cortes finos de um pedaço de cortiça.

O estudo da célula   Capítulo 3   35

Ao observar os cortes de cortiça, Hooke notou que apresentavam muitas cavidades, semelhantes às do favo de mel. Denominou essas cavidades de "células" (do latim, *cella* = espaço vazio), sem saber que cada cavidade observada na cortiça corresponde ao espaço vazio que foi ocupado por uma célula viva. Ao ser produzida, a cortiça apresenta células vivas, que, com o passar do tempo, morrem e se desintegram, deixando uma cavidade em seu lugar.

Em suas observações, Hooke usou o microscópio composto e o simples, que, embora mais rudimentar, permitia uma ampliação maior. Como tinha muito talento para o desenho, Hooke conseguiu transformar as imagens produzidas pelo microscópio em figuras nítidas e convincentes, que, embora tenham chamado a atenção dos cientistas e naturalistas de sua época, tiveram repercussão apenas depois de mais de um século.

Microscópio composto de Hooke.

Desenho feito por Hooke de fatia de cortiça observada ao microscópio. Esse desenho faz parte do livro *Micrografia*, de autoria dele, pulblicado em 1667.

Os microscópios e as técnicas de preparação do material biológico continuaram a se desenvolver e possibilitaram novas descobertas. Em 1831, o botânico escocês Robert Brown (1773-1858), examinando material vivo, observou a presença de uma estrutura arredondada no interior da célula, a qual denominou núcleo. Em 1838 e 1839, o botânico Matthias Jakob Schleiden (1804-1881) e o fisiologista Theodor Schwann (1810-1882), ambos nascidos na Alemanha, usaram a terminologia de Hooke e verificaram que as células estavam presentes em todos os tecidos vegetais e animais. Surgia, assim, a Teoria Celular de Schleiden e Schwann: "todos os seres vivos são formados por células".

Poucos anos depois, em 1858, o **patologista** polonês Rudolf Virchow (1821-1902) postulou em latim: "*Omnis cellula ex cellula*", que, traduzido livremente para o português,

**Patologista:** profissional que atua em patologia, especialidade médica que estuda as doenças e as alterações que elas provocam no organismo.

36 Unidade 2 A célula

significa: "Todas as células provêm de células preexistentes". Com essa afirmação, ele sugeria que as células se reproduzem e destacava, desse modo, a ideia da continuidade da vida.

O termo "célula" só foi reconhecido como tal após ter sido usado nos relatórios da Teoria Celular de Schleiden e Schwann. Anteriormente, ela foi chamada por diversos outros nomes, como "glóbulos", por Leeuwenhoek; "utrículos", pelo médico e biólogo italiano Marcelo Malpighi (1628-1694); "sáculos", pelo médico inglês Nehemiah Grew (1641-1712). Apesar de o termo "célula" dar ideia de espaço vazio, continuamos utilizando esse termo, mesmo sabendo que a célula viva é uma estrutura delimitada por uma membrana e preenchida por diversos componentes.

## Biologia e História

Passaram-se 174 anos (de 1665 a 1839) entre o ato de dar o nome à célula, por Hooke, e a formulação da Teoria Celular de Schleiden e Schwann. Muitas vezes, descobertas científicas iniciais, aparentemente simples, consomem gerações de pesquisadores até chegarem a ter reconhecimento e gerarem um conhecimento abrangente, esclarecedor e com grande aplicação. Talvez, se alguém houvesse perguntado a Robert Hooke "Para que serve o que o senhor está estudando?", provavelmente teria tido como resposta "Por enquanto não serve para nada". Caso Robert Hooke fosse uma pessoa que só se interessasse por aquilo que tivesse utilidade imediata, ou seja, uma visão prática do conhecimento, talvez não tivesse realizado e registrado as suas observações (afinal, elas seriam perda de tempo), e o conhecimento sobre células poderia estar muito atrasado em relação ao que sabemos hoje. Você já se perguntou: "Para que estou estudando isso? Para que serve?".

1. Escreva em seu caderno qual é, para você, o valor pessoal de estudar Biologia. Em seguida, reúna-se com quatro ou cinco colegas e discutam suas anotações para criar uma lista de opiniões dos componentes do grupo. Sob a orientação do professor, os grupos lerão suas listas para a turma, favorecendo a troca de opiniões.

# ▶ A Teoria Celular

Com as novas descobertas e participação de muitos outros pesquisadores, a Teoria Celular elaborada por Schleiden e Schwann foi desenvolvida e, atualmente, alguns de seus princípios são:

1. Todos os seres vivos são formados por células.

2. A célula é a unidade morfológica dos seres vivos, isto é, é a menor estrutura viva.

3. A célula é a unidade fisiológica dos seres vivos, ou seja, é a menor estrutura que consegue realizar as funções vitais, como respiração, excreção, secreção, reprodução e regeneração.

4. As células originam-se de células preexistentes e a continuidade da vida depende, portanto, da reprodução celular.

O estudo da célula **Capítulo 3** 37

## ▶ Padrões celulares

Na grande diversidade de tipos celulares que formam os seres vivos é possível reconhecer dois padrões de células.

As células das bactérias têm uma organização mais simples do que a dos demais seres vivos. Duas características dessas células são bem marcantes. A primeira é que o material genético está imerso diretamente no líquido viscoso que preenche o interior da célula (o citoplasma). Não há, como nos outros padrões celulares, uma membrana envolvendo o material genético (a carioteca ou envelope nuclear) e, assim, não há um núcleo individualizado e visível. A segunda característica é que no interior dessas células estão ausentes estruturas como o cloroplasto, a mitocôndria e os lisossomos – elas apresentam apenas os ribossomos, que não possuem membranas.

A bactéria *Escherichia coli* é um organismo procarionte. Micrografia eletrônica de varredura; cores artificiais; ampliada cerca de 3 900 vezes.

Essas células mais simples são denominadas **procariotas** ou **procarióticas**, e os organismos constituídos por elas são chamados de **procariontes**. Todos os seres procariontes são unicelulares, ou seja, formados por uma única célula.

**Esquema de organismo procarioto**

Ilustração sem escala; cores-fantasia.

Representação do padrão geral de organização de uma célula procariota. Nem todas as estruturas indicadas na ilustração (por exemplo, o flagelo e a parede celular) estão presentes em todos os organismos procariontes.

Entre os seres procariontes, o micoplasma destaca-se por apresentar a menor célula conhecida, com cerca de 100 nm (0,1µm), aproximadamente cinco vezes maior do que um simples ribossomo. Micoplasmas são bactérias que, em sua maioria, vivem livremente no solo. Algumas espécies causam doenças. Outro exemplo são as arqueobactérias, procariontes capazes de resistir a condições extremas de calor, salinidade, acidez e pressão e que vivem em ambientes inóspitos, nos quais a maioria dos seres não consegue resistir.

A célula de todos os demais seres vivos, com exceção dos vírus, apresenta **núcleo** visível e individualizado, em virtude da presença do **envelope nuclear** (ou carioteca), uma membrana que envolve o material genético criando um ambiente no interior do núcleo, separado do ambiente do citoplasma. Essas células chamadas de **eucariotas** ou **eucarióticas** apresentam ribossomos e estruturas como o complexo golgiense, o retículo endoplasmático e as mitocôndrias.

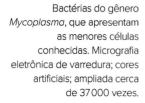

Bactérias do gênero *Mycoplasma*, que apresentam as menores células conhecidas. Micrografia eletrônica de varredura; cores artificiais; ampliada cerca de 37 000 vezes.

Os organismos formados por células eucariotas podem ser uni ou multicelulares e são denominados **eucariontes**. Excluindo-se as bactérias e os vírus, todos os seres vivos são eucariontes.

Entre as células eucariotas existem algumas diferenças marcantes: as células vegetais apresentam parede celular, cloroplastos e enorme vacúolo que ocupa grande parte de seu volume. Nas células animais, a parede celular e os cloroplastos estão ausentes, e o vacúolo, quando presente, é pequeno, podendo haver mais de um.

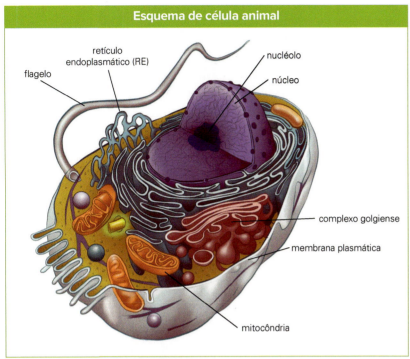

Ilustração sem escala; cores-fantasia.

Representação esquemática de uma célula animal típica com as principais estruturas internas. As células animais medem entre 10 μm e 50 μm de diâmetro, em média.

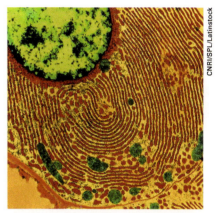

O retículo endoplasmático (em vermelho). Micrografia eletrônica de transmissão; cores artificiais; ampliada cerca de 4 500 vezes.

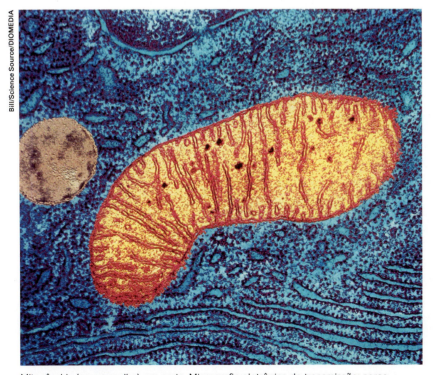

Mitocôndria (em vermelho), em corte. Micrografia eletrônica de transmissão; cores artificiais; ampliada cerca de 48 000 vezes.

Complexo golgiense (em vermelho). Micrografia eletrônica de transmissão; cores artificiais; ampliada cerca de 30 000 vezes.

O estudo da célula   Capítulo 3   39

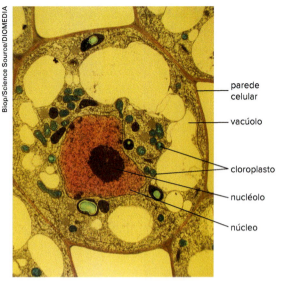

Célula vegetal em corte. Micrografia eletrônica de transmissão; cores artificiais; ampliada cerca de 9 000 vezes.

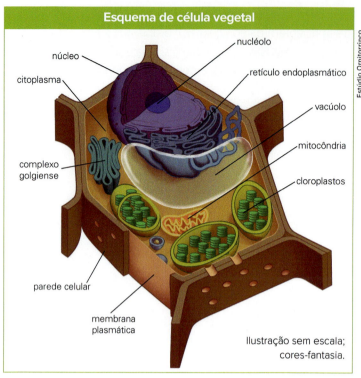

Representação esquemática de uma célula vegetal típica com as principais estruturas internas. As células vegetais medem entre 10 μm e 100 μm de diâmetro em média.

## Biologia e Arte

Você já deve ter reparado que nem sempre conseguimos identificar, à primeira vista, as estruturas biológicas nas imagens obtidas por meio de microscópio (chamadas **micrografias**). Por isso, muitas vezes essas imagens são acompanhadas por ilustrações, e são elas que nos ajudam a identificar o que vemos nas micrografias.

Esse tipo de ilustração é chamado de **ilustração científica** e requer, por um lado, alguma habilidade artística e, por outro, algum conhecimento sobre o material a ser retratado, que pode ser qualquer estrutura, visível ou invisível a olho nu.

A ilustração científica não tem o objetivo de ser uma cópia fidedigna do que se observa, mas de retratar com clareza e o mais aproximado possível os elementos importantes do que está sendo observado. Desenvolver a habilidade de desenhar aquilo que se observa é importante para a prática dos cientistas e é essa a proposta desta atividade. Escolha entre a ilustração da célula animal e a do vegetal apresentadas neste capítulo e faça uma ilustração a partir dela, em uma folha de papel sulfite avulsa. O importante é que ela seja clara e estética (bonita e limpa, sem rasuras e borrões).

Apresente a sua ilustração com as dos colegas em uma exposição que será organizada sob a orientação do professor.

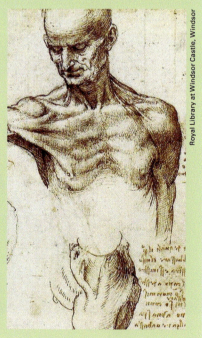

Vários artistas se dedicaram a retratar a natureza com olhar científico, como Leonardo da Vinci (atual Itália, 1452-1519), cujos estudos anatômicos contribuíram para o conhecimento do corpo humano. Obra de cerca de 1510.

## ▶ Os vírus

Entre os cientistas não há unanimidade sobre a inclusão dos vírus no grupo dos seres vivos. Alguns cientistas não os consideram seres vivos porque são acelulares, não apresentam metabolismo e dependem de uma célula para se reproduzir. Outros os consideram seres vivos porque são capazes de se reproduzir, mesmo que dependam das células de algum ser vivo para isso, e estão sujeitos à seleção natural e evolução. Para esses cientistas essas características são suficientes para incluí-los entre os seres vivos.

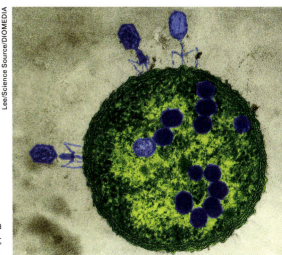

Vírus do tipo bacteriófago (em azul) infectando uma bactéria *Escherichia coli* (em verde). Micrografia eletrônica de transmissão; cores artificiais; ampliada cerca de 70 000 vezes.

### Atividades

1. Por que o termo "célula" não é o vocábulo mais adequado para designar a célula?

2. Uma bactéria, denominada *E. coli* (abreviação de *Escherichia coli*), encontrada no intestino dos mamíferos, apresenta formato cilíndrico. Em média, a *E. coli* apresenta as seguintes dimensões: comprimento = 2,5 µm e largura = 1 µm.

    a) Quantas *E. coli* devem ser enfileiradas para que se atinja 1 mm?

    b) Esse fio seria visível a olho nu?

3. Por que o postulado de Virchow "*omnis cellula ex cellula*" representa a continuidade da vida?

4. Levando-se em conta apenas a Teoria Celular, por que os vírus são contestados como seres vivos?

5. Escreva em seu caderno uma legenda adequada para as micrografias abaixo, identificando o tipo de célula de cada uma (procariota ou eucariota) e se pertencem a bactérias, animais ou vegetais. Identifique também o tipo de microscópio utilizado para obter as imagens (óptico ou eletrônico).

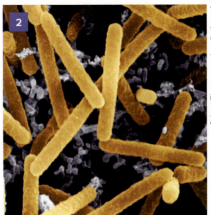
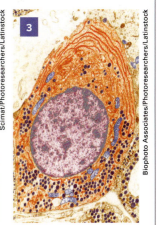

6. Em relação à questão anterior, responda:

    a) Como você identificou o tipo de microscópio usado para obter as imagens?

    b) Como você identificou o tipo de célula de cada imagem?

O estudo da célula   Capítulo 3

## CAPÍTULO 4

# COMPOSIÇÃO QUÍMICA DA CÉLULA

As substâncias químicas que participam da composição das células são os compostos inorgânicos, como a água e os sais minerais; e os orgânicos, como carboidratos, lipídios, aminoácidos, proteínas, nucleotídeos e ácidos nucleicos.

## ▶ Água

A água é um componente biológico essencial para a manutenção da vida. Reconhecida como solvente universal por apresentar capacidade de dissolver substâncias orgânicas e inorgânicas, é, entre todas, a que se encontra em maior quantidade compondo entre 75% e 85% da estrutura corpórea.

Fenômenos vitais como respiração, fotossíntese, excreção e digestão, que compreendem diversas reações químicas, ocorrem porque as substâncias que deles participam estão dissolvidas em água. A água é o meio fundamental das reações que sustentam a vida.

### A polaridade da molécula de água

Muitas das propriedades da água estão relacionadas ao fato de ela apresentar regiões com cargas elétricas opostas, ou seja, ela é uma molécula polar.

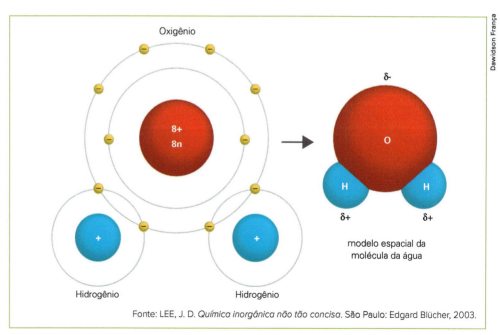

Os elétrons dos átomos de hidrogênio são atraídos pela carga positiva do núcleo do átomo de oxigênio. Assim, formam-se regiões de carga positiva próximas a eles e uma região de carga negativa no lado oposto da molécula.

Ilustrações sem escala; cores-fantasia.

Fonte: LEE, J. D. *Química inorgânica não tão concisa*. São Paulo: Edgard Blücher, 2003.

A polaridade das moléculas de água faz que, em uma porção de água, elas estejam dispostas de maneira mais ou menos ordenada entre si, pois o hidrogênio de uma molécula tende a se aproximar do oxigênio de outra devido à atração elétrica. Essa interação entre uma ou mais moléculas de água provocada pela atração elétrica é chamada **ligação de hidrogênio**.

Como a água é uma molécula polar, ela consegue interagir com outras substâncias polares, dissolvendo-as. Já substâncias apolares, como óleos, não dissolvem na água.

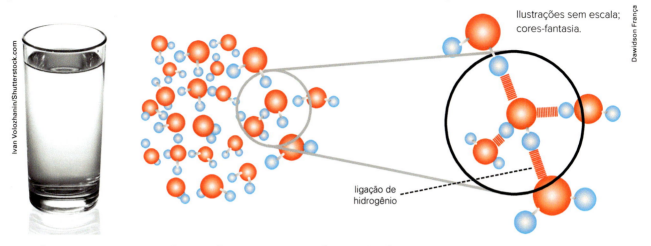

Em razão de sua polaridade, as moléculas de água estabelecem ligações de hidrogênio entre si.

A água também participa ativamente da regulação da temperatura corporal de alguns organismos. Quando aquecida, a água no estado líquido passa para o estado gasoso. Valendo-se dessa propriedade, os organismos transpiram para refrescar o corpo. A água eliminada pela transpiração "rouba" energia do corpo ao evaporar, refrescando-o. Com isso, a temperatura do organismo diminui.

A água possui papel fundamental na constituição dos líquidos circulantes – como a seiva, nas plantas; e o sangue, em animais –, responsáveis pelo transporte e pela distribuição de substâncias no interior dos organismos.

A quantidade relativa de água nos organismos varia entre espécies diferentes e, em seres da mesma espécie, com a idade. Assim, uma árvore apresenta uma massa maior de água do que um animal; e uma criança maior do que um adulto, em relação à massa total.

A água participa da regulação da temperatura de alguns organismos vivos por meio da transpiração.

Além disso, a massa de água em relação à massa total também varia entre os órgãos de um mesmo indivíduo, refletindo a intensidade do metabolismo. O cérebro, órgão de metabolismo elevado, apresenta alto teor de água, enquanto o fêmur (um osso) possui baixo teor de água e metabolismo menos intenso que o cérebro. Portanto, quanto maior a intensidade metabólica de um órgão, maior seu teor de água.

| Variação da massa de água em órgãos humanos ||
|:---:|:---:|
| Órgão | Massa de água em relação à massa total (em %) |
| Cérebro | 92% |
| Músculos | 83% |
| Pulmões | 70% |
| Rins | 61% |
| Ossos | 48% |
| Dentina | 12% |

Composição química da célula **Capítulo 4**

## ▶ Sais minerais

São compostos inorgânicos encontrados nos organismos de duas formas: dissolvidos na água, formando íons (sódio – $Na^+$; potássio – $K^+$; e cloro – $C\ell^-$); e cristais (como o carbonato e o fosfato de cálcio nos ossos). Elementos provenientes dos sais minerais podem entrar na composição de moléculas orgânicas.

Minerais não são sintetizados pelo organismo e devem ser obtidos por meio da alimentação e absorção. Embora necessários em pequenas quantidades, eles participam da estrutura e de processos importantes do metabolismo dos organismos. As funções e a importância dos principais sais minerais estão listadas a seguir.

**Sais de cálcio:** entram na composição dos ossos e dos dentes e devem ser ingeridos em quantidades suficientes para suprir as necessidades do esqueleto e da dentição. O cálcio também é indispensável no processo de coagulação do sangue e de contração muscular e em diversos outros processos.

A principal fonte de cálcio é o leite e seus derivados, como queijos, coalhadas e iogurtes. Ele também é encontrado em quantidades apreciáveis em verduras, como agrião e brócolis.

O consumo de alimentos saudáveis e ricos em cálcio também é recomendado no tratamento de osteoporose, enfermidade caracterizada pela redução de massa óssea e aumento da porosidade, atingindo especialmente mulheres depois da menopausa, e que provoca problemas posturais, redução de estatura e maior risco de fraturas.

Alimentação rica em vegetais, grãos, leite e derivados propicia a ingestão adequada de sais minerais.

**Sais de sódio:** participam da regulação da quantidade de água no corpo, da transmissão do impulso nervoso e do relaxamento muscular. A principal fonte de sódio na alimentação dos brasileiros é o sal de cozinha. Os sais de sódio são importantes aditivos alimentares, usados pela indústria alimentícia para conservar os alimentos.

**Sais de cloro:** participam da regulação da quantidade de água no corpo, com os de sódio, e fazem parte da composição de substâncias corporais, como o ácido clorídrico, importante para a digestão dos alimentos no estômago. A principal fonte de cloro é o sal de cozinha.

## Foco em saúde

Leia o texto abaixo e faça o que se pede nas questões a seguir.

### O sal de cozinha é responsável por 71,5% da ingestão de sódio pelo brasileiro

*Participação da indústria de alimentos no consumo de sódio no Brasil é de 23,8%*

A principal origem de ingestão de sódio pelo brasileiro é o sal de cozinha, que representou 71,5% do total do nutriente ingerido no país, entre 2008 e 2009. A conclusão pertence ao estudo Cenário do Consumo de Sódio no Brasil, recém-elaborado pela Associação Brasileira das Indústrias da Alimentação – ABIA, com base em dados da última Pesquisa de Orçamentos Familiares – POF (2008-2009) e da Pesquisa Anual de Serviços (2009), ambas do Instituto Brasileiro de Geografia e Estatística – IBGE.

A parcela restante do sódio consumido pela população brasileira, tanto nos domicílios como nas refeições fora do lar, teve origem no nutriente contido nos alimentos industrializados (13,8%), no pão francês (6,0%), nos alimentos *in natura* (4,7%) e nos alimentos semielaborados (4,1%).

O estudo também conclui que, no período analisado, cada brasileiro consumia, diariamente, 1.031 quilos de alimentos e 4,46 gramas de sódio no Brasil, o correspondente a 11,38 gramas de sal, se aplicada a conversão de 1 grama de sódio para 2,55 gramas de sal. De acordo com a Organização Mundial da Saúde – OMS, o consumo diário de sal não deve ultrapassar 5 gramas.

[...]

O consumo excessivo de sal de cozinha, principal fonte de sódio, tornou-se um sério problema de saúde pública no Brasil.

Associação Brasileira das Indústrias da Alimentação (ABIA). Disponível em: <www.abia.org.br/sodio/pressrelease.asp>. Acesso em: 17 ago. 2015.

1. Quais são as fontes de sódio e qual a contribuição de cada uma delas no consumo diário dos brasileiros?

2. Pesquise na internet, livros ou revistas e escreva em seu caderno as consequências do consumo excessivo de sódio para o organismo humano.

3. Compare o consumo diário de sódio recomendado pela Organização Mundial de Saúde (OMS) e a média diária de consumo de sódio entre os brasileiros. Comente.

4. Pesquise nas embalagens de produtos industrializados que você e sua família consomem e verifique quais possuem substâncias que levam sódio (em geral, são os sais de sódio) e qual o nome dessas substâncias. Com base nos alimentos pesquisados, faça uma tabela que mostre em quais há adição de conservantes e estabilizantes com sódio e qual o nome das substâncias adicionadas a cada um.

5. Quais são as medidas que você pode adotar para diminuir a ingestão de sódio em sua dieta?

**Frutos do mar:** expressão utilizada na culinária para designar alguns animais marinhos utilizados na alimentação, como polvo, lula, camarão, marisco e outros.

**Iodo e flúor:** o ser humano necessita de pequenas quantidades de iodo e flúor, elementos que evitam, respectivamente, o aparecimento de bócio – também conhecido por papeira – e cárie dentária. Alimentos ricos em iodo são os peixes marinhos e os **frutos do mar.**

Alimentos de origem marinha são ricos em iodo.

Em razão da pouca ingestão de alimentos de origem marinha, algumas pessoas correm o risco de apresentar deficiência de iodo. Por esse motivo, por recomendação da Organização Mundial da Saúde (OMS), entidade vinculada à Organização das Nações Unidas (ONU), a Agência Nacional de Vigilância Sanitária (Anvisa) regulamenta a adição de iodo ao sal de cozinha. Conforme portaria de 1999 do Ministério da Saúde, o sal de cozinha vendido no Brasil deve conter entre 40 mg e 100 mg de iodato de potássio (KIO) por quilograma de sal. A partir disso, o sal é rotulado como "iodado".

Para garantir o consumo mínimo de flúor, ele é adicionado à água tratada que é distribuída para o consumo da população urbana pelos serviços públicos de água e saneamento.

Hemácias contêm hemoglobina, que apresenta ferro em sua composição. Micrografia eletrônica de varredura; cores artificiais, ampliada cerca de 2 600 vezes.

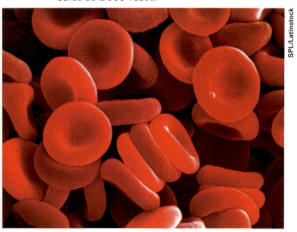

**Sais de ferro:** são indispensáveis na produção da hemoglobina – substância que dá a cor vermelha ao sangue. A função da hemoglobina é transportar gases ($O_2$ e $CO_2$) no sangue. A deficiência de ferro na dieta causa anemia, doença caracterizada especialmente pela fraqueza e palidez. Alimentos ricos em ferro são: carne, fígado, gema de ovo, grãos (feijão, lentilha, grão de bico etc.), nozes e azeitonas.

**Sais de magnésio:** a clorofila, pigmento responsável pela cor verde das plantas, algas e algumas bactérias, é uma molécula complexa que contém magnésio em seu interior. Portanto, os sais de magnésio são fundamentais para as plantas formarem clorofila, principal pigmento da fotossíntese. Vegetais são boas fontes de magnésio.

O magnésio está para a clorofila como o ferro para a hemoglobina. Pesquisas revelaram que os sais de magnésio são importantes em esportes de resistência porque ajudam na contração muscular, no metabolismo energético e também na resistência óssea.

## ▶ Glicídios

Os **glicídios** ou **carboidratos**, conhecidos popularmente como açúcares, são moléculas orgânicas formadas por átomos de carbono dispostos em cadeias, átomos de hidrogênio e oxigênio. No dia a dia, usamos o termo açúcar para designar alimentos doces e mesmo o termo glicídio (do grego, *glicos* = doce) está associado a esse sabor. No entanto, nem todos os glicídios o são.

Exemplos de fontes de glicídios na alimentação humana. Nem todas são doces.

Eles são a principal fonte de energia usada pelos seres vivos e, por isso, são chamados de **substâncias energéticas**, embora lipídios e proteínas também sejam usados para esse fim.

Além da função energética, os glicídios desempenham uma função importante na estrutura corporal dos seres vivos. Eles fazem parte, por exemplo, da estrutura molecular da membrana das células e dos ácidos nucleicos que compõem o material genético.

## Tipos de glicídios

Os glicídios podem ser classificados em três grupos: monossacarídios, dissacarídios e polissacarídios.

Os **monossacarídios** são os glicídios mais simples como a **glicose**, a **frutose** e a **galactose**. A glicose é o monossacarídio mais comum, produzido pelas plantas, e uma importante fonte de energia dos seres vivos. A frutose, presente no mel, também é energética. Ao serem consumidos, esses glicídios não sofrem digestão e podem ser absorvidos pelas células. Já a galactose deve ser transformada em glicose no fígado para, então, ser absorvida pelas células.

### Conexões

De modo geral, em Química, o sufixo "-ose" é usado para denominar os glicídios.

Composição química da célula  Capítulo 4  47

A glicose e a galactose são formadas por cadeias compostas de seis átomos de carbono e, por isso, são chamadas de **hexoses**.

Os monossacarídios que participam da estrutura molecular dos ácidos nucleicos são a **ribose** e a **desoxirribose**, ambas com cadeias de cinco átomos de carbono, chamadas de **pentoses**.

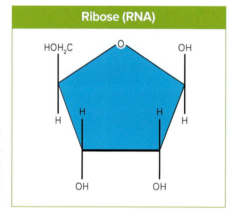

A glicose e a galactose são exemplos de hexoses, cujas cadeias carbônicas formam um anel. Os átomos de carbono nos vértices dos anéis não são mostrados.

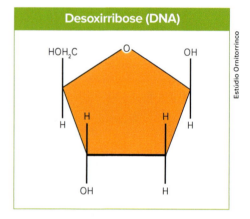

A ribose e a desoxirribose são exemplos de pentoses, cujas cadeias carbônicas formam um anel. Os átomos de carbono nos vértices dos anéis não são mostrados.

O glicídio é denominado **dissacarídio** quando sua molécula é formada por dois monossacarídios ligados entre si. A **sacarose**, por exemplo, presente no açúcar que usamos para adoçar alimentos e líquidos, é composta de uma glicose e uma frutose; e a **lactose**, presente no leite, é formada por uma glicose e uma galactose.

| Constituição química de alguns dissacarídios |||
|:---:|:---:|:---:|
| **Dissacarídio** | **Monossacarídios constituintes** | **Exemplos de fontes** |
| Sacarose | Glicose + Frutose | Açúcar de cana-de-açúcar e beterraba |
| Maltose | Glicose + Glicose | Cereais |
| Lactose | Glicose + Galactose | Leite |

O açúcar que usamos para adoçar os alimentos possui sacarose, um dissacarídio extraído de plantas como a cana-de-açúcar e a beterraba.

Um glicídio com vários monossacarídios ligados entre si e formando uma longa cadeia linear ou ramificada é denominado **polissacarídio**. O **amido**, por exemplo, é uma substância de reserva de glicose presente nos vegetais, composta de mais de 1 400 glicoses. O **glicogênio**, encontrado no fígado e que desempenha o mesmo papel nos animais, contém mais de 30 mil glicoses. A **celulose**, o glicídio mais abundante na natureza e principal componente estrutural da parede celular das células vegetais, é constituído por mais de 4 mil glicoses.

A celulose é um polissacarídio de alto valor industrial, e um dos produtos obtidos a partir da celulose é o papel. Na imagem, vemos caminhões com troncos de eucalipto, principal fonte de celulose para a indústria brasileira.

Os polissacarídios fazem parte de um tipo de molécula chamada de polímero. Os **polímeros** são moléculas grandes (macromoléculas), formadas por longas cadeias de subunidades semelhantes ou idênticas. As subunidades, que se repetem ao longo do polímero, são os **monômeros**. Assim, um polissacarídio é um polímero e os monossacarídios que o constituem são os monômeros. As moléculas das proteínas e dos ácidos nucleicos também são polímeros, como veremos adiante.

Composição química da célula  **Capítulo 4**  49

Por serem moléculas grandes, os polissacarídios, bem como os dissacarídios, não passam através da membrana das células. A digestão completa dos polissacarídios e dos dissacarídios rompe as ligações entre os monossacarídios, separando-os, o que possibilita serem absorvidos pelas células. No entanto, a capacidade de digestão desses glicídios varia entre as espécies. O organismo humano, por exemplo, não consegue digerir a celulose, enquanto o organismo de animais herbívoros, como os bovinos, contam com a presença de microrganismos em seus sistemas digestórios que cumprem a função de digerir a celulose.

## ▶ Lipídios

São comumente conhecidos como gorduras (banhas), óleos (óleo de soja, óleo de girassol, azeite) e ceras (cerúmen do ouvido, cera da abelha).

Alguns alimentos que contêm lipídios.

São moléculas apolares e, assim, pouco solúveis ou insolúveis em água, embora sejam solúveis em solventes orgânicos como álcool, benzeno, clorofórmio e éter. Uma molécula apolar é aquela que não forma polos elétricos definidos em sua estrutura.

Desempenham importante função como reserva energética de vegetais e animais; como impermeabilizante (por exemplo, em aves aquáticas) e como isolantes térmicos, em mamíferos, como o urso-polar. No período da primavera e do verão, esse animal alimenta-se fartamente e engorda, chegando a dobrar de peso com o acúmulo de gordura. Depois desse período, ele procura um abrigo, caverna ou toca, onde dorme por aproximadamente seis meses, ao longo do final do outono e todo o inverno, época em que é muito difícil encontrar alimento.

Durante esse sono profundo, letárgico, ele vive apenas das reservas acumuladas na época de fartura de alimento. Além disso, a camada espessa de gordura que se acumula embaixo da pele age como isolante térmico. Graças a essa camada, o urso, bem como os pinguins, focas e baleias, consegue manter a temperatura corporal aquecida em ambientes gélidos. O urso-polar mantém a temperatura corporal em 37 °C em um ambiente com temperaturas árticas de muitos graus abaixo de zero.

Os lipídios têm também função estrutural participando na composição da membrana da célula (plasmática) e na das organelas membranosas (retículo endoplasmático e mitocôndria, entre outras).

A camada de gordura sob a pele dos ursos-polares (*Ursus maritimus*) permite que esses animais sobrevivam ao frio extremo, pois a gordura é um isolante térmico. Ele pode chegar a 13 m de comprimento.

## Tipos de lipídios

Existe uma grande variedade de tipos de lipídios; alguns grupos mais importantes são os glicerídios, os fosfolipídios, os esteroides e os cerídeos.

**Glicerídios:** são os óleos e as gorduras. Em geral, os óleos são líquidos à temperatura ambiente, e as gorduras, ao contrário, são em geral sólidas, como a manteiga e a banha.

A digestão dos glicerídeos produz glicerol (uma substância do grupo dos álcoois) e ácidos graxos (do grupo dos ácidos) – esta junção forma os triglicerídios, representados no esquema a seguir.

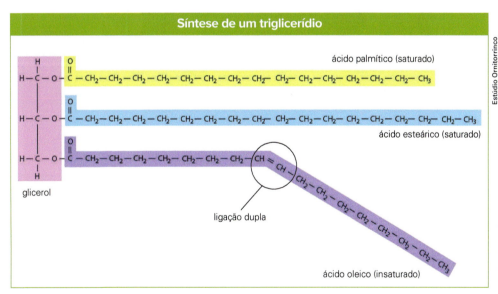

A maior parte dos glicerídios é formada pela união de um glicerol ligado a três cadeias carbônicas longas de ácido graxos distintos, denominados triglicerídios.

Um triglicerídio contém três moléculas de ácidos graxos e uma molécula de glicerol. Os ácidos graxos podem ser saturados – caso em que todas as ligações entre os átomos de carbono são ligações simples – ou podem ser insaturados – quando a cadeia de hidrocarbonetos contém uma ou mais ligações duplas.

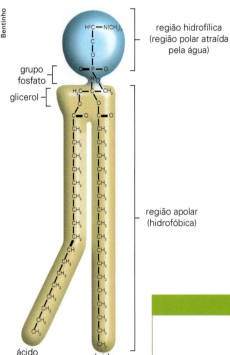

Estrutura molecular básica de um fosfolipídio. A molécula de fosfolipídio apresenta uma "cabeça" eletricamente carregada (polar), que atrai a água, e uma haste sem carga elétrica, constituída por duas "caudas" de ácido graxo, que repelem a água.

Ilustrações desta página estão sem escala; cores-fantasia.

**Fosfolipídios:** são os lipídios que constituem as membranas celulares. A composição de sua estrutura molecular é semelhante à dos glicerídeos, porém com duas moléculas de ácidos graxos ligadas ao glicerol, e este ligado a um grupo fosfato.

Os ácidos graxos são moléculas apolares, e não são atraídos pela água (são moléculas **hidrofóbicas**). Já a molécula do fosfato é polar e é atraída pela água (**hidrofílica**). Assim, cada fosfolipídio contém uma porção hidrofóbica – representada pelos ácidos graxos – e uma porção hidrofílica – correspondente ao grupo fosfato. Essa composição molecular faz que, ao serem colocadas em água, as moléculas de fosfolipídios assumam o formato de uma esfera, conhecida como **micela**. As porções polares, hidrofílicas, distribuem-se na periferia, atraídas pelas moléculas de água, enquanto as porções hidrofóbicas ficam no interior das micelas afastadas da água.

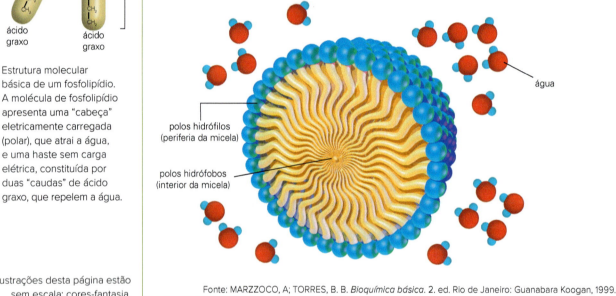

Fonte: MARZZOCO, A; TORRES, B. B. *Bioquímica básica*. 2. ed. Rio de Janeiro: Guanabara Koogan, 1999.

Esquema de modelo da estrutura molecular de uma micela formada por fosfolipídios: em azul, o grupo fosfato; em amarelo, glicerol e ácidos graxos.

**Esteroides:** são formados por longas cadeias carbônicas dispostas em quatro anéis ligados entre si. Estão amplamente distribuídos nos organismos vivos e, nos mamíferos, constituem, por exemplo, os hormônios sexuais, a vitamina D e o colesterol.

**Cerídeos:** são lipídios constituídos por um álcool diferente do glicerol e por uma ou mais moléculas de ácidos graxos. São encontrados na cera produzida pelas abelhas (construção da colmeia), na superfície das folhas (cera de carnaúba) e dos frutos (como a manga). Por serem altamente insolúveis em água, exercem a função de impermeabilização e proteção em plantas e animais.

O organismo da maioria dos seres vivos é capaz de sintetizar vários tipos de lipídios, no entanto, alguns são sintetizados apenas pelos vegetais, como é o caso das vitaminas lipossolúveis e dos ácidos graxos essenciais.

Unidade 2    A célula

## ▶ Aminoácidos

São compostos orgânicos que apresentam carbono (C), hidrogênio (H), oxigênio (O) e nitrogênio (N) em suas moléculas, podendo apresentar outros elementos químicos, como o enxofre.

Dois radicais são encontrados nos aminoácidos: radical amina e radical ácido carboxílico.

Na estrutura molecular dos aminoácidos (por exemplo, alanina, glicina e cisteína) os grupos amina e carboxila estão sempre presentes. A parte variável da molécula é o grupo R.

Os 20 tipos de aminoácidos comumente encontrados nas células são chamados de aminoácidos-padrão.

Além desses 20 tipos, podemos encontrar outros, de ocorrência muito rara, derivados daqueles.

Os vegetais conseguem produzir todos os aminoácidos de que necessitam, mas esse não é o caso dos animais. Entre eles, essas substâncias são classificadas como **aminoácidos essenciais**, quando não são produzidos pelo organismo e são obtidos por meio da alimentação, e como **aminoácidos naturais**, quando o organismo consegue sintetizá-los.

A lista dos aminoácidos essenciais e naturais varia entre as espécies de acordo com capacidades orgânicas e necessidades de cada uma, ou seja, o que é essencial para uns pode ser natural para outros e vice-versa.

Os aminoácidos podem se ligar entre si formando cadeias – são as cadeias polipeptídicas. A ligação entre dois aminoácidos é denominada **ligação peptídica** e ocorre entre o radical ácido carboxílico de um aminoácido com o radical amina do outro aminoácido. Essa reação produz um dipeptídeo (conjunto de dois aminoácidos unidos por uma ligação peptídica) e uma molécula de água, sendo, portanto, uma reação de desidratação. A reação de rompimento da ligação peptídica consome água, sendo, assim, uma reação de hidrólise.

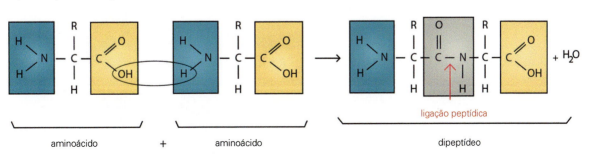

Esquema de uma ligação peptídica que produz um dipeptídeo e uma molécula de água.

### Foco em saúde

#### Aminoácidos nos alimentos

Ovos, além de leite e derivados, proporcionam os aminoácidos essenciais ao organismo humano.

Segundo os nutricionistas, não necessariamente as carnes são as únicas boas fontes de aminoácidos. Outros alimentos também desempenham este papel, como o leite de vaca, o queijo ou os ovos, que se ingeridos diariamente, suprem todas as nossas necessidades diárias de aminoácidos essenciais. Determinados alimentos vegetais apresentam baixa quantidade de certos aminoácidos essenciais, como o amendoim, o feijão e a soja, que possuem pouca metionina; o arroz e o milho, que têm pouca lisina. O leite de soja, utilizado principalmente na merenda escolar das crianças brasileiras, é enriquecido artificialmente com metionina.

1. Apesar dessas observações quanto aos níveis proteicos dos vegetais, cada vez mais pessoas têm aderido à dieta vegetariana. Pesquise vantagens ecológicas e para o organismo humano dessa opção.

## ▶ Proteínas

As proteínas são uma das moléculas orgânicas mais abundantes nos organismos vivos. Suas moléculas são formadas por aminoácidos unidos, dispostos em cadeias polipeptídicas de tamanhos variáveis, de dezenas a milhares de aminoácidos. Proteínas são formadas, ao menos, por uma dessas cadeias. Algumas proteínas, como a insulina bovina, podem apresentar mais de uma cadeia polipeptídica.

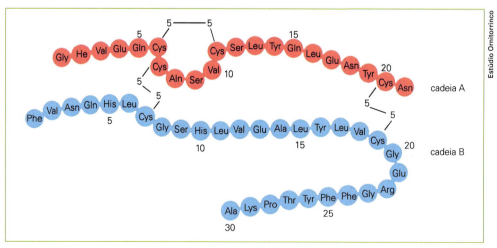

Estrutura primária da insulina bovina, que tem 51 aminoácidos. Cores-fantasia.

54 Unidade 2 A célula

As proteínas diferem quanto à quantidade, tipos e sequência (ou ordem) dos aminoácidos na cadeia polipeptídica. O número de combinações de diferentes aminoácidos é enorme, permitindo, assim, uma variedade infinita de proteínas.

A troca de um aminoácido por outro na série de aminoácidos pode provocar mudanças na função da proteína. A substituição de um ácido glutâmico, por exemplo, por valina, na hemoglobina humana – uma proteína com mais de 200 aminoácidos –, modifica a sua atuação no organismo. Essa hemoglobina alterada provoca um tipo de anemia aguda, denominada anemia falciforme, que pode levar a pessoa à morte. Assim, a troca de apenas um aminoácido por outro num conjunto de mais de 200 deles pode alterar profundamente a atuação da proteína.

As proteínas desempenham diversas funções nos organismos: armazenamento de aminoácidos (clara do ovo), contração (proteínas dos músculos), estrutural (proteínas da pele, unha, chifre, ossos, entre outras) e transporte (a hemoglobina transporta $O_2$ e $CO_2$ no sangue dos vertebrados). Elas constituem alguns hormônios (como a insulina produzida pelo pâncreas) e os anticorpos do sistema de defesa dos mamíferos.

Elas ainda controlam a entrada e saída de substâncias nas células e têm um papel importante no metabolismo dos organismos, pois um grupo delas – as enzimas – participa de inúmeras reações químicas celulares, acelerando-as.

## Estrutura espacial das proteínas

A sequência linear dos aminoácidos da cadeia polipeptídica é conhecida como **estrutura primária** da proteína, no entanto, grande parte das proteínas não se encontra como um filamento linear de aminoácidos unidos por ligações peptídicas. A cadeia se dobra devido a interações entre os aminoácidos, determinando a **estrutura secundária**.

A cadeia polipeptídica pode encurvar-se e dobrar-se por causa de interações entre os radicais dos aminoácidos, formando uma estrutura tridimensional enovelada e compacta denominada **estrutura terciária**, que corresponde ao formato definitivo da maioria das proteínas. No entanto, várias proteínas são formadas por duas ou mais cadeias polipeptídicas ligadas entre si, por exemplo, a hemoglobina, configurando-se a **estrutura quaternária** das proteínas.

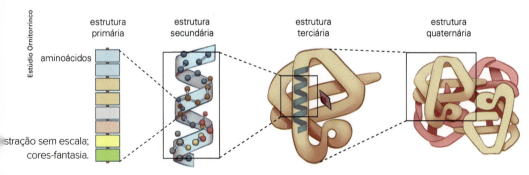

Estrutura espacial das proteínas. A estrutura primária é composta da sequência de aminoácidos, representados pelas três primeiras letras de seus nomes em inglês.

Fonte: MARZZOCO, A.; TORRES, B. B. *Bioquímica básica*. 2. ed. Rio de Janeiro: Guanabara Koogan, 1999.

As proteínas são denominadas fibrosas quando apresentam as cadeias polipeptídicas dispostas paralelamente, distendidas ou pouco espiraladas, formando fibras. São exemplos de proteínas fibrosas: o colágeno, encontrado nos tendões e no tecido conjuntivo (corresponde a 30% das proteínas do corpo humano); a queratina, encontrada nos cabelos, chifres, cornos, pele, unhas e penas; a miosina, nos músculos; e o fibrinogênio, no plasma sanguíneo.

As proteínas globulares apresentam formas esféricas ou globulares compactas pois suas cadeias polipeptídicas se enovelam. São exemplos de proteínas globulares a hemoglobina e os anticorpos que participam da defesa do organismo.

## Composição das proteínas

As **proteínas simples** são formadas apenas por aminoácidos; as **proteínas conjugadas**, além da cadeia polipeptídica, contêm outros componentes, orgânicos ou inorgânicos, denominados **grupo prostético**. Na lipoproteína, por exemplo, o grupo prostético é o lipídio, e nas glicoproteínas, são os glicídios.

## Enzimas

Todas as **enzimas** são proteínas globulares com função catalisadora, isto é, aumentam a velocidade das reações químicas que ocorrem nas células, suprindo, assim, suas necessidades. Cálculos indicam que as enzimas tornam a velocidade das reações cerca de $10^{14}$ (100 trilhões de vezes) mais rápidas do que as não catalisadas. São raríssimos os catalisadores produzidos pelo ser humano que atingem tal grau de eficiência.

Como qualquer catalisador, a enzima permanece intacta durante a reação química e é reutilizada várias vezes.

O **modelo teórico da chave-fechadura** explica o mecanismo de ação das enzimas. Segundo ele, a molécula enzimática "encaixa-se" no substrato (substância química cuja transformação é acelerada pela enzima), formando um complexo enzima/substrato, que é transitório. É essa união, desfeita logo em seguida, que permite a ação da enzima.

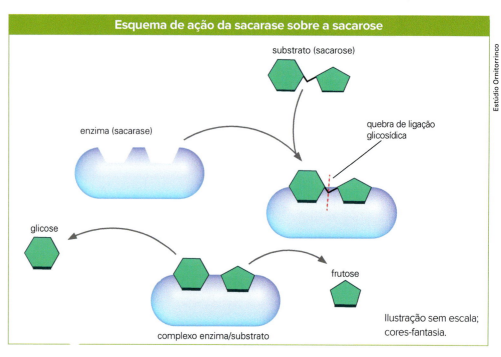

Representação esquemática do modelo chave-fechadura que explica a ação de enzimas, como a sacarase: uma enzima específica que catalisa a reação de hidrólise da sacarose (um dissacarídio), produzindo frutose e glicose (ambos monossacarídios). A enzima não é consumida na reação.

Uma das propriedades fundamentais das enzimas é a especificidade para o substrato, isto é, cada enzima age sobre determinado substrato. Essa qualidade é considerada no modelo chave-fechadura porque o encaixe entre a enzima e o substrato depende do ajuste físico entre eles, do mesmo modo que a chave se encaixa perfeitamente a uma fechadura única e específica.

A maioria das enzimas funciona dentro de determinados limites de acidez e de temperatura das soluções nas quais se encontram.

A acidez de uma solução é medida pelo pH, uma escala que varia de 0 (zero) a 14 (catorze). A solução é neutra quando o pH = 7. É progressivamente mais ácida ao se aproximar do pH = 0, e progressivamente mais básica ao se aproximar do pH = 14.

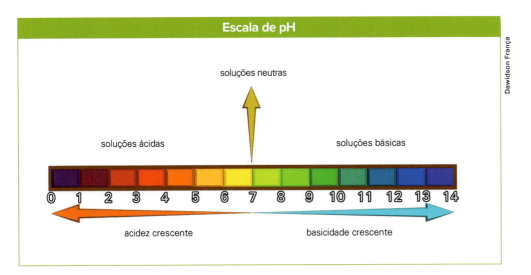

As enzimas atuam com intensidade máxima em determinados pH e temperaturas, denominados pH ótimo e temperatura ótima.

No ser humano a temperatura ótima está entre 35 °C e 40 °C, que corresponde à faixa de temperatura normal do nosso corpo. Em relação ao pH, a maioria das enzimas tem um pH ótimo por volta do neutro. No entanto, a pepsina, que atua no ambiente ácido do estômago, tem o pH ótimo por volta de 2,0 e a tripsina, que atua no ambiente básico (ou alcalino) do intestino, tem o pH ótimo em torno de 8,0.

Quando atuam em pH ou temperatura longe das condições ideais, as enzimas perdem sua conformação e não mais catalisam as reações químicas. Esse processo é denominado **desnaturação**.

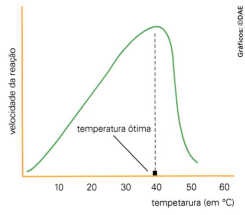

Atividade enzimática em relação à temperatura do meio.

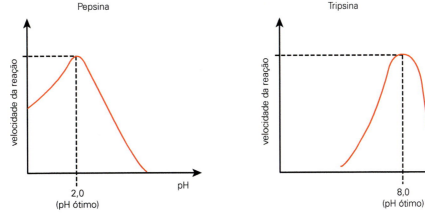

Atividade enzimática da pepsina e da tripsina em relação ao pH do meio.

Composição química da célula **Capítulo 4** **57**

## ▶ Ácidos nucleicos

Por terem sido inicialmente isolados do núcleo celular, o **ácido desoxirribonucleico** (DNA) e o **ácido ribonucleico** (RNA) foram denominados genericamente **ácidos nucleicos**. Eles são as substâncias que direcionam o crescimento e a reprodução celular. Hoje, mesmo sabendo que esses ácidos podem ser encontrados em outras partes das células, eles ainda levam o mesmo nome.

As grafias DNA e RNA, de origem inglesa, são adotadas internacionalmente e por grande parcela dos pesquisadores brasileiros. As grafias ADN e ARN são formas aportuguesadas, utilizadas no Brasil e em países de línguas originárias do latim.

Do mesmo modo que os polissacarídeos e as proteínas, os ácidos nucleicos são polímeros, isto é, são constituídos por grande número de moléculas menores, formando longas cadeias. Enquanto os polissacarídeos são formados por monossacarídeos, e as proteínas, por aminoácidos, os ácidos nucleicos são constituídos por **nucleotídeos**.

A molécula dos nucleotídeos é formada pela união de três outras moléculas: um grupo fosfato (que contém fósforo); uma pentose (a ribose ou a desoxirribose) e uma base nitrogenada que pode ser: a **adenina** (A), **guanina** (G), **citosina** (C), **timina** (T) ou **uracila** (U).

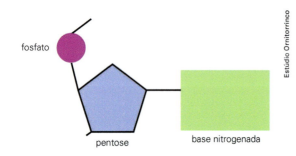

Esquema genérico de um nucleotídeo. Cores-fantasia.

Estrutura molecular de um nucleotídeo. Cores-fantasia.

## As bases nitrogenadas

As **bases nitrogenadas** são compostos químicos constituídos por anéis formados por átomos de carbono e de nitrogênio. A adenina e a guanina são formadas por dois anéis nitrogenados e são chamadas **bases púricas** (ou purinas). A citosina, a timina e a uracila são formadas por um único anel nitrogenado e são chamadas **bases pirimídicas** (ou pirimidinas).

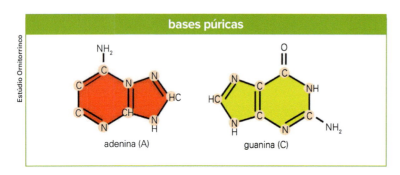

Esquema da estrutura molecular das bases púricas (adenina e guanina) e pirimídicas (citosina, timina e uracila). Cores-fantasia.

58  Unidade 2   A célula

# Estrutura dos ácidos nucleicos

No ácido nucleico, os nucleotídeos estão unidos entre si, formando um longo filamento denominado **polinucleotídeo**, por meio de uma ligação entre o fosfato de um nucleotídeo com a pentose do nucleotídeo seguinte.

A pentose presente no ácido desoxirribonucleico (DNA) é a desoxirribose; no ácido ribonucleico (RNA), é a ribose.

As bases nitrogenadas presentes no DNA são: adenina (A), guanina (G), citosina (C) e timina (T). No RNA são: adenina (A), guanina (G), citosina (C) e uracila (U).

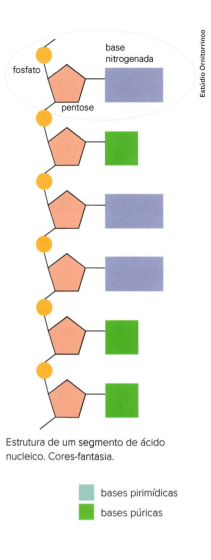

Estrutura de um segmento de ácido nucleico. Cores-fantasia.

bases pirimídicas
bases púricas

| Constituintes do DNA e do RNA ||| 
|---|---|---|
| | DNA | RNA |
| Pentose | Desoxirribose | Ribose |
| Bases nitrogenadas | A, G, C e T | A, G, C e U |

## O RNA

A molécula de RNA é formada por uma cadeia simples de nucleotídeos.

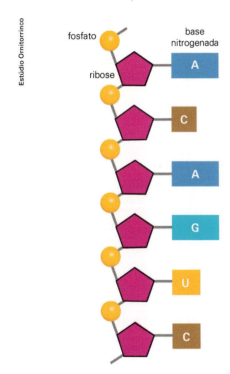

Esquema da estrutura do RNA. Cores-fantasia.

## O DNA

A molécula de DNA apresenta, segundo o modelo proposto pelos biólogos moleculares James Watson (1928-), estadunidense, e Francis Crick (1916-2004), inglês, em 1953, duas cadeias de nucleotídeos (dupla cadeia), unidas por ligações de hidrogênio entre as bases nitrogenadas complementares, formando pares específicos, ou seja, A com T, C com G. Entre A/T formam-se duas pontes de hidrogênio, e entre C/G, três.

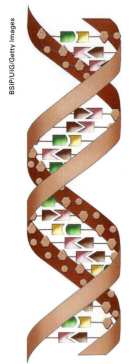

A estrutura espacial da molécula assemelha-se a uma escada helicoidal, onde os degraus são constituídos pelos pares de bases nitrogenadas, e os corrimãos laterais, pelas ligações do fosfato de um nucleotídeo com a desoxirribose do seguinte.

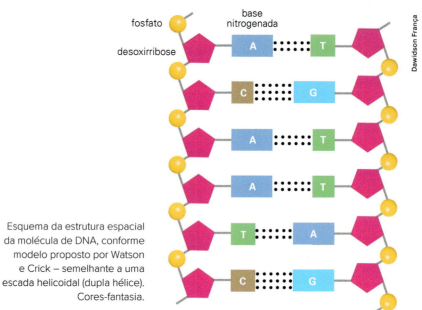

Representação artística de dupla hélice de DNA.

Esquema da estrutura espacial da molécula de DNA, conforme modelo proposto por Watson e Crick – semelhante a uma escada helicoidal (dupla hélice). Cores-fantasia.

## Biologia e História

### Descoberta da estrutura do DNA

[...]

"Gostaríamos de sugerir uma estrutura para a molécula do ácido desoxirribonucleico (DNA), com novidades que são de considerável interesse para a Biologia", escreveu o cientista britânico Francis Crick em 1953, num artigo para a revista *Nature*. Embora quase humilde, essa introdução anunciava uma das mais notáveis revoluções científicas do século XX. As observações e conclusões que vinham a seguir no texto de Crick eram o primeiro passo para sua descoberta da estrutura do DNA, o código genético da vida, que determina as características de todas as espécies e, nelas, as de cada um dos seres. As ideias de Crick, elaboradas com a ajuda de um colega, o americano James Watson, fundaram a biologia molecular e a hoje chamada engenharia genética. Por suas descobertas, a dupla ganhou o Prêmio Nobel [de Fisiologia/Medicina] em 1962 – a eles juntou-se ainda o neozelandês Maurice Wilkins, cujo trabalho com raio X de moléculas ofereceu evidências cruciais para que a estrutura do DNA pudesse ser desvendada.

[...]

Os descobridores da estrutura do DNA, James Watson (1928-), à esquerda, e Francis Crick (1916-2004), com o seu modelo de fragmento da molécula de DNA. Fotografado no Laboratório Cavendish, da Universidade de Cambridge, Reino Unido, em maio de 1953.

*Veja*. Morre Francis Crick, que descobriu a estrutura do DNA e revolucionou a ciência do século XX. São Paulo: Abril, n. 1865, p. 120, 4 ago. 2004.

1. Acesse um *site* de busca na internet e coloque a expressão "descoberta do DNA faz 50 anos". De acordo com os resultados traga para a aula e compartilhe os achados interessantes envolvendo esta questão.

Unidade 2   A célula

# ▶ Vitaminas

As vitaminas são compostos orgânicos com funções bastante diversificadas.

O nosso organismo, incapaz de produzi-las, deve ser suprido pela alimentação e em quantidades pequenas.

Elas são classificadas de acordo com a solubilidade. As **hidrossolúveis** (solúveis em água) são a vitamina C (ácido ascórbico) e as vitaminas do complexo B; as **lipossolúveis** (solúveis em gordura) são as vitaminas A, D, E e K.

A falta de vitaminas provoca doenças conhecidas como avitaminoses. Por outro lado, sua ingestão excessiva também traz consequências graves, as hipervitaminoses. O quadro abaixo traz informações sobre as principais vitaminas.

| Propriedades das principais vitaminas | | | |
|---|---|---|---|
| **Vitamina** | **Algumas funções** | **Fontes naturais** | **Avitaminose** |
| A (retinol) | Antioxidante. | Frutas e legumes de cor vermelha ou alaranjada, como cenoura e mamão. | Cegueira noturna, pele seca e escamosa. |
| B1 (tiamina) | Facilita a ação enzimática. | Carnes magras, feijões, cereais integrais, peixes. | Beribéri (doença nervosa), anemia e desnutrição. |
| B2 (riboflavina) | Facilita a ação enzimática. | Fígado, ovos, leite, carnes. | Lesões na mucosa e na pele. |
| B3 (niacina) | Inibe a produção de colesterol. | Carnes magras, feijões, nozes, peixes. | Pelagra (doença nervosa acompanhada de distúrbios gastrointestinais). |
| B6 (piridoxina) | Essencial para a produção de anticorpos. | Levedo de cerveja, farelo de trigo, leite, carnes. | Distúrbios nervosos e inflamação da pele. |
| B12 (cobalamina) | Participa da síntese de RNA. | Carnes, ovos, leite. | Anemia e alterações neurológicas. |
| Ácido fólico | Essencial para a produção de glóbulos brancos e vermelhos do sangue. | Vegetais de folhas verdes, fígado, carnes, levedura. | Anemia. |
| C | Antioxidante, promove a cicatrização e a síntese de certas proteínas. | Frutas cítricas. | Escorbuto (lesões nas mucosas e na pele, hemorragias). |
| D | Essencial para a absorção de cálcio e fósforo. | Exposição à luz solar, peixes. | Raquitismo. |
| E | Antioxidante. | Sementes oleaginosas, folhas verdes, leite. | Esterilidade, degeneração do sistema nervoso. |
| K | Essencial para a síntese de substâncias relacionadas à coagulação. | Folhas verde-escuras, abacate, carnes, ovos. | Hemorragias. |

## Biologia e Literatura

Durante a época das Grandes Navegações houve um avanço expressivo nos meios e nas técnicas de navegação.

Apesar desse progresso, as longas viagens dos portugueses em direção às Índias sempre apresentavam grandes dificuldades.

No *Diário de Viagem*, o escrevente Álvaro Velho, no navio comandado por Vasco da Gama, refere-se a uma viagem tormentosa, com tempestades, traições e aparecimento de doenças:

*E aqui nos adoecem muitos homens, que lhes incham os pés e as mãos, e lhes cresciam as gengivas tanto sobre os dentes, que os homens não podiam comer...*[1]

A caravela de Vasco da Gama segundo gravura do século XVI.

Igual referência fez Camões:

*E foi que, de doença crua e feia,*

*A mais que eu nunca vi, desampararam*

*Muitos a vida, e em terra estranha e alheia*

*Os ossos para sempre sepultaram.*

*Quem haverá que sem ver o creia?*

*Que tão disformemente ali lhe incharam*

*As gengivas na boca, que crescia*

*A carne e juntamente apodrecia.*[2]

Álvaro Velho e Camões estavam se referindo a uma doença conhecida como "mal de Angola", pois era nas proximidades desse país que os sintomas começavam a aparecer nas tripulações dos navios portugueses que buscavam cruzar o Cabo da Boa Esperança em direção à Índia. Atualmente, a doença é chamada de escorbuto.

Com base no texto acima e na imagem do quadro, identifique a vitamina cuja ausência provoca a doença e, em seguida, proponha uma forma de preveni-la entre os marinheiros.

[1] MARTINS, Roberto de Andrade. *Contágio*: história da prevenção das doenças transmissíveis. São Paulo: Moderna, 1997. Versão *on-line*. Disponível em: <www.ghtc.usp.br/Contagio/pag84.html>. Acesso em: 27 set. 2015.

[2] CAMÕES, Luís de. *Os Lusíadas*. Versão *on-line*. Disponível em: <http://oslusiadas.org/v/81.html>. Acesso em: 27 set. 2015.

## Atividades

1. A carne de sol (ou carne-seca) é produzida por um método eficiente de conservação de alimentos? (Se necessário, pesquise como esse alimento é produzido.)

2. Quando adoçamos o leite com açúcar, pretendemos tornar a bebida mais saborosa, com sabor doce.

   a) A que grupo de carboidratos pertence o açúcar comum?

   b) Esse açúcar adicionado ao leite é distribuído entre as células do nosso corpo do jeito que é ingerido ou passa por alguma transformação?

   c) Que uso as nossas células fazem desse açúcar?

   d) Além do açúcar que normalmente acrescentamos, o leite também tem o seu próprio açúcar. Que açúcar é esse?

   e) Por que o açúcar natural do leite também precisa ser processado para que a célula possa tirar proveito de suas qualidades?

3. As baleias são os animais com maior percentual de gordura corporal, que chega a corresponder a até 30% do seu peso. A camada de gordura está localizada abaixo da pele e pode atingir 50 cm de espessura. Uma das funções dessa gordura é o isolamento térmico. Além desta, que outra função a quantidade tão elevada de gordura poderia assumir em um animal que habita o ambiente aquático?

4. Quanto aos aminoácidos, responda:

   a) O que eles têm em comum em relação à composição das suas moléculas? E no que se diferenciam?

   b) O que é um aminoácido essencial? E um aminoácido natural?

5. Comente a seguinte afirmação: "Toda enzima é uma proteína e toda proteína é uma enzima".

6. Os nucleotídeos são essenciais para nossa sobrevivência, e seus componentes são adquiridos pelo nosso corpo por meio da alimentação. Que alimentos são fontes de nucleotídeos?

7. Gorduras podem ser vistas como "inimigas" da boa saúde, já que seu excesso está relacionado com algumas doenças e obesidade. Assim, diversas dietas pregam a não ingestão de gorduras como forma de se manter saudável. Você concorda com a ideia dessas dietas? Justifique.

8. Os seres vivos conseguem viver em determinadas faixas de temperatura, mas fora dessa faixa geralmente não sobrevivem, principalmente animais selvagens. Proponha um mecanismo que explique esses limites de temperatura.

9. Geralmente, quando procuram sinais de vida em outros planetas, pesquisadores buscam evidências da existência de água no estado líquido. Sobre isso, responda:

   a) Por que procurar água?

   b) Caso seja encontrada água líquida, podemos afirmar que existe vida como a conhecemos nesse planeta?

Composição química da célula **Capítulo 4** 63

## CAPÍTULO 5

# MEMBRANA PLASMÁTICA

A membrana plasmática está presente em todas as células, envolvendo e limitando o conteúdo celular. Ela monitora o que entra e sai da célula, sendo a fronteira física entre o meio externo (extracelular) e interno (intracelular). Por ser muito delgada – sua espessura varia entre 7 nm e 9 nm –, é visível em detalhes apenas ao microscópio eletrônico. Como as outras membranas da célula, é constituída por uma pequena quantidade de glicídios e, predominantemente, de fosfolipídios e proteínas. Por isso, sua constituição é considerada **lipoproteica**.

Uma de suas importantes propriedades é a **permeabilidade seletiva**, que permite a passagem de determinadas substâncias para o exterior ou interior da célula e, ao mesmo tempo, impede ou dificulta a passagem de outras.

Enquanto moléculas pequenas, neutras e solúveis em lipídios (lipossolúveis) atravessam facilmente a membrana plasmática, íons, moléculas grandes ou as insolúveis em lipídios não conseguem atravessá-la espontaneamente ou o fazem com dificuldade.

## ▶ O modelo mosaico-fluido

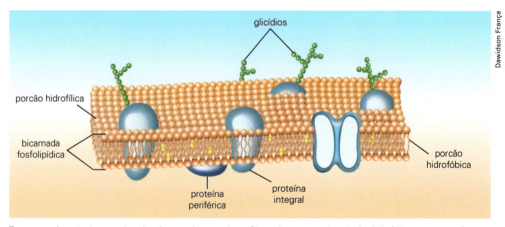

Ilustração sem escala; cores-fantasia.

Esquema da estrutura molecular da membrana plasmática: duas camadas de fosfolipídios com proteínas inseridas, segundo o modelo mosaico-fluido. A espessura da membrana mede de 7 a 9 nm.

Para explicar a constituição e as propriedades da membrana, os bioquímicos estadunidenses Seymour J. Singer (1924-) e Garth L. Nicolson (1943-) propuseram, na década de 1970, o **modelo mosaico-fluido**, segundo o qual a membrana é uma estrutura fluida e dinâmica, cuja constituição básica é uma camada dupla de fosfolipídios e na qual se encontram imersas moléculas proteicas. Na face externa da membrana, glicídios apresentam-se ligados à porção hidrofílica da camada fosfolipídica e às proteínas.

A bicamada fosfolipídica tem um papel essencialmente estrutural e os fosfolipídios estão dispostos de maneira que as porções hidrofílicas ficam na superfície interna e externa da membrana (em contato com a água do meio intracelular e do extracelular), e as porções hidrofóbicas das duas camadas estão orientadas para o interior da membrana. Por não serem fixos, os fosfolipídios podem se movimentar lateralmente.

As proteínas da membrana estão imersas na camada fosfolipídica, atravessando-a desde a superfície externa da membrana até a interna, sendo denominadas **proteínas integrais**, ou estão aderidas nas extremidades da bicamada, sendo denominadas **proteínas periféricas**.

As proteínas atuam como transportadoras de substâncias que não conseguem atravessar espontaneamente a membrana (alguns íons, moléculas grandes e moléculas apolares) ou no reconhecimento de substâncias que desencadeiam atividades no interior da célula.

## ▶ Envoltórios da membrana plasmática

A membrana é uma estrutura muito frágil e geralmente está envolta por uma proteção. As células animais frequentemente apresentam uma cobertura externa sobre a membrana plasmática, o **glicocálix**, formado por uma camada extremamente delgada de substâncias orgânicas, especialmente glicídios. Uma das principais funções do glicocálix, além de proteger a membrana plasmática, é reconhecer outras células e substâncias do meio extracelular. A quantidade, a variedade e os arranjos das moléculas que compõem o glicocálix funcionam como instrumento de identificação entre as células. Desse modo, as células se reconhecem, podendo aceitar-se mutuamente – quando apresentam o mesmo glicocálix – ou se rejeitar – caso apresentem glicocálix diferentes, em geral por procederem de organismos distintos. A compatibilidade de órgãos e tecidos em transplantados ou enxertados é consequência dessa atividade do glicocálix.

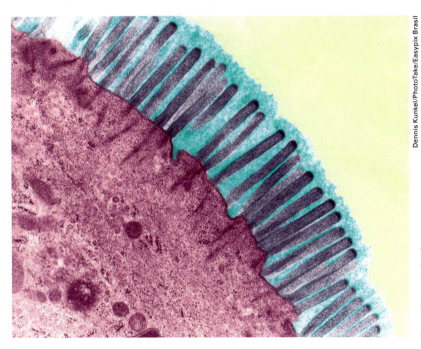

Glicocálix (em azul) em célula do intestino humano. Micrografia eletrônica de transmissão; cores artificiais; ampliada cerca de 20 000 vezes.

A **parede celular** (parede celulósica ou parede esquelética) das células vegetais é um envoltório de membrana. Ela é uma rede de substâncias fibrosas, como celulose e outros polissacarídeos, além de água. Em alguns casos, há a deposição de substâncias que "endurecem" a parede celular, como a lignina e a suberina, responsáveis, por exemplo, pela consistência dura da madeira. Sendo espessa e rígida, ela protege e sustenta a célula vegetal.

## ▶ Adaptações da membrana plasmática

Nos tecidos, as células possuem adaptações que permitem que se mantenham aderidas às células vizinhas. Essas adaptações variam em função do tipo de tecido. Os **desmossomos**, por exemplo, são espessamentos da membrana plasmática de células adjacentes que aumentam a aderência entre elas. Tais espessamentos são produzidos por substâncias adesivas e fios de queratina. Eles conferem resistência aos tecidos expostos à tração e aumentam a adesão entre as células, dificultando a passagem de corpos estranhos. São encontrados, por exemplo, nas células dos tecidos epiteliais que revestem a pele e o interior dos órgãos.

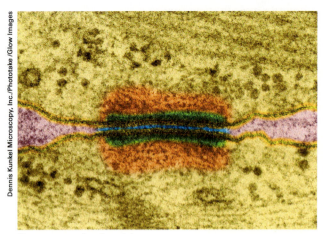

Desmossomo (em laranja) unindo as membranas plasmáticas de duas células do músculo cardíaco. O espaço entre as células está em cor-de-rosa. Micrografia eletrônica de transmissão; cores artificiais; ampliada cerca de 27 000 vezes.

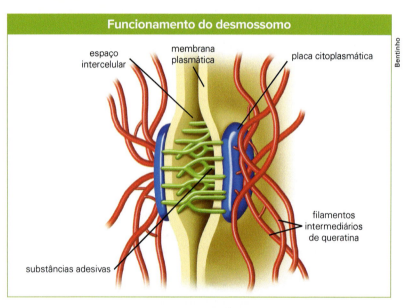

Ilustração sem escala; cores-fantasia.

Esquema simplificado de desmossomo, tipo de junção que mantém unidas as células animais.

As **microvilosidades** são dobras na membrana plasmática que aumentam a superfície de contato com o meio externo. São encontradas nas células que revestem internamente os intestinos, aumentando, desse modo, a capacidade de absorção de substâncias do meio extracelular.

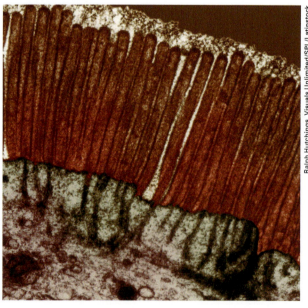

Microvilosidades em células do intestino humano. Observe o glicocálix (em branco) sobre elas. Micrografia eletrônica de transmissão; cores artificiais; ampliada cerca de 20 000 vezes.

Unidade 2   A célula

Nas células vegetais a parede celular é descontínua, deixando espaços conhecidos por poros ou pontuações. Esses poros são atravessados por citoplasma, formando uma ligação citoplasmática entre duas células vizinhas, o que aumenta a ligação entre elas. Essa estrutura denomina-se **plasmodesmo**.

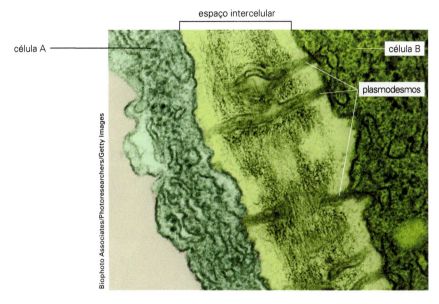

Plasmodesmos entre duas células de uma folha. Micrografia eletrônica de transmissão; cores artificiais; ampliada cerca de 150 000 vezes.

## Citoplasma

O citoplasma é composto de material gelatinoso denominado **citosol** (hialoplasma ou matriz citoplasmática), no qual se encontram imersas as organelas citoplasmáticas, responsáveis pelas diversas atividades celulares.

O citosol é o meio interno da célula. Contém grande quantidade de água, aproximadamente 80%, e as substâncias necessárias para o perfeito funcionamento de todas as organelas e do núcleo celular.

Nas células eucariotas, há uma grande quantidade de fibras no citosol responsáveis pela sustentação, conferindo forma e movimento à célula. Esse conjunto de fibras é chamado de **citoesqueleto**. As fibras do citoesqueleto participam, ainda, do transporte de substâncias.

Célula vegetal de folha de *Elodea* sp. Micrografia óptica; ampliada cerca de 2 000 vezes.

Membrana plasmática  Capítulo 5  67

A formação de projeções citoplasmáticas denominadas pseudópodes nas amebas é um exemplo de movimento promovido pelo citoesqueleto, assim como as correntes citoplasmáticas (ou **ciclose**), observáveis com facilidade em células vegetais, que consistem no deslocamento cíclico da região periférica do citosol.

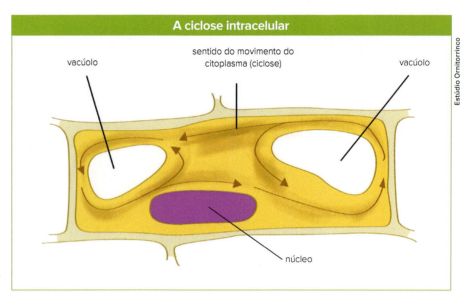

Ilustração sem escala; Cores-fantasia.

Esquema que mostra o sentido da ciclose.

### Para explorar

A observação dos movimentos citoplasmáticos nas células de *Elodea* sp., como mostrado na página anterior, é uma atividade simples que requer o uso do microscópio óptico. A elódea é uma planta muito usada para ornamentar aquários de água doce e pode ser adquirida em lojas de aquariofilismo.

**Material:**

- Microscópio.
- Pinça.
- Lâmina.
- Lamínula.
- Folha de elódea.
- Água.

A ciclose pode ser observada pelo uso do microscópio óptico.

**Procedimentos:**

Coloque uma gota de água sobre a lâmina. Com a pinça, destaque do ápice do ramo uma folha de elódea e coloque-a sobre a gota de água na lâmina. Cubra o material com a lamínula, tomando cuidado para não formar bolhas de ar abaixo dela.

Unidade 2  A célula

Observe ao microscópio, inicialmente no menor aumento, e focalize. Siga as instruções do professor para não quebrar a lamínula ao focalizar pela primeira vez. Em seguida, use a objetiva para conseguir uma ampliação maior.

**Resultados:**

1. O que você observou?
2. Desenhe em seu caderno, de modo esquemático, o material observado. Coloque legendas.

**Discussão:**

1. O que são as estruturas verdes?
2. Por que não há estruturas verdes no centro da célula?

## Atividades

1. O que faz as células aderirem tão fortemente entre si que um beliscão não as soltam da pele?
2. Qual é a característica da célula animal que pode ser comparada a uma cédula de identidade ou ao número de RG?
3. Em relação à ilustração abaixo, identifique:
    a) o tipo de célula.
    b) estrutura apresentada no detalhe. Explique sua função.

4. Qual estrutura celular permite que alguns seres unicelulares, como as amebas, e algumas células, como os macrófagos, se movimentem por pseudópodes?

## CAPÍTULO 6

# ORGANELAS CITOPLASMÁTICAS

As organelas celulares podem ser membranosas (como as mitocôndrias, cloroplastos, lisossomos, retículo endoplasmático, peroxissomos e vacúolos); microtubulares (como os centríolos e corpúsculos basais de cílios e flagelos); ou granulares (como os ribossomos).

### ▶ Ribossomos

**Ribossomos** são grânulos desprovidos de membrana, podendo ser encontrados dispersos no citosol, ligados ao retículo endoplasmático rugoso e à parede externa do envelope nuclear. São constituídos por proteínas e RNA e participam ativamente da síntese de proteínas. Podem se apresentar isolados ou enfileirados ao longo de uma molécula de RNA, quando recebem o nome de **polissomo**.

Os ribossomos originam-se do nucléolo, estrutura localizada no núcleo nas células eucarióticas, e de uma região especial do material genético das células procarióticas.

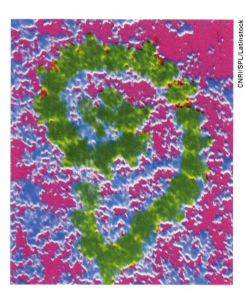

Polissomos (em verde) mostrando vários ribossomos. Micrografia eletrônica de transmissão; cores artificiais; ampliada cerca de 220 000 vezes.

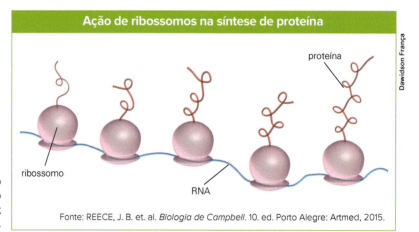

Esquema de polissomo sintetizando proteína ao longo do RNA. Ilustração sem escala; cores-fantasia.

Fonte: REECE, J. B. et. al. *Biologia de Campbell*. 10. ed. Porto Alegre: Artmed, 2015.

### ▶ Retículo endoplasmático

Examinado no microscópio eletrônico, o citoplasma apresenta um sistema de membranas constituído, principalmente, pelo **retículo endoplasmático**. Externamente, o retículo endoplasmático está em contato com o citosol, e em sua parte interna está um espaço denominado lúmen, isolado do citosol.

O retículo endoplasmático é formado por **sáculos** achatados que se conectam por meio de **túbulos**.

Pode apresentar ribossomos aderidos à superfície externa da membrana. Nesse caso, é denominado **retículo endoplasmático rugoso** (RER).

O **retículo endoplasmático liso** (REL) é contínuo ao rugoso e não apresenta ribossomos em sua superfície.

Tanto o retículo endoplasmático liso quanto o rugoso estão relacionados à produção, ao transporte e ao acúmulo de produtos. O retículo endoplasmático rugoso sintetiza proteínas que são armazenadas em seu interior.

> **Sáculos:** pequenos sacos.
>
> **Túbulos:** tubos ou cavidades de pequenas dimensões.

## ▶ Complexo golgiense

O **complexo golgiense** recebe esse nome em homenagem ao médico italiano Camillo Golgi (1843-1926), que o descreveu pela primeira vez em 1898. É uma porção diferenciada do retículo endoplasmático, formada por dictiossomos, de onde brotam e, posteriormente, destacam-se pequenas vesículas. O **dictiossomo** assemelha-se a uma pilha de sáculos e vesículas achatadas.

O complexo golgiense está relacionado principalmente com as **secreções** celulares e localiza-se entre o retículo endoplasmático e o conjunto de vesículas de secreção, sendo bastante desenvolvido nas células secretoras encontradas sobretudo nas glândulas, tais como as salivares, as lacrimais e as sudoríparas.

> **Secreção:** produção e descarga de substâncias no meio externo.

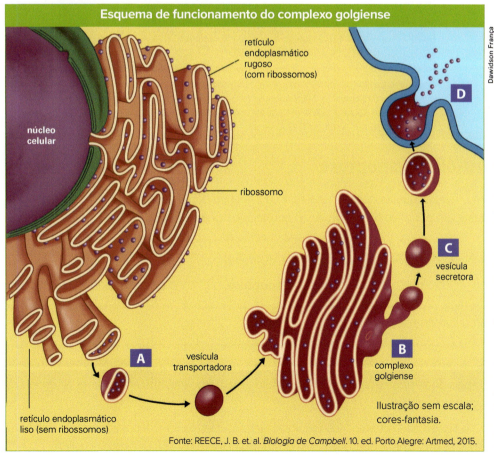

Esquema da integração entre retículo endoplasmático, complexo golgiense e lisossomos na digestão intracelular. (**A**): enzimas digestivas, por exemplo, são produzidas no RER e levadas até o REL; (**B**): as enzimas são expelidas pelo REL envolvidas por vesícula transportadora que se liga ao complexo golgiense, onde são devidamente empacotadas; (**C**): as enzimas digestivas saem empacotadas sob a forma de vesícula secretora; (**D**): a vesícula secretora atravessa a membrana plasmática para atuar no meio digestivo.

## ▶ Lisossomos

**Lisossomos** são pequenas bolsas de membrana que contêm uma poderosa bateria de enzimas digestivas, utilizadas na digestão intracelular.

As enzimas são sintetizadas no retículo endoplasmático rugoso e, depois, são deslocadas para o complexo golgiense, onde são concentradas em vesículas que, ao se desprenderem do complexo golgiense, formam os lisossomos. A membrana do lisossomo evita que as enzimas digestivas espalhem-se pelo citosol.

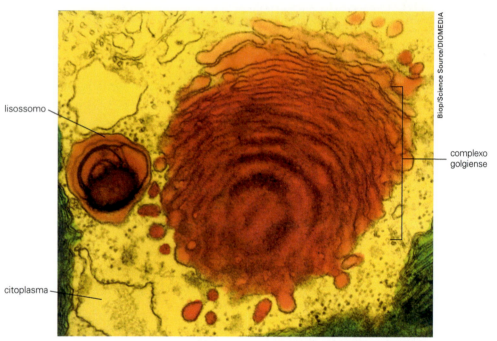

Lisossomo (vesícula escura, à esquerda) ao lado do complexo golgiense (à direita); em amarelo, o citoplasma. As pequenas vesículas próximas ao complexo golgiense são partes dos sáculos que o formam. Micrografia eletrônica de transmissão; cores artificiais; ampliada cerca de 72 000 vezes.

## Autólise e apoptose

Células que tenham sofrido alguma avaria ou células de tecidos lesionados se autodestroem por meio de um processo conhecido por **autólise** ou citólise.

Na autólise, a membrana do lisossomo se rompe, liberando o seu conteúdo enzimático que promove a digestão da célula, destruindo-a.

Outro tipo de morte celular é a **apoptose**, que consiste na autodestruição geneticamente programada da célula, ou seja: em dado momento, o material genético sintetiza proteínas que desencadeiam a autólise celular.

A apoptose ocorre, por exemplo, no desenvolvimento da borboleta. Quando na fase de lagarta, ela constrói sobre si um casulo no qual permanece durante certo tempo. Depois do tempo necessário, sai do casulo uma borboleta, que em nada se assemelha à lagarta encasulada.

Na verdade, no interior do casulo, a lagarta foi "desmanchada" por apoptose e o material desse "desmanche" foi reutilizado na construção da borboleta que emerge do casulo.

Metamorfose de borboleta-monarca *Danaus plexippus*. Nesse processo, o conteúdo do casulo recém-formado pela lagarta (fotografia do meio) é resultado de apoptose. Após a metamorfose, ela possui cerca de 7 cm de envergadura.

## Foco em saúde

### Silicose, um caso de autólise

Minerador trabalhando na extração de ametista, em Ametista do Sul (RS), onde os túneis de mineração chegam a 450 m abaixo da superfície. Fotografia de 2014.

A silicose é um sério problema de saúde que afeta os trabalhadores de interiores de minas. O pó da atmosfera dos túneis e galerias das minas contém grande quantidade de partículas muito pequenas de sílica em suspensão. Ao respirarem, a sílica chega aos pulmões dos mineiros e, ali, é fagocitada pelas células pulmonares. Esse processo provoca a perfuração da membrana dos lisossomos e a consequente liberação de seu conteúdo. Em decorrência disso, as enzimas lisossômicas livres destroem os alvéolos pulmonares, causando a silicose.

1. Discuta com os colegas se para o caso desses trabalhadores basta que a legislação obrigue o pagamento de um adicional de insalubridade. Que outras medidas poderiam ser tomadas?

Organelas citoplasmáticas  Capítulo 6  73

## ▶ Vacúolos

**Vacúolos** são bolsas delimitadas por membrana, que nas células vegetais têm como principal função armazenar água, íons, pigmentos ou outras substâncias.

Nas células animais, os vacúolos participam da digestão intracelular e são denominados **vacúolos digestivos**. Eles podem se formar pela fusão do lisossomo com material proveniente do ambiente extracelular. Nesse caso, o material digerido tem sua origem externa à célula e o vacúolo é denominado **vacúolo heterofágico**.

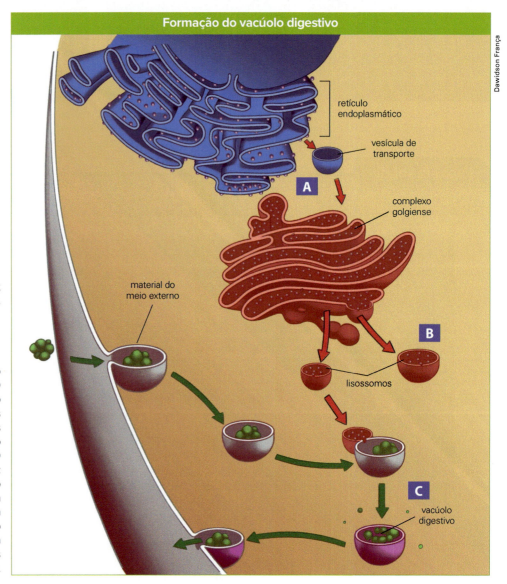

Esquema da formação do vacúolo digestivo. (**A**): O retículo endoplasmático rugoso produz vesículas transportadoras de enzimas que ficam armazenadas no complexo golgiense. (**B**): O complexo golgiense produz lisossomos. (**C**): O lisossomo funde-se à vesícula com material capturado pela célula, formando o vacúolo digestivo, que, após a digestão, libera os resíduos para o meio extracelular.

O vacúolo digestivo também pode fazer a digestão do material recolhido da própria célula. Nesse caso, ele é denominado **vacúolo autofágico**, podendo digerir, por exemplo, uma mitocôndria danificada, pedaços do retículo endoplasmático desfeito ou porções envelhecidas da célula.

Depois da digestão, o material não aproveitado que permanece no interior do vacúolo digestivo é conhecido como **corpúsculo residual**. Esse material pode ficar na célula ou ser eliminado para o meio extracelular.

No corpo humano, os neutrófilos (um tipo de célula sanguínea) capturam porções de tecido morto ou bactérias que invadem nosso organismo e efetuam a digestão desse material, englobando-o em seus vacúolos digestivos. Em seres unicelulares de água doce – o paramécio, por exemplo – existem os **vacúolos pulsáteis** ou contráteis, que eliminam o excesso de água no organismo.

## Vacúolos de células vegetais

De modo geral, a célula vegetal jovem contém grande número de **vacúolos** de tamanho pequeno, enquanto que, na célula madura, os vacúolos são grandes e em pequeno número. Cerca de 90% do volume da célula vegetal madura é ocupado pelo vacúolo. O ganho ou a perda de água que ocorre nas células vegetais estão relacionados à água do vacúolo.

A solução aquosa contida no vacúolo da célula vegetal é denominada **suco celular** e sua membrana, **tonoplasto** (ou membrana vacuolar). Grãos de **aleurona** são vacúolos encontrados nas células dos cereais e têm como função o armazenamento de proteínas e outras substâncias necessárias à germinação.

### Foco em saúde

#### Antocianinas

A cor forte da beterraba deve-se à grande quantidade de antocianinas nos vacúolos de suas células. Quanto às suas qualidades alimentares, a beterraba apresenta ácido fólico, vitamina C e grande quantidade de sais de potássio. Além disso, é riquíssima em açúcares e, por isso, na Europa, é utilizada como fonte de açúcar.

A antocianina é um flavonoide que atua em nosso organismo como importante agente antioxidante que ajuda a nos proteger contra danos nas células e nos tecidos.

Em algumas regiões do Brasil, é crença popular que a beterraba seja rica em sais de ferro. Por isso é comum aconselhar pessoas carentes de ferro a consumir pudins e manjares feitos com seu caldo. Apesar de o seu pigmento apresentar cores bem próximas às de compostos que contêm ferro em sua composição, a beterraba não possui tal elemento.

A cor da beterraba deve-se à antocianina, um pigmento presente nos vacúolos celulares.

1. Pesquise em livros, revistas e na internet que outros alimentos são ricos em flavonoides.
2. O que significa dizer que os flavonoides têm ação antioxidante? Pesquise e compartilhe com os colegas.

## ▶ Peroxissomos

**Peroxissomos** são pequenas vesículas encontradas em células animais, que contêm peroxidases e catalases. Tanto a catalase quanto a peroxidase são enzimas que decompõem a água oxigenada ($H_2O_2$), substância muito tóxica para as células, mas constantemente formada como subproduto das reações químicas do metabolismo celular.

## ▶ Mitocôndrias

As **mitocôndrias** são encontradas em quase todas as células eucarióticas, apresentam formato cilíndrico e têm duas membranas. A membrana externa é lisa e a interna apresenta pregas denominadas **cristas mitocondriais**, região à qual estão aderidas as partículas mitocondriais.

Essa região é preenchida pela **matriz mitocondrial**, uma solução aquosa com substâncias necessárias às suas atividades, principalmente enzimas respiratórias.

A atividade da mitocôndria consiste em liberar energia dos nutrientes e aproveitá-la para gerar ATP, uma molécula altamente energética, para a célula. Por isso, essa organela é considerada "a usina de energia da célula". O processo de extração da energia dos alimentos para a produção de ATP é denominado respiração celular e, por ser realizado na presença de oxigênio, é classificado como aeróbico.

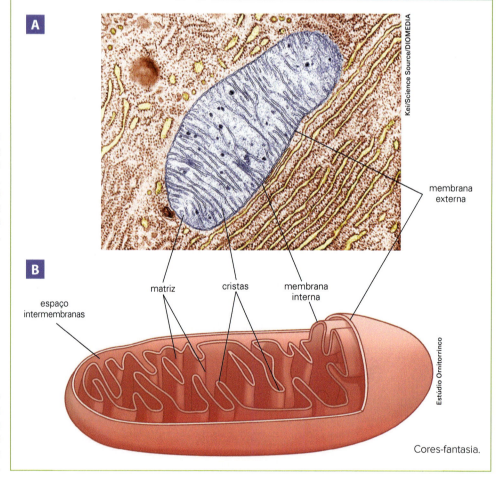

**A** Mitocôndria em corte expondo as cristas mitocondriais em seu interior. Micrografia eletrônica de transmissão; cores artificiais; ampliada cerca de 60 000 vezes.

**B** Esquema de mitocôndria, organela responsável pela respiração celular na maioria das células eucarióticas.

Cores-fantasia.

76   Unidade 2   A célula

## ▶ Plastos

Os **plastos**, ou plastídios, são organoides característicos de células vegetais. De acordo com a ausência ou presença de pigmentos, são classificados em leucoplastos e cromoplastos.

Os **leucoplastos** não possuem pigmentos, são incolores e sua principal função é armazenar substâncias de reserva como amido, óleos e proteínas.

Os **cromoplastos** possuem pigmentos e são classificados de acordo com a cor que apresentam: os verdes são os cloropastos; os amarelos, xantoplastos; e os vermelhos, eritroplastos.

Nos **cloroplastos** ocorre a fotossíntese, processo que absorve energia luminosa, consome água e gás carbônico e produz compostos orgânicos, que são armazenados e, posteriormente, consumidos como alimento pela planta.

O cloroplasto é revestido por membrana dupla: a externa é lisa e a interna apresenta dobras chamadas **lamelas**. Nas lamelas estão empilhados diversos compartimentos membranosos denominados **tilacoides**, com formato de moedas. Cada pilha de tilacoides corresponde ao *granum*, e o conjunto de todos os *granum* do cloroplasto é denominado *grana*. A matriz do cloroplasto chama-se **estroma**. Ela contém, entre muitos outros componentes, as enzimas fotossintetizantes. Já os tilacoides e as lamelas contêm grandes quantidades de clorofila.

Os cloroplastos se desenvolvem somente em presença de luz. Plantas crescidas no escuro são pálidas pois, em decorrência da falta de luz, não possuem cloroplastos.

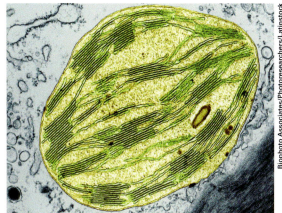

Cloroplasto em corte mostrando os tilacoides em seu interior. Micrografia eletrônica de transmissão; cores artificiais; ampliada cerca de 50 000 vezes.

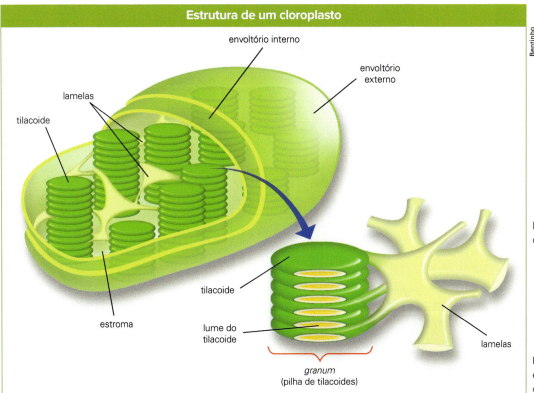

Ilustração sem escala; cores-fantasia.

Esquema da estrutura de um cloroplasto.

Organelas citoplasmáticas **Capítulo 6** 77

## ▶ Centríolos

**Centríolos** são estruturas cilíndricas constituídas de nove grupos de três microtúbulos dispostos em círculo. Surgem aos pares, dispostos perpendicularmente, formando um conjunto denominado **diplossomo**.

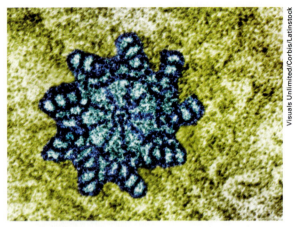

Centríolo mostrando as nove trincas de microtúbulos. Micrografia eletrônica de transmissão; cores artificiais; ampliada cerca de 160 000 vezes.

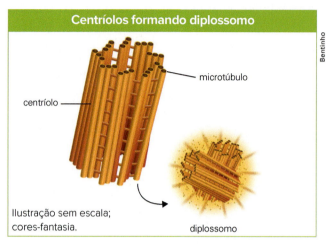

Esquema de centríolos formando diplossomo.

Encontrados em células animais e de alguns vegetais, os centríolos são capazes de se autoduplicarem e participam do processo da divisão celular.

Vegetais superiores, conhecidos como angiospermas (arroz, feijão, milho, mandioca, capim, cana-de-açúcar, ervilha, amendoim, banana, laranja, mamão, maçã, tomate) não têm centríolos.

Os centríolos se localizam em uma região no citoplasma, próxima ao núcleo, denominada centro celular ou **centrossomo**.

## ▶ Cílios e flagelos

**Cílios** e **flagelos** são expansões da membrana plasmática para o exterior da célula. Com estruturas idênticas, eles diferem em relação ao comprimento e à quantidade. Os cílios são curtos e em grande quantidade; os flagelos, longos e em menor quantidade.

Cílios e flagelos possibilitam a locomoção das células livres em meio líquido. Em células fixas em tecidos, eles provocam a circulação do meio com o qual fazem contato.

Superfície do tecido epitelial de traqueia humana mostrando uma célula com cílios (em amarelo). Micrografia eletrônica de varredura; cores artificiais; ampliada cerca de 7 500 vezes.

78   Unidade 2   A célula

A estrutura de cílios e flagelos é constituída por um cilindro circular de nove duplas de microtúbulos (os centríolos) ao redor de uma dupla de microtúbulos central. Esse conjunto, conhecido por **axonema**, está envolvido por uma membrana externa.

Na base do axonema encontram-se os **corpúsculos basais**, ou cinetossomos, que possuem estrutura semelhante à dos centríolos e têm a função de coordenar os movimentos dos cílios e flagelos.

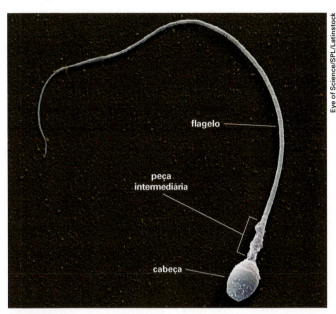

Espermatozoide humano; uma célula que apresenta flagelo. No útero, o movimento do flagelo conduz os espermatozoides até a célula reprodutiva feminina (o ovócito). Micrografia eletrônica de varredura; cores artificiais; ampliada cerca de 4000 vezes.

## Foco em saúde

### Doença dos cílios imóveis

A doença dos cílios imóveis é provocada por uma alteração na síntese das proteínas que constituem os microtúbulos dos cílios e flagelos, tornando-os imóveis. Os sintomas dessa doença são problemas respiratórios como pneumonia e sinusite, pois partículas estranhas e bactérias inaladas com o ar permanecem no trato respiratório, podendo provocar infecções. A enfermidade é também uma causa rara de infertilidade, pois prejudica os movimentos do flagelo nos espermatozoides.

1. Pesquise quais são os tratamentos possíveis para a doença dos cílios imóveis, que afeta o trato respiratório e a fertilidade masculina.

## Atividades

1. Com que funções o retículo endoplasmático rugoso, o retículo endoplasmático liso e o complexo golgiense estão relacionados?
2. Por que o rompimento da membrana do lisossomo é um problema sério para a célula?
3. Células animais submetidas à privação de alimento passam a se alimentar de si mesmas, consumindo parte de suas estruturas para sobreviver. Que organela está diretamente relacionada a esse processo de autoalimentação?

Organelas citoplasmáticas  Capítulo 6  79

## CAPÍTULO 7

# NÚCLEO E CROMOSSOMOS

O **núcleo** é uma estrutura ovoide ou esférica presente em praticamente todas as células eucarióticas, que contém o material genético e participa ativamente da divisão celular.

A maioria das células apresenta apenas um núcleo, mas há algumas com dois núcleos, como as células hepáticas (do fígado) e as cartilaginosas, e ainda outras multinucleadas, com muitos núcleos, como as células musculares estriadas.

As hemácias, células presentes no sangue humano, não apresentam núcleo na fase adulta, sendo, portanto, anucleadas. Devido a isso, apresentam atividade restrita e desenvolvimento limitado. São incapazes de se dividir e possuem vida curta, de aproximadamente 120 dias.

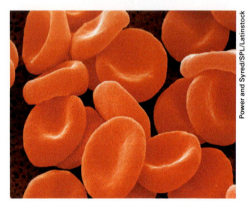

Hemácias são anucleadas. Micrografia eletrônica de varredura; cores artificiais; ampliada cerca de 2 700 vezes.

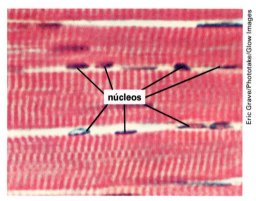

Células musculares esqueléticas são polinucleadas. Micrografia óptica; ampliada cerca de 800 vezes.

## ▶ Estrutura do núcleo

O núcleo é delimitado pelo **envelope nuclear** (ou **carioteca**), constituído de duas membranas lipoproteicas. A membrana nuclear interna encontra-se em contato com o conteúdo nuclear, enquanto a externa está em contato com o citoplasma e apresenta ribossomos aderidos à sua superfície. O espaço compreendido entre as duas membranas é denominado **espaço perinuclear** e se comunica com o lúmen do retículo endoplasmático rugoso.

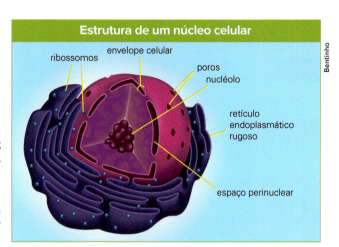

Ilustração sem escala; cores-fantasia.

Esquema da estrutura do envelope nuclear (ou carioteca).

80 Unidade 2 A célula

O núcleo é preenchido pela **cariolinfa** (ou **nucleoplasma**), um líquido viscoso, de consistência gelatinosa e quimicamente diferente do citosol. Substâncias, como moléculas polares, proteínas e RNA, movimentam-se seletivamente através de **poros** presentes no envelope nuclear.

Na cariolinfa estão imersos a **cromatina** (que constitui o material genético) e os nucléolos. Ela é uma massa de filamentos enovelados e grânulos constituídos, principalmente, por **DNA** e proteínas (conhecidas como histonas).

Cada filamento que forma a cromatina é denominado **cromonema**, que, por sua vez, apresenta regiões com características diferentes: a eucromatina e a heterocromatina.

A heterocromatina é uma região muito condensada do cromonema e não produz RNA.

> **Veja também**
>
> Veja em <http://genoma.ib.usp.br/sites/default/files/protocolos-de-aulas-praticas/extracao_dna_morango_web1.pdf> como extrair o DNA das células do morango. Acesso em: 7 fev. 2016.

### Estrutura simplificada de cromonema

Ilustração sem escala; cores-fantasia.

Esquema da relação entre cromatina, cromonema, heterocromatina, eucromatina e cromômero.

A eucromatina é uma região do cromonema menos condensada por estar ativa, isto é, produz grande quantidade de RNA a partir do DNA. Nela encontram-se pequenas regiões enoveladas, os **cromômeros**, dispostas como em um rosário. Ao se desenovelarem, os cromômeros distendem-se e tornam-se ativos.

Os **nucléolos** são estruturas esféricas, localizadas dentro do núcleo, desprovidas de membranas. A quantidade de nucléolos encontrada no núcleo não é fixa, variando de um a algumas dezenas. Eles são compostos de RNA e proteínas em proporções semelhantes às dos ribossomos e são responsáveis pela produção de estruturas precursoras dos ribossomos.

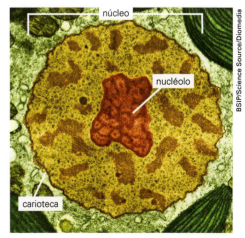

Núcleo de célula vegetal delimitado pelo envelope nuclear mostrando o nucléolo (alaranjado, no centro). Micrografia eletrônica de transmissão; cores artificiais; ampliada cerca de 15 000 vezes.

Núcleo e cromossomos  Capítulo 7

## ▶ Os cromossomos

Quando uma célula começa a se dividir, o envelope celular se desintegra e o núcleo celular deixa de ser visível. Da mesma forma, neste momento os nucléolos desaparecem e a cromatina sofre uma série de modificações. Uma das mais notáveis é a duplicação de cada cromonema. Os dois cromonemas idênticos permanecem unidos em uma pequena região dos filamentos por uma proteína chamada coesina, e cada um deles recebe o nome de **cromátide**. As duas cromátides idênticas recebem o nome de cromátides-irmãs. Em seguida, os dois cromonemas sofrem **condensação**, isto é, torcem-se em espiral, tornando-se mais curtos e muito espessos, com aspecto de bastão. Recebem, por fim, o nome de **cromossomos**.

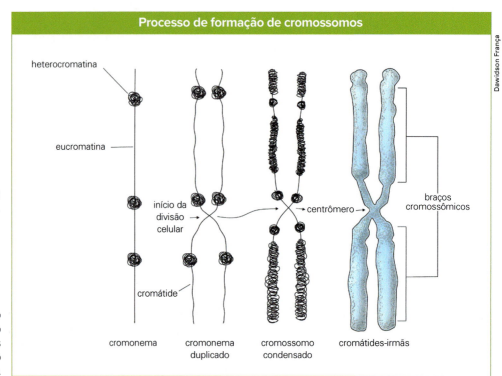

Ilustração sem escala; cores-fantasia.

Duplicação e espiralização do cromonema, formando cromossomos com duas cromátides unidas pelo centrômero.

Uma vez condensado nos cromossomos, o DNA deixa de produzir RNA. A única estrutura visível do núcleo durante a divisão celular é o cromossomo.

Cada cromossomo é constituído de duas cromátides-irmãs, que, numa etapa posterior da divisão celular, são separadas. Nos cromossomos condensados e duplicados é visível uma região de estrangulamento, onde há uma estrutura proteica denominada **centrômero**. Essa estrutura está envolvida com a separação das cromátides-irmãs durante a dvisão celular.

Célula humana (linfócito) em processo de divisão, mostrando a cromatina espiralada e condensada em forma de cromossomos (azul). O linfócito mede cerca de 7 μm. Micrografia eletrônica de transmissão; cores artificiais, ampliada cerca de 15 000 vezes.

## Classificação dos cromossomos

Conforme a posição do centrômero, os cromossomos são classificados em: **metacêntrico**, quando têm o centrômero no meio de seu comprimento; **submetacêntrico**, quando o centrômero está próximo ao meio; **acrocêntrico**, quando localiza-se perto de uma das extremidades do cromossomo; e **telocêntrico**, quando o centrômero é terminal. As células humanas apresentam todos os tipos de cromossomos, exceto o telocêntrico.

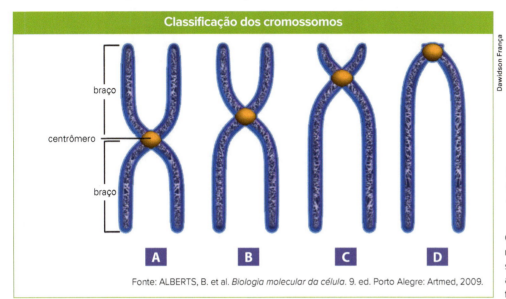

Fonte: ALBERTS, B. et al. *Biologia molecular da célula*. 9. ed. Porto Alegre: Artmed, 2009.

Ilustração sem escala; cores-fantasia.

Cromossomos metacêntrico (A), submetacêntrico (B), acrocêntrico (C) e telocêntrico (D).

## Cromossomos humanos e cariótipo

Na espécie humana, as **células sexuais** ou **germinativas** (aquelas envolvidas na reprodução – os espermatozoides e os ovócitos) possuem 23 cromossomos, enquanto todas as demais, denominadas **células somáticas** (que constituem todas as partes do corpo), possuem dois conjuntos de 23 cromossomos, ou seja, 23 pares de cromossomos. Entre os pares, 22 possuem cromossomos de mesmo tamanho, forma e localização do centrômero, e são denominados **cromossomos autossômicos**. O outro par, de **cromossomos sexuais**, nas mulheres é formado por cromossomos semelhantes no tamanho, forma e localização do centrômero, e são chamados XX. Nos homens, é formado por um semelhante ao feminino (X) e outro com forma diferente chamado Y. Os cromossomos de cada par são chamados de **cromossomos homólogos**.

Par de cromossomos humanos masculinos (X e Y). Micrografia eletrônica de varredura; cores artificiais; ampliada cerca de 30 000 vezes.

Núcleo e cromossomos Capítulo 7

Todos os indivíduos de uma espécie possuem um conjunto com o mesmo número de cromossomos e cada cromossomo tem características próprias quanto ao tamanho, forma e localização do centrômero. Esse conjunto é chamado de **cariótipo** e é exclusivo da espécie.

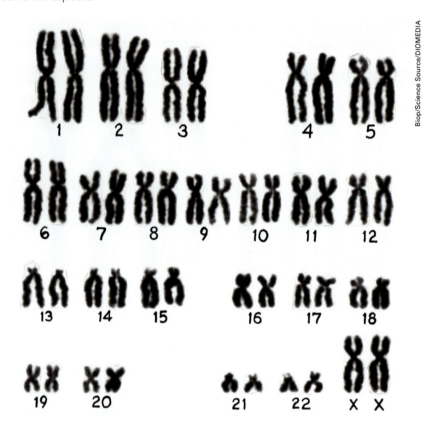

Cariótipo humano feminino com 22 pares de cromossomos autossômicos e um par de cromossomos sexuais (XX).

| Comparação do número de cromossomos em diferentes espécies de plantas e animais |||
|---|---|---|
| Nome vulgar | Nome científico | Número de cromossomos das células somáticas |
| Homem | Homo sapiens | 46 |
| Macaco Rhesus | Macaca mulatta | 42 |
| Pomba | Columba livia | 80 |
| Cão | Canis familiaris | 78 |
| Arroz | Oryza sativa | 24 |
| Batata | Solanum tuberosum | 48 |
| Milho | Zea mays | 20 |
| Ervilha | Pisum sativum | 14 |
| Mosca-das-frutas | Drosophila melanogaster | 8 |
| Mosca-doméstica | Musca domestica | 12 |
| Abelha | Apis mellifera | 32 |

A mosca-das-frutas (*Drosophila* sp.) com 2 a 4 mm de comprimento.

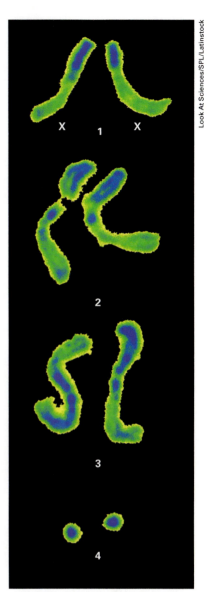

Cariótipo com quatro pares de cromossomos.

## Alterações cromossômicas

Em todas as espécies podem ocorrer alterações no número ou na estrutura dos cromossomos. Alguns indivíduos nascem com células com um número maior ou menor de cromossomos em relação ao cariótipo padrão, ou com algum cromossomo incompleto. Essas alterações, em geral, provocam vários efeitos em seus portadores.

Na espécie humana, é bem conhecida a trissomia do cromossomo 21. Os portadores dessa alteração possuem três cromossomos do tipo designado como 21 em suas células e, em geral, apresentam algumas características comuns: baixa estatura, fraqueza muscular, atraso do desenvolvimento mental, olhos de aspecto amendoado, entre outras. Ao conjunto desses sintomas dá-se o nome de **síndrome de Down**.

Outras síndromes causadas por alterações cromossômicas numéricas são a **síndrome de Turner**, cujo portador é do sexo feminino e possui apenas um cromossomo X, e a **síndrome de Klinefelter**, cujo portador é do sexo masculino e possui dois cromossomos X e um Y.

## Foco em sociedade

### Inclusão e participação

Aproximadamente 270 mil brasileiros têm síndrome de Down. Por muitos anos, as pessoas com essa síndrome não eram consideradas capazes de estudar, trabalhar, participar de atividades sociais ou ser independentes de sua família. Atualmente, esses jovens estão na universidade e no mercado de trabalho.

Para muitos pais e especialistas, isso ocorreu graças à inclusão das crianças em escolas regulares. O benefício, segundo eles, não é só desses alunos, mas de todos, que aprendem a conviver com as diferenças.

O Brasil é um dos poucos países do mundo que têm uma legislação específica para as pessoas com deficiência. A Constituição de 1998 garantiu o direito de todos à escolarização e, desde 1999, todas as crianças e jovens com deficiência passaram a ter assegurado seu direito de frequentar salas de aulas regulares.

Em 2015, foi sancionada a Lei Brasileira de Inclusão (LBI). Essa legislação facilita o acesso das pessoas com qualquer tipo de deficiência a transporte, moradia, trabalho, serviços, esportes, educação e cidadania e combate à discriminação.

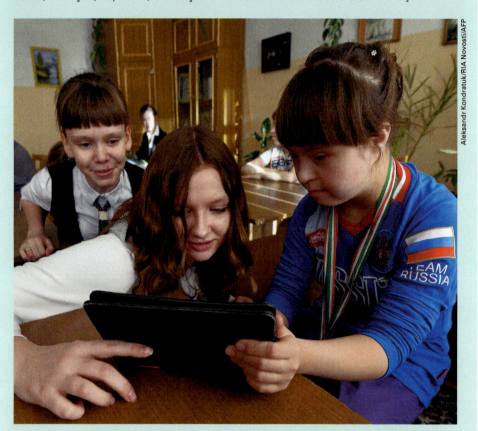

Arina Kutepova, uma menina russa que é um exemplo de como a inclusão bem orientada proporciona pleno desenvolvimento de uma pessoa Down. Além de gostar muito de estudar, ela foi campeã, em 2015, na modalidade ginástica dos Jogos Olímpicos para pessoas com necessidades especiais.

Todo cidadão tem o direito de participar e de viver dignamente em sua comunidade. Mas a legislação sozinha não garante a inclusão. Ela se torna efetiva quando cada um de nós respeita as necessidades individuais e a diversidade das outras pessoas, com deficiência ou não. A sociedade tem de estar preparada para acolher todos os cidadãos igualmente, sem distinção. Nós estamos? Discuta esse tema com seus colegas.

# Atividades

1. As micrografias abaixo são de células de raiz de cebola em momentos diferentes da vida celular. Analise as imagens.

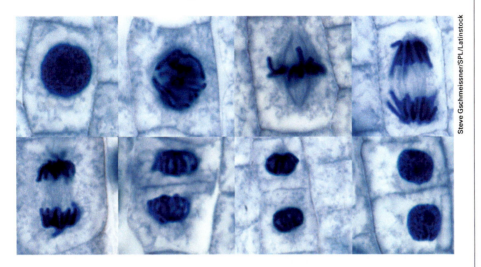

a) Que diferenças você pode observar entre as células?

b) É correto dizer que uma delas tem mais DNA que a outra?

2. Observe o esquema e responda às questões.

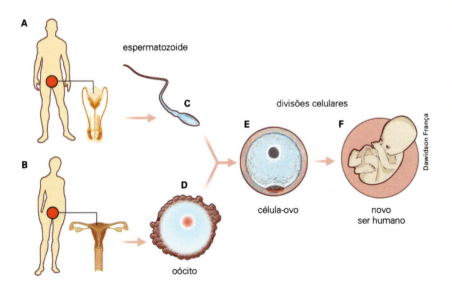

a) Qual é o número de cromossomos em A, B, C, D, E e F?

b) Quais letras representam elementos que não possuem cromossomos homólogos?

c) Sabendo que diploide significa "estar duplicado", e haploide, "estar reduzido pela metade", quais elementos da ilustração são diploides e quais são haploides em relação ao número de cromossomos?

Núcleo e cromossomos   Capítulo 7

3. O cariótipo humano, abaixo, pertence a um indivíduo de que sexo? Explique sua resposta.

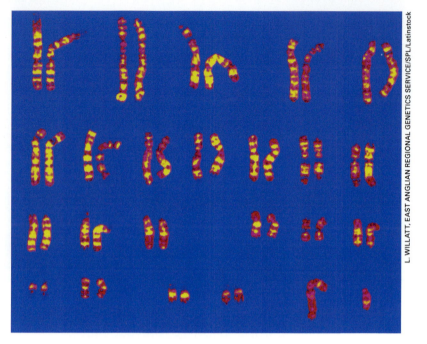

4. Foram feitas observações em duas células de tecidos distintos. Na célula 1, notou-se a presença de muitos ribossomos e de um nucléolo grande e evidente, localizado próximo do envelope nuclear; na célula 2, viu-se um número muito reduzido de ribossomos e um nucléolo pequeno, quase indefinido. Explique a diferença entre as duas células relacionando-a à função do nucléolo.

5. No caderno, relacione corretamente o número das estruturas representadas nas figuras com os níveis de condensação do DNA.

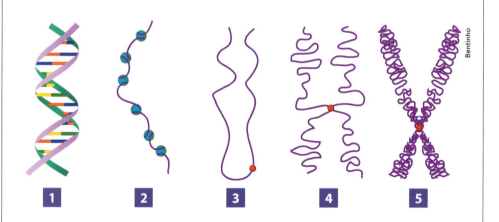

a) cromatina
b) cadeia simples de DNA
c) cromossomo condensado
d) cromonema
e) cromátides-irmãs

88  Unidade 2  A célula

## PARA LER E REFLETIR

### Cresce doação de órgãos no Brasil, mas rejeição de famílias ainda é alta

*Foram 7 898 órgãos doados [em 2014], segundo associação.
Taxa de negativa familiar para transplante foi de 46%*

| Transplantes e doações de órgãos em 2014 | |
|---|---|
| Coração | 311 |
| Fígado | 1 755 |
| Pâncreas | 126 |
| Pulmão | 67 |
| Rim | 5 639 |
| Córneas | 13 036 |

O Brasil registrou crescimento nas doações e transplantes de órgãos em 2014, de acordo com levantamento da Associação Brasileira de Transplantes de Órgãos (ABTO) [....] foram 7 898 órgãos doados no ano passado, 3% a mais que em 2013.

A taxa de doadores também subiu de 13,5 por milhão de pessoas para 14,2 por milhão, no entanto, ficou abaixo da meta proposta pela associação para 2014, que era de 15 por milhão. Além disso, o índice está longe de alcançar o objetivo de 20 doadores por milhão de pessoas até 2017.

Para se ter ideia, na Espanha, considerado o país que mais registra transplantes, a taxa é de 37 por milhão.

De acordo com Lucio Pacheco, presidente da ABTO, a má distribuição das equipes que realizam transplantes pelo Brasil pode ser uma das respostas a esta dificuldade.

Segundo o Ministério da Saúde, que coordena o Sistema Brasileiro de Transplantes, há mais de mil equipes preparadas para realizar cirurgias distribuídas pelo Brasil e 400 unidades prontas para atuarem nessa área.

Mas para Pacheco, há uma concentração desse tipo de mão de obra no Sul e Sudeste e quase nenhum ou nenhum no Norte, Nordeste e Centro-Oeste. "Enquanto em São Paulo há 20 equipes para realizar cirurgias de fígado, o que é muito, em Minas Gerais há apenas 3. Em outros estados mais longes, não há", explica.

### Rejeição das famílias

Outro problema que dificulta a realização dos transplantes é a falta de autorização da família para a cirurgia. Medida pela chamada "taxa de negativa familiar", o índice em 2014 ficou em 46%, apenas 1% menor que em 2013.

Em alguns estados, o percentual de famílias que não aceitam que um parente doe seus órgãos é ainda maior. Em Goiás, por exemplo, o valor salta para 82%. Em Sergipe, para 78% e no Acre 73%.

"O brasileiro é muito mais solidário que isso. Não sabemos ao certo o que provoca esse alto índice, se é a falta de preparo das pessoas na abordagem das famílias logo após a constatação da morte [cerebral ou não] ou se é a desconfiança do serviço público de saúde", explica.

Pacheco complementa que é preciso reverter tal situação com mais campanhas educacionais, que mostrem à população o que é a doação de órgãos, explique a morte cerebral e tire dúvidas relacionadas ao sistema de transplantes.

"É importante entender a doação de órgãos como um papel da sociedade civil. Hoje você pode não estar precisando, mas no futuro, você pode ir para a fila de espera", conclui.

CARVALHO, Eduardo. Cresce doação de órgãos no Brasil, mas rejeição de famílias ainda é alta. Disponível em: <http://g1.globo.com/bemestar/noticia/2015/02/cresce-doacao-de-orgaos-no-brasil-mas-rejeicao-de-familias-ainda-e-alta.html>. Acesso em: 10 nov. 2015.

### QUESTÕES

1. Quais são as principais dificuldades para a realização de transplantes no Brasil?

2. Muitas pessoas são contrárias à doação de órgãos de seus familiares. Converse com os colegas sobre o assunto. Por que vocês acham que isso ocorre? Quais seriam os motivos para essa recusa?

# Mãos à obra!

## Construção de modelo de célula

Os modelos científicos são representações do objeto ou fenômeno em estudo que contribuem para a compreensão do que se quer entender, conhecer, simular ou prever. Eles são muito úteis nas ciências e você deve conhecer alguns deles, como os modelos de átomo propostos por diferentes cientistas conforme os estudos avançavam, ou, na Biologia, o modelo da molécula de DNA e o da membrana plasmática.

Nesta atividade, em grupos de cinco alunos, vocês vão construir um modelo tridimensional de célula usando materiais que considerem mais adequados para representar cada organela. Antes de iniciar o trabalho, definam a escala do modelo, por exemplo: 1 cm equivale a cada 1 nm. Conhecendo as dimensões das organelas, vocês podem calcular com uma regra de três qual é o tamanho proporcional de cada uma delas na célula que idealizaram.

Em seguida, pesquisem sobre modelos de células e, a partir deles, adaptando-os ou criando novas possibilidades, elaborem um plano para a construção do modelo que considerem mais adequado. Utilizem materiais recicláveis e de fácil aquisição.

Depois de pronto, apresentem o modelo à classe e relatem as dificuldades que enfrentaram para construí-lo e, também, o que seria necessário para torná-lo mais próximo da realidade.

Alguns modelos de células. Eles podem ser feitos de diversas maneiras, mas devem ser de fácil visualização e compreensão.

90 Unidade 2 A célula

# Explorando habilidades e competências

Observe as fotos, leia o texto e responda às questões a seguir.

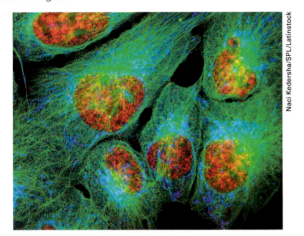

Célula vista ao microscópio óptico.

O **microscópio óptico**, ou fotônico, é o mais antigo dos microscópios. Ele utiliza a luz para formar imagens, que podem aumentar até 2 000 vezes a visualização da amostra. Amostras podem ser observadas ao natural ou em preparações, por exemplo, com a adição de corantes específicos para determinadas estruturas. Ele permite a visualização de amostras vivas e o acompanhamento de processos em tempo real.

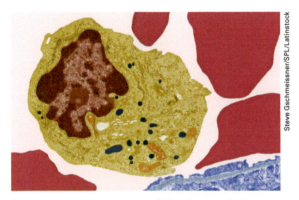

Célula vista ao microscópio eletrônico de transmissão.

O **microscópio eletrônico de transmissão** permite ampliar uma imagem até 1 milhão de vezes. É um equipamento grande e de custo elevado, diferentemente do microscópio óptico. Ele forma imagens devido à emissão de um feixe de elétrons, que atravessa a amostra a ser visualizada; em geral, as imagens são produzidas por computadores e tratadas digitalmente. Toda imagem formada nesse tipo de aparelho está em preto e branco, e é colorizada artificialmente pelo operador do microscópio.

Neste caso, a amostra deve ser cortada em finíssimas lâminas. Assim, não são observadas amostras vivas nesse tipo de microscópio.

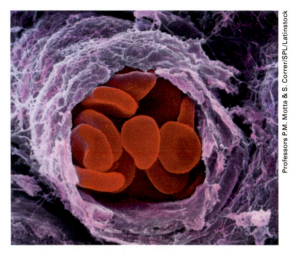

Célula vista ao microscópio eletrônico de varredura.

O **microscópio eletrônico de varredura** é semelhante ao de transmissão mas as interações do feixe de elétrons ficam restritas às camadas superficiais amostra. Ele tem capacidade de ampliação de até 300 000 vezes.

1. Embora diferente do atual, o primeiro microscópio óptico inventado gerou diversos novos conhecimentos. Por que isso ocorreu?

2. Os microscópios eletrônicos, tanto o de varredura quanto o de transmissão, são aparelhos inventados no séc. XX, mais recentes que o microscópio óptico e com maior ampliação. Explique se o desenvolvimento desse tipo de microscópio tornou o microscópio óptico inútil.

3. Cite e justifique o tipo de microscópio mais adequado para observar cada uma das situações citadas a seguir
   a) a estrutura de uma mitocôndria
   b) a movimentação do flagelo de um microrganismo
   c) As ranhuras superficiais de um grão de pólen

4. Observando imagens obtidas por microscópios eletrônicos, é possível ver núcleos celulares com diferentes cores, como roxo, vermelho, laranja, amarelo etc. Explique essa variação de cores na mesma estrutura celular.

# Para rever e estudar

> **Questões do Enem**

1. (Enem – 2015) Muitos estudos de síntese e endereçamento de proteínas utilizam aminoácidos marcados radioativamente para acompanhar as proteínas, desde fases iniciais de sua produção até seu destino final. Esses ensaios foram muito empregados para estudo e caracterização de células secretoras.

   Após esses ensaios de radioatividade, qual gráfico representa a evolução temporal da produção de proteínas e sua localização em uma célula secretora?

   a)
   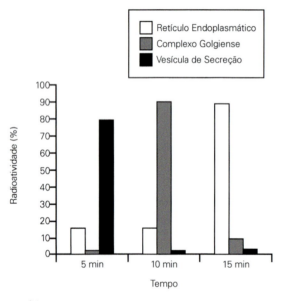

   b)
   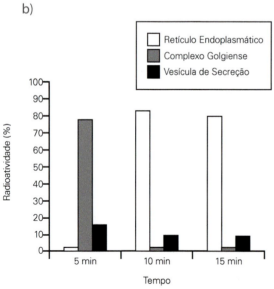

   c)
   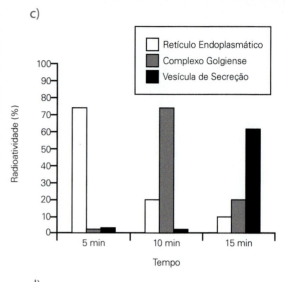

   d)
   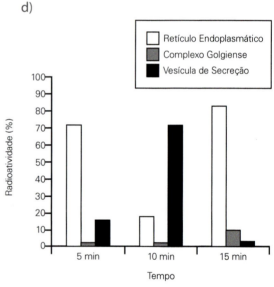

   e)
   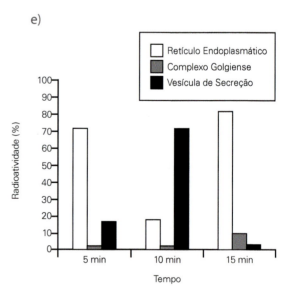

## Questões de vestibulares

**1.** (UFSC – 2015) A invenção do microscópio óptico é atribuída aos holandeses Zacharias Janssen e seu pai, por volta do ano 1590. O microscópio eletrônico de transmissão foi inventado no início dos anos 1930 pelo alemão Ernest Ruska. Mais importante que a capacidade de aumento de um microscópio é o seu poder de resolução, ou seja, a capacidade de distinguir dois pontos próximos como se estivessem separados. Com relação a estes instrumentos, é correto afirmar que:

01) na microscopia óptica, a observação com uma objetiva de 40 x e uma ocular de 10 x resulta em um aumento final de 400 x.

02) para a observação de células com o microscópio eletrônico de transmissão, é preciso apenas garantir que elas estejam bem separadas entre si.

04) na microscopia eletrônica de transmissão, em vez da luz comum utilizam-se luz polarizada e corante fluorescente para distinguir partes de uma célula.

08) microscópios ópticos permitem aumentos da ordem de 5.000 x o que torna possível visualizar, por exemplo, a estrutura da membrana nuclear.

16) com o uso de microscopia eletrônica de transmissão, é possível visualizar, com o auxílio de corantes fluorescentes, a estrutura molecular das proteínas.

32) um objeto que mede 0,01 mm visualizado através de uma lente objetiva de 100 x e uma lente ocular de 10 x terá sua imagem ampliada para 1,0 mm.

**2.** (Unicamp-SP – 2015) O desenvolvimento da microscopia trouxe uma contribuição significativa para o estudo da Biologia. Microscópios ópticos que usam luz visível permitem ampliações de até 1.000 vezes, sendo possível observar objetos maiores que 200 nanômetros.

**a)** Cite dois componentes celulares que podem ser observados em uma preparação que contém uma película extraída da epiderme de uma cebola, utilizando-se um microscópio de luz.

**b)** Quais células podem ser observadas em uma preparação de sangue humano, utilizando-se um microscópio de luz?

**3.** (Unicamp-SP – 2015) São estruturas encontradas em vegetais:

**a)** parede celular, grana, arquêntero, mitocôndria, DNA.

**b)** mitocôndria, vacúolo, tilacoide, vasos, cromossomo.

**c)** mitocôndria, carioteca, axônio, núcleo, estroma.

**d)** dendrito, cloroplasto, DNA, endométrio, estômato.

**4.** (PUC-PR – 2015) Faz parte do senso comum o conhecimento de que cenoura faz bem para a visão. No entanto, a revista Scientific American publicou uma notícia intitulada "Cenouras ajudam a enxergar melhor? Não, mas o chocolate sim!". Leia o trecho abaixo:

"[...] fui questionada inúmeras vezes por pacientes se cenouras realmente podem melhorar a visão. Acho que alguns olham para as cenouras pensando ser a grande cura mágica para seu problema refrativo. Querem eliminar a necessidade de usar óculos comendo cenouras encantadas. Quando, na verdade, a cenoura faz parte da nutrição necessária para manter olhos saudáveis e ajudar a retardar a progressão de determinadas doenças como catarata e degeneração macular. No entanto, estudos recentes têm demonstrado que o que você come pode, temporariamente, aumentar a nitidez da sua visão e até mesmo melhorar a cognição.

[...] Os pesquisadores perceberam uma melhora na performance visual e cognitiva dos indivíduos que consumiram chocolate amargo. Os indivíduos que consumiram chocolate branco não tiveram um aumento real em seus testes de desempenho. Isso sugere que em menos de duas horas os flavonoides do cacau podem melhorar temporariamente certos aspectos da visão e cognição. Pesquisadores acreditam os flavonoides do cacau aumentam o fluxo sanguíneo dos olhos e cérebro e que é isso que leva a um melhor funcionamento dessas estruturas."

Adaptado de: <http://www2.uol.com.br/sciam/noticias/cenouras_ajudam_a_enxergar_melhor_nao_mas_o_chocolate_sim_.html>.
Acesso em: 20/09/2014.

# Para rever e estudar

Segundo o texto, a cenoura atua apenas na nutrição necessária para manutenção do olho, não tendo efeito nos problemas refrativos. Ainda assim, seu consumo é importante, pois ela possui uma vitamina que é matéria-prima para produção da rodopsina, proteína encontrada no epitélio pigmentar da retina. Assinale a alternativa que mostra corretamente essa vitamina.

a) Vitamina C.
b) Vitamina D.
c) Vitamina B12.
d) Vitamina K.
e) Vitamina A.

5. (Uema – 2014) A construção do microscópio composto ou binocular por Robert Hooke, em 1663, permitiu a visualização de estruturas até então desconhecidas pelos cientistas, a partir da utilização de lentes de grande aumento. Com o advento da microscopia, os pesquisadores, após vários estudos em muitos tipos de plantas e animais, lançaram a ideia de que todos os seres vivos são formados por pequenas unidades chamadas células. Essa constatação foi possível graças à possibilidade gerada pela combinação de duas partes (A e C) do microscópio ótico.

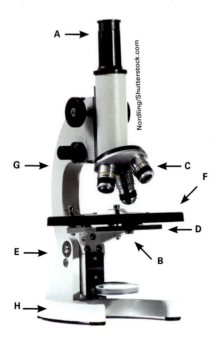

O sistema de lentes A e C, responsável pelo aumento final de uma célula, é chamado, respectivamente, de

a) diafragma e condensador.
b) objetiva e condensador.
c) condensador e ocular.
d) ocular e diafragma.
e) ocular e objetiva.

6. (Fatec – 2013) A invenção do microscópio possibilitou várias descobertas e, graças ao surgimento dos microscópios eletrônicos, houve uma revolução no estudo das células. Esses equipamentos permitiram separar os seres vivos em procarióticos e eucarióticos, porque se descobriu que os primeiros, entre outras características,

a) possuem parede celular e cloroplastos.
b) possuem material genético disperso pelo citoplasma.
c) possuem núcleo organizado envolto por membrana nuclear.
d) não possuem núcleo e não têm material genético.
e) não possuem clorofila e não se reproduzem.

7. (UFRGS-RS – 2012) No bloco superior, abaixo, são citados dois componentes do sistema de membranas internas de uma célula eucariótica; no inferior, funções desempenhadas por esses componentes.

Associe adequadamente o bloco inferior ao superior.

1 - retículo endoplasmático liso
2 - sistema golgiense

( ) modificação de substâncias tóxicas
( ) síntese de lipídeos e esteroides
( ) secreção celular
( ) síntese de polissacarídeos da parede celular vegetal

A sequência correta de preenchimento dos parênteses, de cima para baixo, é

a) 1 – 2 – 2 – 1.

b) 1 – 1 – 2 – 2.

c) 1 – 2 – 2 – 2.

d) 2 – 2 – 1 – 1.

e) 2 – 1 – 1 – 1.

**8.** (UFF – 2011) As células animais, vegetais e bacterianas apresentam diferenças estruturais relacionadas às suas características fisiológicas.

A tabela abaixo mostra a presença ou ausência de algumas dessas estruturas.

| Estruturas | células | | |
|---|---|---|---|
| | animal | vegetal | bacteriana |
| Centríolos | + | – | – |
| Citoplasma | + | + | + |
| Membrana citoplasmática | + | + | + |
| Núcleo | + | + | – |
| Parede celular | – | + | + |
| Plastos | – | + | – |

Legenda: (+) presente    (–) ausente

Analisando as informações apresentadas, é correto afirmar que

a) tanto os vegetais quanto as bactérias são autótrofos devido à presença da parede celular.

b) o citoplasma de todas as células são iguais.

c) as bactérias não possuem cromossomos por não possuírem núcleo.

d) a célula animal é a única que realiza divisão celular com fuso mitótico com centríolos nas suas extremidades.

e) todos os plastos estão envolvidos na fotossíntese.

**9.** (Udesc – 2008) Assinale a alternativa correta, em relação aos componentes químicos da célula.

a) Os glicídios, a água, os sais minerais, os lipídios e as proteínas são componentes orgânicos.

b) As proteínas, os ácidos nucléicos, os lipídios e os glicídios são componentes orgânicos.

c) Os glicídios, os sais minerais, os lipídios e as proteínas são componentes orgânicos.

d) A água, os sais minerais e os glicídios são componentes inorgânicos.

e) A água, os sais minerais, os lipídios e as proteínas são componentes inorgânicos.

**10.** (UFRN – 2013) As organelas que estão distribuídas no citoplasma são fundamentais para o funcionamento e para a adaptação das células em suas funções. Tanto maratonistas (corredores de prova de longa distância) quanto insetos voadores, como as abelhas, que sustentam o batimento de suas asas durante muito tempo, possuem uma taxa metabólica elevada em suas células musculares. As células musculares de maratonistas e de insetos voadores contêm grande quantidade de

a) vacúolo, que armazena Ca+2 para a contração muscular.

b) complexo golgiense, que secreta enzimas para sintetizar hormônios.

c) lisossomo, que faz autofagia para eliminar partes desgastadas das células musculares.

d) mitocôndria, que fornece energia para a contração muscular.

**11.** (Unitau – 2013) As membranas biológicas são estruturas altamente seletivas e demarcam limites celulares e subcelulares. Pequenas moléculas neutras podem penetrar e atravessar essas membranas por simples difusão, mas a maioria das moléculas e íons dependem de transportadores altamente seletivos para atravessarem as membranas biológicas. Considerando a composição das membranas biológicas, podemos afirmar que a especificidade dos sistemas de transporte está intimamente relacionada com a presença de:

a) lipídeos.

b) carboidratos.

c) proteínas.

d) porfirinas.

e) terpenos.

# UNIDADE 3

# A VIDA DA CÉLULA

Em 2012, Usain Bolt foi considerado o homem mais rápido do mundo. Em apenas 9,69 s seu corpo saiu do estado de repouso e atingiu em média 46 km/h. Como suas células musculares obtiveram a energia para realizar as contrações que lhe garantiram a medalha de ouro na Olimpíada de Londres? A corrida de velocidade mobiliza as mesmas fontes de energia do que a corrida de resistência, como as maratonas?

Nesta unidade estudaremos processos celulares fundamentais para a manutenção da vida e que possibilitam a grande variedade de atividades realizadas pelos diferentes seres vivos.

Para se movimentar, o corpo necessita de energia, coordenação e integração de processos. As células estão envolvidas em todos esses processos. Na imagem vemos Usain Bolt de amarelo, prestes a correr e ganhar a corrida de 100 m em Londres, 2012.

## CAPÍTULO 8

# O TRANSPORTE DE SUBSTÂNCIAS

O ambiente interno de uma célula está repleto de organelas e elementos estruturais, além de água, íons, glicídios, lipídios, proteínas e aminoácidos, que são transportados de uma organela a outra e participam das reações químicas que promovem a vida da célula. Esse ambiente é muito diferente do ambiente extracelular, que pode ser, por exemplo, o oceano, caso se considerem as algas unicelulares marinhas, ou o plasma sanguíneo, no caso de glóbulos vermelhos humanos.

A membrana plasmática é uma barreira física natural entre o meio externo e o meio interno, capaz de selecionar parte das substâncias que a atravessam, entrando ou saindo da célula. É por isso que se diz que ela tem **permeabilidade seletiva**. Por meio desse transporte seletivo de substâncias a célula mantém a composição do citoplasma adequada para a sua sobrevivência, mesmo quando o meio extracelular se altera bruscamente.

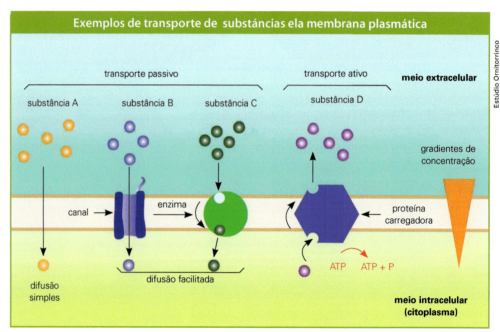

Ilustração sem escala; cores-fantasia.

Representação esquemática dos principais tipos de transporte de substâncias através da membrana plasmática.

### Conexões

A difusão das moléculas é um fenômeno físico-químico presente em várias situações do nosso dia a dia. Ela é, por exemplo, uma das formas da dispersão de substâncias poluidoras na atmosfera e na água. Em Química você vai aprender mais sobre esse assunto.

Algumas substâncias atravessam a membrana sem qualquer gasto de energia. Esse tipo de transporte é denominado **transporte passivo**. Quando o transporte de uma substância requer energia para ocorrer, é denominado **transporte ativo**. Calcula-se que 30% do consumo total de energia pela célula são destinados a essa atividade.

## ▶ Transporte passivo

### Difusão simples

A difusão é um processo que ocorre porque as partículas (átomos, íons e moléculas) que constituem a matéria estão em movimento constante. Esse movimento constante faz as partículas dos líquidos e dos gases se espalharem. Esse espalhamento é a difusão.

98  Unidade 3  A vida da célula

Quando, por exemplo, abre-se um frasco com álcool puro no canto de um quarto fechado, percebe-se que, em alguns minutos, o cheiro de álcool se espalha por todo o ambiente. Isso ocorre porque o álcool se evapora rapidamente, e as moléculas, inicialmente concentradas no frasco, deslocam-se aleatoriamente, chegando à região do quarto, onde a sua concentração era baixa. A difusão se extingue quando a concentração do álcool fica uniforme em todo o quarto.

O mesmo ocorre quando se pinga uma gota de um líquido solúvel em outro líquido. Partindo do repouso, aos poucos as partículas da gota se espalham e se misturam homogeneamente com o outro líquido, dependendo da sua solubilidade.

Uma gota de café se espalha em um copo com água em repouso por difusão.

A difusão ocorre sempre de uma região na qual a substância está mais concentrada para a região em que a concentração é menor, isto é, ela ocorre a favor do **gradiente** de concentração.

Nas células, a difusão ocorre apenas com as substâncias para as quais: A) membrana é permeável (moléculas pequenas solúveis em lipídios); e B) há uma diferença de concentração da substância entre o meio intracelular e o meio extracelular.

**Gradiente:** grau de variação de certas características de um meio (tais como pressão atmosférica, temperatura, concentração de soluções, entre outras).

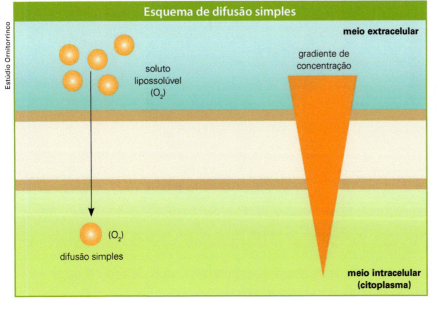

Ilustração sem escala; cores-fantasia.

Representação esquemática da difusão simples do oxigênio ($O_2$), cuja concentração é sempre inferior no interior celular.

O transporte de substâncias  Capítulo 8  99

A difusão simples é o principal modo de transporte do gás oxigênio e do gás carbônico através da membrana plasmática. Nos seres vivos cujo metabolismo depende de oxigênio, a concentração desse gás no interior das células é sempre muito baixa porque elas o consomem constantemente na geração de energia. Já no meio extracelular a concentração do gás é alta, pois ele é constantemente suprido pelas trocas do organismo com o ar atmosférico, no caso de seres de hábito terrestre, ou com a água, no caso de seres aquáticos, por meio da respiração. Essa diferença de concentração promove a difusão do gás oxigênio dissolvido no líquido extracelular para dentro das células. Quanto maior a concentração do gás oxigênio no meio externo, mais velozmente ele se difunde para dentro da célula.

O gás carbônico, ao contrário, é liberado durante processos celulares e, por isso, sua concentração é elevada no interior das células. Por outro lado, a sua concentração no meio extracelular é baixa por ser, constantemente, removido do organismo pela respiração. Desse modo, a difusão do gás carbônico ocorre do meio intracelular para o meio extracelular, isto é, a favor do gradiente de concentração.

### Difusão facilitada

A difusão facilitada é o principal mecanismo de transporte de glicose, água, aminoácidos e vitaminas. Da mesma forma que a difusão simples, a difusão facilitada não consome energia e sempre acontece a favor do gradiente de concentração. Ela ocorre através de proteínas integrais da membrana plasmática que funcionam como canais ou enzimas (permease) que facilitam a passagem das substâncias. Existem vários tipos dessas proteínas, chamadas **proteínas transportadoras**, e cada um deles é específico para determinada substância.

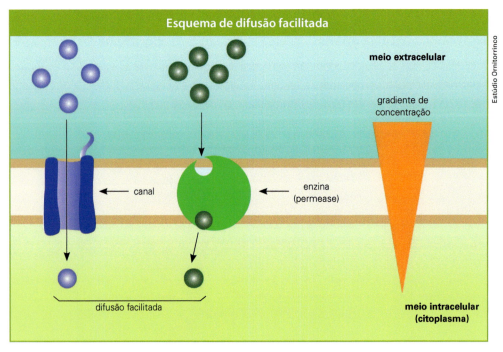

Ilustração sem escala; cores-fantasia.

Representação esquemática da difusão facilitada.

O transporte pode ocorrer para dentro da célula ou em sentido inverso. A glicose, por exemplo, encontra-se geralmente em maior concentração no meio extracelular e atravessa a membrana por difusão facilitada em direção ao interior da célula, onde a concentração é menor, pois a célula consome glicose para obter energia.

## Osmose

Outro tipo especial de difusão é a osmose, denominação dada à difusão do solvente. Como na maior parte das soluções líquidas a água é o solvente, a osmose pode ser entendida como a difusão da água. Por se tratar de um caso de difusão, a osmose é o transporte passivo da água.

Na osmose, a água tende a se difundir de uma solução menos concentrada (**hipotônica**) para uma solução mais concentrada (**hipertônica**), em relação ao soluto. Imagine um recipiente cheio de água pura cujo volume é separado em duas metades por uma membrana semipermeável (veja a figura abaixo). Ao se adicionar duas colheres de açúcar em uma das porções, ela torna-se mais concentrada (hipertônica), pois as moléculas de glicose não atravessam a membrana semipermeável e permanecem presas ali. Em consequência da diferença de concentração das soluções, a água difunde-se da solução menos concentrada para a mais concentrada, atravessando a membrana que separa as duas soluções. Esse movimento da água por meio da membrana é a osmose.

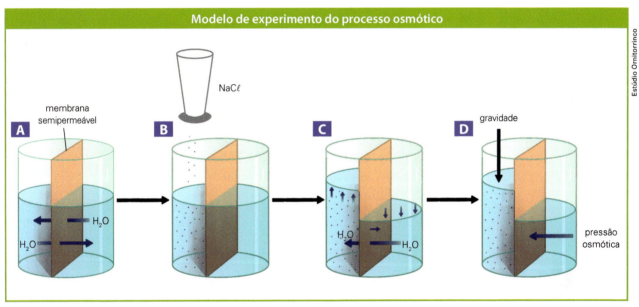

Representação esquemática da osmose através de membrana semipermeável (permeável à água e impermeável aos íons $Na^+$ e $Cl^-$ do sal de cozinha).

Ilustração sem escala; cores-fantasia.

Por ser seletivamente permeável, a membrana plasmática comporta-se como uma membrana semipermeável, pois permite a passagem de água e de alguns solutos e impede a passagem de outros. Quando mergulhada em uma solução aquosa hipertônica, a célula perde água por osmose. Por outro lado, ao entrar em contato com uma solução aquosa hipotônica, a célula ganha água, também por osmose. Células vegetais e animais apresentam efeitos diferentes quando expostas a soluções hiper ou hipotônicas, como trataremos a seguir.

## Osmose em célula animal

Nas células animais, a membrana plasmática e seu envoltório (glicocálix) são delgados e flexíveis, e o comportamento dessas células em soluções hiper ou hipotônicas está relacionado a essa característica da membrana.

O conteúdo das hemácias, por exemplo, é isotônico em relação a uma solução salina (de NaCℓ) a 0,9%. Quando mergulhadas em solução de NaCℓ a 1,5% (hipertônica), as hemácias perdem água por osmose. Nessa situação, elas murcham e ficam com a membrana plasmática enrugada. Em solução de NaCℓ a 0,4% (hipotônica), essas células ganham água, também por osmose, intumescem, e a membrana plasmática rompe-se como consequência do aumento da pressão interna causado pela excessiva elevação do volume de água. Nessa situação as hemácias sofrem **lise**, isto é, o rompimento da membrana e a liberação de seu conteúdo. Nas hemácias a lise por osmose é denominada **hemólise**.

**Lise:** desintegração, quebra ou dissolução.

É por isso que, quando aplicado diretamente na circulação sanguínea dos pacientes, o soro fisiológico é uma solução isotônica em relação ao sangue, evitando, assim, graves efeitos colaterais.

### Osmose em célula vegetal

As células vegetais possuem parede celular, que, além de ser resistente e pouco elástica, é permeável à água e aos solutos em geral.

Ao ser colocada em solução hipertônica, a célula vegetal perde água por osmose e ocorre a diminuição do conteúdo celular. Se a retração da célula devido à perda de água por osmose for muito grande, a membrana plasmática se descola da parede celular. Esse fenômeno chama-se **plasmólise** e, nessa condição, diz-se que a célula está **plasmolisada**. Quando isso ocorre, o espaço compreendido entre a membrana plasmática e a parede celular é preenchido pela solução hipertônica do meio porque, sendo permeável, a parede celular deixa passar tanto o solvente (água) como o soluto.

Em solução hipotônica, a célula vegetal ganha água e intumesce, mas não chega a estourar, pois a parede celular, por ser rígida, impede a entrada de água além do volume delimitado por ela. Nessa condição, a célula retém o máximo volume de água possível; diz-se que ela está **túrgida**.

Ao se colocar uma célula plasmolisada em meio isotônico, ela absorve água e volta ao normal; se colocada em solução hipotônica, torna-se túrgida. Nestes casos, diz-se que ocorreu **deplasmólise**.

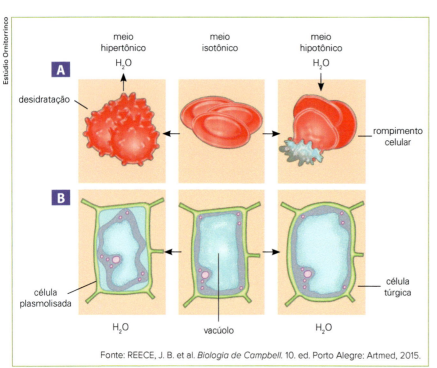

Ilustração sem escala; cores-fantasia.

Representação esquemática comparativa do comportamento de célula animal (**A**) e célula vegetal (**B**) em meio extracelular hipertônico, isotônico e hipotônico em relação ao meio intracelular.

Ao contrário do que ocorre em células vegetais, as células animais tendem a estourar em meio hipotônico.

Fonte: REECE, J. B. et al. *Biologia de Campbell*. 10. ed. Porto Alegre: Artmed, 2015.

**Para explorar**

O que acontece quando células vegetais são mergulhadas em uma solução concentrada de sal (salmoura)? Escreva no caderno o que deve ocorrer e prepare-se para testar!

Para isso, é necessário fazer uma solução de salmoura e colocar pedaços de diversos vegetais.

**Material necessário**

- meio litro de água
- 3 colheres (sopa) de sal
- vegetais, tais como pimentão e batata
- 4 copos descartáveis
- etiquetas ou caneta para identificar os copos

O que ocorre se uma salada de folhas é temperada com sal muito antes de ser servida?

**Modo de fazer**

Corte duas fatias de batata e duas de pimentão com cerca de 3 cm por 8 cm e coloque cada uma delas em um copo. Coloque água pura em um dos copos com batata e em um dos copos com pimentão. Misture sal no restante da água e coloque essa solução nos outros dois copos. Utilize etiquetas ou escreva nos copos para identificá-los:

- copo 1: batata e água sem sal;
- copo 2: batata e água com sal;
- copo 3: pimentão e água sem sal;
- copo 4: pimentão e água com sal.

Aguarde cerca de 40 minutos e retire cada uma das tiras de batata e de pimentão da água, observando-as.

**Resultados e discussão**

1. Como ficou a consistência das tiras em cada copo? Anote as suas observações no caderno.
2. Discuta com os colegas e o professor os resultados obtidos.
3. Qual é a função dos copos 1 e 3?
4. É comum temperar as saladas apenas no momento de servi-las, e não com antecedência. Explique a razão de tal procedimento.

## ▶ Transporte ativo

Ao contrário do transporte passivo, o transporte ativo ocorre em sentido contrário ao gradiente de concentração e requer energia.

Ele é realizado por proteínas carreadoras especiais que integram a membrana plasmática. Existem vários tipos de proteínas carreadoras, específicas para cada substância. Elas se ligam à substância de um lado da membrana, mudam de forma, e com o uso de energia transportam substâncias para o outro lado da membrana. (Veja a figura a seguir.)

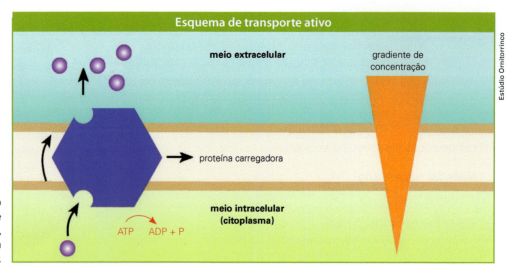

Representação esquemática de transporte ativo, realizado com consumo de ATP.

Ilustrações desta página estão sem escala; cores-fantasia.

No corpo humano, o líquido intracelular contém grandes quantidades de íons potássio, magnésio e fosfato, enquanto o meio extracelular é rico em íons sódio e cloreto. Essa diferença de concentração iônica é mantida por transporte ativo e contribui para manter o meio intracelular isotônico em relação ao meio extracelular, evitando que as células fiquem intumescidas e sofram lise.

Um dos mecanismos de transporte ativo que mantêm essa diferença de concentração iônica é a **bomba de sódio e potássio**.

Os íons potássio apresentam-se em baixa concentração no meio extracelular e em alta concentração no intracelular. Por meio da difusão eles se movimentam constantemente para fora da célula.

Com os íons sódio ocorre o inverso, pois estão em baixa concentração no interior da célula e penetram nela constantemente.

Assim, poderíamos esperar que as concentrações dos íons $Na^+$ e $K^+$ no interior da célula se igualassem às concentrações do meio extracelular.

Representação esquemática do funcionamento da bomba de sódio e potássio.

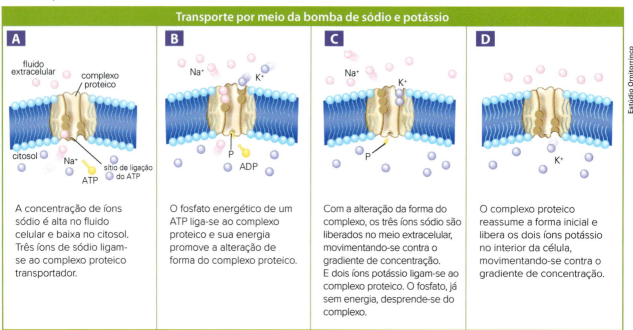

Fonte: REECE, J. B. et al. *Biologia de Campbell*. 10. ed. Porto Alegre: Artmed, 2015.

Unidade 3 A vida da célula

Isso não ocorre porque, além do movimento causado pela difusão, esses íons são transportados ativamente por uma proteína em sentido inverso ao da difusão: do meio menos concentrado para o mais concentrado.

Dessa forma, o sódio encontra-se mais concentrado no meio extracelular e compensa a grande concentração de solutos no interior da célula, tornando os dois meios isotônicos.

A bomba de sódio e potássio também é importante para a manutenção de uma diferença de cargas elétricas entre os dois lados da membrana (ver representação esquemática da página ao lado). Essa diferença elétrica é fundamental para o funcionamento das células nervosas e musculares.

## ▶ Endocitose e exocitose

Partículas muito grandes, que não conseguem atravessar a membrana de modo algum, podem ser incorporadas às células por meio da **endocitose** (*endo* = interior; *cito* = célula; *ose* = ação) ou delas eliminadas pela **exocitose** (*exo* = externo).

### Endocitose

A endocitose pode ser realizada por **fagocitose**, processo no qual a célula emite expansões citoplasmáticas chamadas **pseudópodes**. Essas expansões são evaginações que envolvem partículas grandes, sólidas ou de consistência pastosa. O material englobado, por exemplo, outra célula ou partes dela, permanece no interior de uma vesícula, denominada **fagossomo** ou vacúolo alimentar. A fagocitose ocorre em seres unicelulares, como as amebas, na ingestão do alimento. Também é realizada por alguns tipos de glóbulos brancos (neutrófilos) do sangue como meio de defesa do organismo.

**Pinocitose** é o processo de endocitose através do qual ocorre a ingestão de porções líquidas, que, englobadas pela membrana plasmática, permanecem no interior de uma vesícula denominada **pinossomo**. No ser humano, por exemplo, a pinocitose ocorre nas células do intestino durante a absorção do alimento digerido.

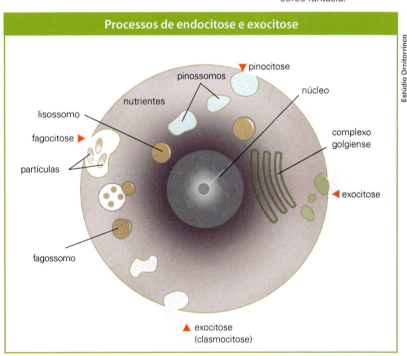

Ilustrações sem escala; cores-fantasia.

Processos de endocitose e exocitose

Representação esquemática para fins didáticos de processos de endocitose (fagocitose e pinocitose) e de exocitose em uma célula.

### Exocitose

A exocitose pode ser realizada por um processo chamado **clasmocitose**, que elimina os resíduos dos materiais processados pela fagocitose e pinocitose.

É também realizada por células que secretam substâncias, como hormônios, ou para eliminar resíduos celulares.

O transporte de substâncias   Capítulo 8   105

## Atividades

1. Em um copo cheio de água pingou-se uma gota do corante azul de metileno. Esse corante é solúvel em água e, como o próprio nome indica, apresenta cor azul. Depois de pingado o corante, o copo foi deixado em completo repouso por 6 horas. Passado esse tempo, observou-se que toda a água do copo estava azulada por igual. Explique o fenômeno que ocorreu.

2. Quando um movimento de moléculas ou de íons é a favor do gradiente de concentração? E quando é contra?

Três momentos da diluição da substância em água.

3. O que acontece com as hemácias se forem mergulhadas em soluções aquosas hipertônicas, hipotônicas e isotônicas?

4. Qual é a principal diferença entre fagocitose e pinocitose?

5. Sabe-se que a água é uma substância essencial para a vida e que o apodrecimento de alimentos está relacionado à ação de microrganismos. Assim, para se conservar um pedaço de carne, pode-se envolvê-lo com sal. Como isso atrasa a decomposição da carne?

6. A imagem a seguir representa três tipos de proteínas localizadas na membrana plasmática.

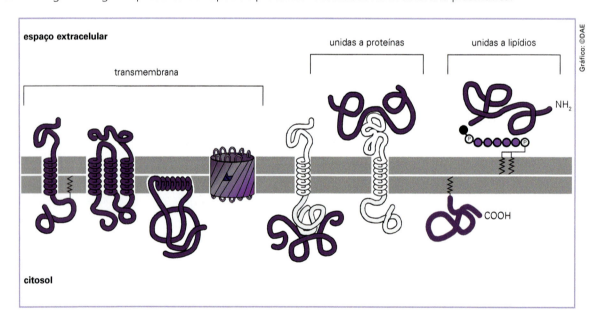

Observando cada uma delas, qual é a estrutura responsável pelo transporte de substâncias do meio extracelular para o intracelular nas situações A, B e C?

7. A desidratação é um estado ocasionado por falta de água, que pode causar diversos problemas ao corpo humano. Para evitar essa condição, é necessário beber água, porém, em alguns casos, a pessoa desidratada não consegue bebê-la. Uma solução para esse caso seria injetar água diretamente no sangue de uma pessoa. Você concorda com isso? Justifique.

# RESPIRAÇÃO CELULAR E FERMENTAÇÃO

## CAPÍTULO 9

As células de todos os seres vivos utilizam moléculas nutritivas para obter energia. Moléculas nutritivas como as de glicídios, lipídios e mesmo proteínas armazenam grandes quantidades de energia nas ligações químicas dos átomos que as compõem e podem, por isso, ser utilizadas pelas células como fonte fornecedora de energia.

Seres autótrofos e heterótrofos, no entanto, diferem quanto à origem das moléculas nutritivas que utilizam. Enquanto as células dos seres autótrofos são capazes de produzir as moléculas nutritivas a partir de compostos simples e da energia luminosa do Sol, os seres heterótrofos, que não têm essa capacidade, são totalmente dependentes dos autótrofos e obtêm as moléculas nutritivas ao se alimentarem deles ou de outros heterótrofos.

No interior das células, a energia armazenada em diferentes tipos de moléculas nutritivas (glicídios, lipídios e proteínas) é liberada por diferentes sequências de reações químicas (**vias metabólicas**). No entanto, a glicose é, sem dúvida, a principal fonte de energia para a grande maioria dos seres vivos e, por isso, este capítulo irá abordar apenas o processo de obtenção de energia a partir dessa molécula.

## ▶ A energia utilizável pela célula

Células eucariotas retiram a energia armazenada na glicose principalmente pela **respiração celular**, mas também por outra via metabólica, a **fermentação**. As células procariotas processam a glicose apenas pela fermentação.

Em ambos os casos, a energia contida na molécula de glicose é liberada gradualmente e armazenada em pequenas porções em moléculas carreadoras de energia.

A principal molécula carreadora de energia é o **ATP** (abreviação de *adenosine triphosphate*), ou **trifosfato de adenosina**. Ela é constituída por uma base nitrogenada (a adenina) ligada a uma ribose e a três íons fosfato.

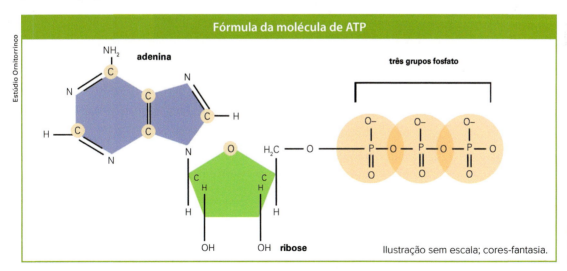

Fórmula estrutural plana do ATP.

Em geral, o ATP é sintetizado a partir de uma molécula semelhante a ele, o **ADP** (abreviação de *adenosine diphosphate*), ou **difosfato de adenosina**, que possui dois íons fosfato em vez de três.

Respiração celular e fermentação  Capítulo 9  107

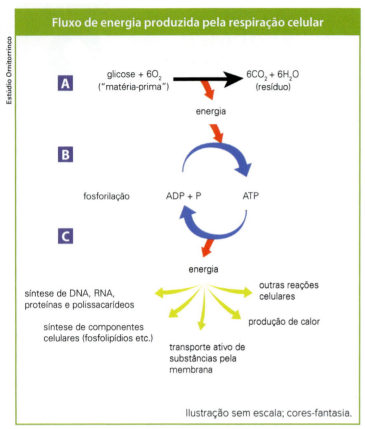

Esquema geral do fluxo da energia produzida pela respiração celular. (**A**) energia é produzida a partir da glicose na respiração celular; (**B**) mediada pelo ATP; (**C**) e depois é utilizada em diversas atividades celulares.

A respiração celular, ou a fermentação, proporciona energia necessária para a reação de **fosforilação**, isto é, a ligação de um ADP a um íon fosfato (P) produzindo ATP. As moléculas de ATP assim produzidas ficam disponíveis na célula como um estoque de energia, prontas para fornecer a energia que as reações químicas das células necessitam.

A liberação gradual de energia e seu armazenamento são fundamentais para a sobrevivência da célula, pois, se toda a energia de uma molécula de glicose fosse liberada de uma só vez, a célula seria destruída pelo calor produzido na reação.

## ▶ Origem da energia para produzir ATP

Nas células, a maior parte do ATP é produzida por reações químicas conhecidas como reações de oxirredução, ou **redox**. Nessas reações, a energia de uma substância é transferida a outra pelo trânsito de elétrons.

Os elétrons são partículas negativas que orbitam o núcleo atômico em camadas definidas (os níveis energéticos) de acordo com a quantidade de energia de que dispõem.

Nas reações de oxirredução, elétrons de certos átomos de determinadas substâncias captam energia e, excitados ou energizados, saltam de um nível para outro, mais externo e mais energético. Nessa situação, eles podem ser transferidos para outra molécula que tenha estrutura adequada para recebê-los.

A perda de elétrons é chamada de **oxidação**, e o ganho, de **redução**. Sempre que há oxidação de uma substância nas reações de oxirredução ocorre, simultaneamente, a redução de outra.

A substância que ganha elétrons com facilidade é o **agente oxidante**, e a substância que cede elétrons com facilidade é o **agente redutor**.

No metabolismo celular ocorrem sucessivas reações de oxirredução, nas quais íons hidrogênio ($H^+$), ou um elétron, são transferidos de uma molécula para outra, levando com eles grande quantidade de energia.

A molécula que recebe os elétrons ou os íons de hidrogênio desprendidos nas reações de oxirredução varia entre os seres vivos. Quando é o gás oxigênio, eles são classificados como **aeróbios**; quando o agente oxidante não é o gás oxigênio, podendo ser, por exemplo, um nitrato ou sulfato, eles são classificados como **anaeróbios**.

### Conexões

As reações de oxirredução são estudadas em química e ocorrem em metais como o ferro. A ferrugem (óxido de ferro III hidratado) é resultado de uma reação de oxirredução, na qual o ferro é o agente redutor, e o gás oxigênio, o agente oxidante.

108 Unidade 3 A vida da célula

# Respiração celular aeróbia

A respiração celular é uma via metabólica na qual há consumo de oxigênio. Por isso, é chamada de aeróbia. Ela pode ser representada pela seguinte equação:

$$C_6H_{12}O_6 + 6\,O_2 \xrightarrow{30\,ADP + 30\,P \rightarrow 30\,ATP} 6\,CO_2 + 6\,H_2O$$

A respiração celular aeróbia é composta de três etapas: **glicólise**, **ciclo de Krebs** e **cadeia respiratória**.

## Glicólise

A glicólise ocorre no citosol e consiste em uma série de dez reações que resulta na quebra da molécula de glicose ($C_6H_{12}O_6$) em duas moléculas iguais, com três carbonos cada, de um composto chamado ácido pirúvico ($C_3H_4O_3$).

Para que a glicólise se inicie é necessária a energia de duas moléculas de ATP, mas ao final são produzidas quatro moléculas novas, resultando num saldo de dois ATPs para cada molécula de glicose transformada em duas moléculas de ácido pirúvico.

Ao longo da glicólise, quatro íons de hidrogênio são liberados e logo em seguida são transportados pelas substâncias transportadoras de hidrogênio que, nesse caso, são duas moléculas de NAD (*nicotinamida-adenina-dinucleotide*) (veja o esquema abaixo). Cada NAD transporta um hidrogênio na forma de NADH, que será aproveitado nas fases seguintes da respiração celular.

NADP, NAD e FAD são substâncias denominadas genericamente **transportadoras de hidrogênio** porque se ligam ao hidrogênio em uma região específica da célula e o liberam em outra, também específica. Quando não combinadas com o hidrogênio, encontram-se na forma oxidada ($NAD^+$, $NADP^+$ e $FAD^+$); ligadas ao hidrogênio, estão na forma reduzida (NADH, NADPH e $FADH_2$).

Esquema simplificado da glicólise. Observe que nesta etapa da respiração celular não há participação do gás oxigênio.

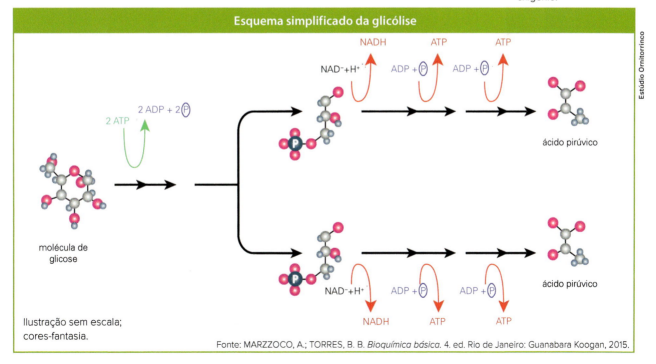

Ilustração sem escala; cores-fantasia.

Fonte: MARZZOCO, A.; TORRES, B. B. *Bioquímica básica*. 4. ed. Rio de Janeiro: Guanabara Koogan, 2015.

Respiração celular e fermentação Capítulo 9 109

## Ciclo de Krebs

O **ciclo de Krebs** ou **ciclo do ácido cítrico** ocorre no interior da mitocôndria, onde estão localizadas as várias enzimas que participam das reações dessa etapa.

Inicialmente as moléculas de ácido pirúvico e de NADH produzidas na glicólise são transportadas para o interior da mitocôndria, onde o ácido pirúvico é transformado em uma molécula de dois carbonos, a **acetil-coenzimaA** ou **acetil-CoA**. O terceiro carbono do ácido pirúvico combina-se com o gás oxigênio, formando gás carbônico que sai da célula como resíduo por meio de difusão. Ao mesmo tempo forma-se também uma molécula de NADH.

A acetil-CoA une-se, então, a uma molécula de **ácido oxalacético**, formando o **ácido cítrico**, que inicia uma série de reações oxidativas auxiliadas por várias enzimas catalisadoras. No final, o ácido cítrico é transformado novamente em ácido oxalacético e o ciclo recomeça.

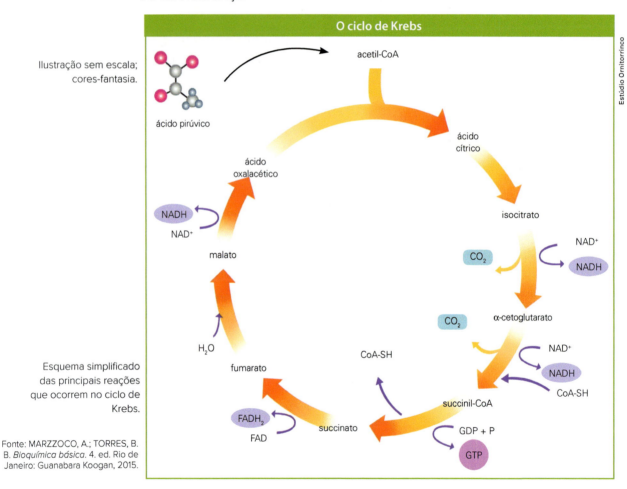

Ilustração sem escala; cores-fantasia.

Esquema simplificado das principais reações que ocorrem no ciclo de Krebs.

Fonte: MARZZOCO, A.; TORRES, B. B. *Bioquímica básica*. 4. ed. Rio de Janeiro: Guanabara Koogan, 2015.

No ciclo de Krebs, duas moléculas de ácido pirúvico produzem 2 GTP, 8 NADH e 2 $FADH_2$. O **GTP** ou **trifosfato de guanosina** é uma molécula equivalente ao ATP. A diferença é que sua base nitrogenada é a guanina, e não a adenina.

## Cadeia respiratória

As moléculas de NADH e de $FADH_2$ produzidas na glicólise e no ciclo de Krebs são capturadas por complexos proteicos localizados nas **cristas mitocondriais** que também contêm proteínas capazes de transportar elétrons, chamadas **citocromos**.

Os elétrons altamente energéticos do NADH e do FADH$_2$ são capturados por um citocromo que os transfere com energia menor para uma proteína seguinte, e assim sucessivamente.

No final da sequência de proteínas, os elétrons, com energia estável, são capturados por moléculas de oxigênio, produzindo água:

$$2e^- + 2H^+ + \frac{1}{2}O_2 \longrightarrow H_2O$$

A energia liberada pelos elétrons ao passarem pelos citocromos é usada para bombear íons H$^+$ da matriz para o espaço entre as duas membranas da mitocôndria.

A alta concentração de íons H$^+$ (ou prótons) nesse espaço faz com que eles tendam a voltar para a matriz. Ao fazê-lo, passam por um complexo proteico, a **ATP sintetase**, que promove a ligação de um ADP a um P$_i$, produzindo ATP.

As reações da cadeia respiratória são chamadas também de **fosforilação oxidativa**.

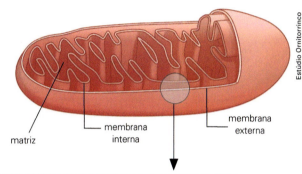

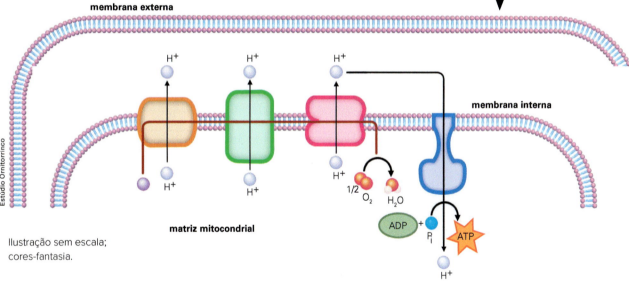

Ilustração sem escala; cores-fantasia.

Fonte: MARZZOCO, A.; TORRES, B. B. *Bioquímica básica*. 4. ed. Rio de Janeiro: Guanabara Koogan, 2015.
Representação esquemática dos principais eventos da fosforilação oxidativa.

## ▶ Respiração celular anaeróbia

Alguns tipos de bactérias realizam um processo particular de respiração, no qual o receptor final de elétrons na cadeia respiratória não é o gás oxigênio, mas substâncias inorgânicas como nitritos, nitratos, sulfatos ou carbonatos.

Esse processo de respiração anaeróbia é realizado por algumas bactérias que vivem nas profundezas do solo, onde o gás oxigênio é escasso.

Embora não utilize o gás oxigênio, esse processo é considerado respiração por possuir as mesmas etapas da respiração aeróbia.

## ▶ Fermentação

A fermentação é uma via metabólica que, como a respiração, transfere a energia de moléculas de glicose para moléculas de ATP. No entanto, na fermentação a degradação da molécula de glicose não é completa e grande parte de sua energia permanece nos produtos finais do processo.

A fermentação ocorre no citosol, e, ao contrário da respiração celular, não requer a participação de organelas. É um processo anaeróbio que prescinde da presença de gás oxigênio.

Entre os organismos fermentadores existem os **anaeróbios obrigatórios** ou **restritos**, que não suportam a presença de gás oxigênio, morrendo em contato com ele. A bactéria *Clostridium tetani*, causadora do tétano, por exemplo, não se desenvolve na presença desse gás.

### Foco em saúde

#### Oxigênio como desinfetante

Ao se desinfetar uma ferida com água oxigenada ($H_2O_2$), verifica-se que ela libera pequenas bolhas (diz-se que ela "ferve"). Essas bolhas são gás oxigênio liberado da água oxigenada em presença da enzima catalase existente no sangue. Como o oxigênio liberado é um veneno letal para a bactéria *Clostridium tetani*, recomenda-se o uso de água oxigenada em ferimentos como recurso para prevenir o tétano.

1. Crescemos ouvindo que ferimentos causados por ferro enferrujado provocariam o tétano. Pesquise esta informação e saiba se é verdadeira, bem como se há outras formas de contágio.

Aspecto da bactéria *Clostridium tetani*, exemplo de organismo anaeróbio obrigatório. Micrografia eletrônica de transmissão; cores artificiais; ampliada cerca de 25 000 vezes.

Os **anaeróbios facultativos** são seres cujas células realizam respiração celular na presença de oxigênio e, na sua ausência, fermentam. As células da musculatura esquelética (músculos que movimentam o esqueleto) do ser humano são exemplos de células que fermentam ao se encontrarem com suprimento deficitário de gás oxigênio.

Existem vários tipos de fermentação, mas em todos eles a glicólise é o processo que produz ATP, ao promover a quebra da glicose em duas moléculas de ácido pirúvico. O que varia entre os diversos tipos de fermentação é o destino do ácido pirúvico, que é transformado em produtos diferentes conforme os organismos.

### Fermentação alcoólica

A **fermentação alcoólica** é realizada principalmente pelos levedos (ou leveduras) como o *Saccharomyces cerevisiae*, popularmente conhecido como "fermento de padaria", um fungo anaeróbio facultativo.

Nesse processo, o NADH produzido na fase da glicólise cede o hidrogênio para o ácido pirúvico (hidrogenação do ácido pirúvico) e, sob a ação de enzimas, forma-se álcool etílico (etanol) e gás carbônico.

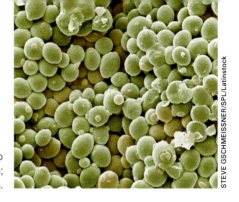

Aspecto do levedo (*Saccharomyces cerevisiae*), que é utilizado na produção de pães e de bebidas fermentadas. Micrografia eletrônica de varredura; cores artificiais; ampliada cerca de 2 200 vezes.

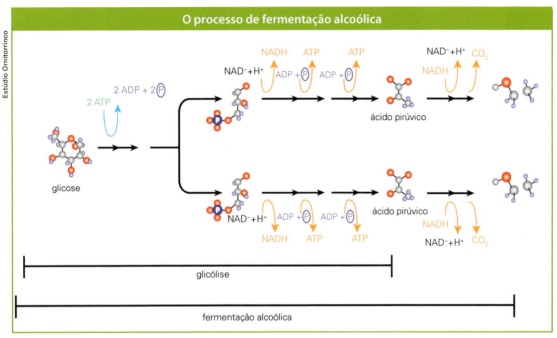

Ilustração sem escala; cores-fantasia.

Esquema das principais etapas da fermentação alcoólica.

### Biologia e Química

### Fermento biológico *versus* fermento químico

O *Saccharomyces cerevisiae* é um fungo usado na fabricação de vinho, cerveja e pães. Na fabricação de bebidas, ele transforma os açúcares presentes na uva e no malte no álcool do vinho e da cerveja, respectivamente.

Na produção de pães, ele é empregado como fermento porque libera gás carbônico no interior da massa, fazendo-a crescer e ficar macia e leve.

Fermentos como o *Saccharomyces* são chamados de fermento biológico porque são constituídos de fungo vivo. Quando usados para fazer pães, exigem um tempo para formar $CO_2$ suficiente para a massa crescer, por isso diz-se que a massa tem de descansar.

O fermento químico é composto principalmente de bicarbonato de sódio e carbonato de cálcio. A massa preparada com fermento químico não precisa descansar e pode ser levada diretamente ao forno porque o bicarbonato de sódio, quando aquecido, libera $CO_2$, e a massa cresce enquanto é aquecida no forno.

**1.** Juntamente com uma pessoa experiente em cozinha, que tal você e um colega da sala fazerem dois pães comparando os dois processos? Por fim, avalie qual deu melhores resultados a seu ver.

No pão produzido com fermento biológico, a fermentação realizada pelo levedo produz $CO_2$, que infla a massa com bolhas. Ao ser assado, o fermento é eliminado e a massa fica macia.

Respiração celular e fermentação **Capítulo 9** 113

A fermentação alcoólica é o processo utilizado para a produção de álcool a partir da cana-de-açúcar, milho ou beterraba, usado como combustível, desinfetante ou solvente de várias soluções.

O etanol é obtido a partir da garapa, que é o suco da cana-de-açúcar ou, simplesmente, caldo de cana. Foto em Presidente Prudente (SP), em 2015.

### Foco em tecnologia

## Álcool combustível

O Brasil começou a produzir álcool combustível em escala industrial na década de 1970. No início, o objetivo do Programa Nacional do Álcool (Proálcool) era diminuir a dependência do país em relação ao petróleo, diante da expressiva alta de preços na época. A partir de então, do ponto de vista tecnológico, o país tornou-se o mais avançado no uso e na produção do etanol como combustível a partir da cana-de-açúcar, seguido pelos Estados Unidos, que baseiam sua produção na fermentação do milho.

Com o agravamento do efeito estufa, o álcool passou a ser uma fonte de energia interessante também sob o aspecto ambiental. Por ser produzido por uma fonte de energia renovável, o uso do etanol em substituição aos combustíveis derivados do petróleo (como *diesel* e gasolina) ajuda a diminuir a emissão de $CO_2$ na atmosfera, apontada como uma das causas do aquecimento global.

Álcool combustível: energia mais limpa.

Usina produtora de álcool e açúcar, em Valparaíso (SP), 2014.

1. Apesar das vantagens aqui apresentadas, o plantio de cana-de-açúcar em larga escala também gera impactos negativos. Discuta em sala quais impactos seriam esses.

## Fermentação lática

Na fermentação lática, o ácido pirúvico é transformado em ácido lático. Nesse caso não há formação de $CO_2$.

A fermentação lática é realizada por bactérias, como as que fermentam o leite (lactobacilos), azedando-o e coalhando-o. A produção de iogurte, coalhada, queijo e manteiga está ligada à atividade de diferentes espécies de lactobacilos.

Exemplos de alimentos obtidos por fermentação lática: queijo, manteiga, iogurte e coalhada.

As células musculares humanas também realizam fermentação lática. Quando submetidas a exercícios intensos, o sangue não consegue supri-las suficientemente de oxigênio e elas recorrem à fermentação lática, que é anaeróbia. O acúmulo de ácido lático nos músculos provoca a sensação de que estão "queimando". Ao continuar com os exercícios, essa sensação diminui alguns minutos depois, quando o suprimento de oxigênio é regularizado pelo aumento da ventilação pulmonar, o ácido lático é degradado e a célula passa a obter energia por meio da respiração celular. Veja o boxe a seguir.

### Foco em saúde

#### Músculos e atividades físicas

Os músculos do corpo humano possuem células musculares de dois tipos: lentas e rápidas.

As fibras lentas possuem grande quantidade de mitocôndrias e realizam preferencialmente a respiração celular. Já as fibras rápidas possuem poucas mitocôndrias e estão adaptadas para realizar a fermentação lática.

A maioria das pessoas apresenta um equilíbrio entre os tipos principais de fibras musculares, porém o treinamento pode alterar essa proporção. Nos músculos de atletas velocistas, que precisam de velocidade e força, há mais fibras musculares rápidas, chegando a 80% do total. Nos músculos de atletas maratonistas, que precisam principalmente de resistência, 75% das fibras musculares são lentas.

Cerca de 80% de fibras musculares rápidas

Cerca de 75% de fibras musculares lentas

O velocista Su Bingtian, na semifinal dos 100 metros rasos em Pequim (China), em agosto de 2015, e o maratonista queniano Michael Kipkorir Kipyego na Maratona de Tóquio (Japão), em fevereiro de 2014.

Respiração celular e fermentação   Capítulo 9   115

A prática de atividades físicas é importante para manter o corpo saudável: com boa capacidade cardiorrespiratória, obesidade controlada, força muscular e flexibilidade.

Para isso não é preciso ser um atleta ou ir à academia todos os dias. Atividades como caminhar, andar de bicicleta, nadar, jogar futebol ou dançar proporcionam boa saúde e momentos de lazer. A busca por um corpo "definido" leva muita gente às academias e ao excesso de exercícios que desenvolvem as fibras rápidas, relacionadas à força e à potência. Na realidade, as atividades físicas de duração mais longa, que recrutam as fibras lentas, são mais vantajosas para manter o corpo saudável.

1. Você pratica atividades físicas? Discuta em grupo o que falta em sua comunidade para essas práticas serem mais difundidas.

## Fermentação acética

Na natureza, o ácido acético (vinagre) é produzido pela bactéria *Acetobacter aceti*, vulgarmente conhecida como "mãe do vinagre", a partir de álcool etílico (etanol) e gás oxigênio.

Como a produção do ácido acético ocorre pela oxidação do etanol, é possível obter vinagre a partir do álcool obtido pela fermentação de frutas, cereais e cana-de-açúcar.

Apesar de ser tratada como "fermentação acética", não merece o nome de "fermentação" porque há a intervenção do oxigênio atmosférico. Por isso, é também conhecida como "fermentação oxidativa".

O vinagre é um produto antiquíssimo. Usado desde tempos imemoriais, tem sido indicado para os mais variados fins, tais como desinfetante e solvente. Uma de suas antigas finalidades mais curiosas foi o emprego durante séculos como revigorante para soldados em campos de batalha. Os samurais do Japão, por exemplo, tomavam a bebida antes de um confronto. Hoje sabemos que o melhor uso do produto é o culinário.

### Atividades

1. Por que a mitocôndria é considerada a usina geradora de energia da célula?
2. No que se diferenciam os seres anaeróbios facultativos dos obrigatórios?
3. Por que o etanol, produto obtido por fermentação, ainda contém energia suficiente para ser usado como combustível?
4. Quando vamos ao supermercado comprar vinagre, notamos que consta nos rótulos a seguinte informação: "vinagre de vinho" ou "vinagre de álcool". Por que há tal diferença de classificação?
5. Diferencie fermentação de respiração anaeróbia.
6. Em certas condições, durante exercício físico intenso, células musculares humanas realizam fermentação em vez de respiração aeróbia. Cite um fator que deve influir nisso.
7. Organismos procariontes podem realizar respiração aeróbia? Justifique.
8. Sabendo que o fermento usado para fazer pães é anaeróbio facultativo, explique por que o processo de respiração utilizado pelos microrganismos que ficam na superfície da massa não é o mesmo do utilizado pelos que ficam no interior dela.

# FOTOSSÍNTESE E QUIMIOSSÍNTESE

## CAPÍTULO 10

A fotossíntese é um processo que transforma a energia luminosa em energia química, armazenada em compostos orgânicos.

Para que ocorra fotossíntese, as plantas, as algas e as cianobactérias – seres clorofilados –, além de captar a energia luminosa, consomem $CO_2$ e $H_2O$, produzindo $O_2$. O gás carbônico é retirado da atmosfera e a água do solo é absorvida pelas raízes.

Organismos fotossintetizantes: algas, cianobactérias e plantas. À esquerda, exemplos de algas macroscópicas e folhosas do fundo do mar Mediterrâneo, na região de Malta, em 2014. No meio, exemplo de cianobactérias do gênero *Anabaena*. Micrografia óptica; ampliada cerca de 300 vezes. À direita, musgos e plantas vasculares em trecho de Mata Atlântica, em Cunha (SP), em 2014.

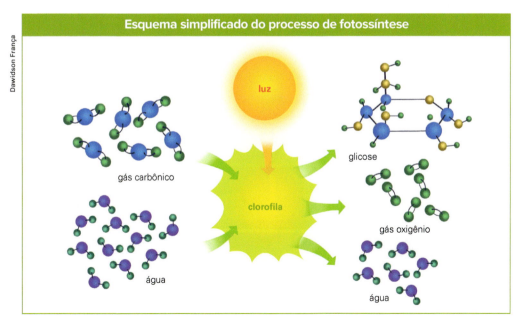

Ilustração sem escala; cores-fantasia.

A energia luminosa é captada pelos organismos fotossintetizantes e convertida em energia química. Observe a direção das setas indicando elementos que agem nas moléculas de clorofila e indicando os produtos do processo: glicose, principalmente gás oxigênio e água.

Fotossíntese e quimiossíntese **Capítulo 10** 117

Certamente, a fotossíntese é um dos processos mais importantes para os seres vivos porque produz os compostos orgânicos necessários para a construção e regeneração dos organismos, repõe o gás oxigênio, remove o gás carbônico da atmosfera e garante energia para diversos seres vivos.

## ▶ A clorofila

A presença de **pigmentos** – substâncias capazes de absorver luz – é fundamental para que a fotossíntese se processe. Os elétrons das moléculas dos pigmentos ficam excitados ao absorverem luz. A energia da excitação pode ser:

1. transformada em calor;
2. devolvida para o ambiente na forma de luz;
3. capturada em uma ligação química, como acontece na fotossíntese.

A **clorofila** é o pigmento que dá cor verde às algas ou aos vegetais, pois absorve vários comprimentos de onda da energia luminosa do Sol, principalmente os comprimentos de onda do espectro violeta, azul e vermelho, e reflete os do verde.

Há quatro tipos de clorofila: **a**, **b**, **c** e **d**. A clorofila **a** está em todos os vegetais e algas eucariontes.

Outros pigmentos fotossintetizantes, considerados acessórios, são os carotenoides, que podem apresentar diversas cores, tais como: vermelho, alaranjado e amarelo. São carotenoides o **caroteno** e a **xantofila**, pigmentos de cor amarela e vermelha, respectivamente, que absorvem a luz verde azulada, justamente a cor que a clorofila menos absorve.

Tanto as clorofilas como os carotenoides podem ser encontrados nos tilacoides e lamelas dos cloroplastos.

Micrografia óptica de um corte da folha de um musgo, mostrando os cloroplastos, em verde escuro, dentro das células; imagem ampliada cerca de 400 vezes.

As moléculas de clorofilas são responsáveis pela primeira etapa da fotossíntese: a conversão da energia luminosa em energia química.

Representação esquemática do cloroplasto e suas principais estruturas. Ilustração sem escala; cores-fantasia.

Fonte: RAVEN, P. et al. *Biology*. 10. ed. Nova York: McGraw-Hill, 2014.

118 Unidade 3 A vida da célula

### Foco em saúde

#### O pigmento caroteno

A quebra da molécula de caroteno produz duas moléculas de vitamina A, a qual é importante para a nossa visão.

Os carotenos são encontrados em todos os cloroplastos, mas sua presença não é percebida porque é mascarada pela clorofila existente em quantidade muito maior.

Os carotenoides (grupo de substâncias relacionadas ao caroteno) são abundantes em tomates maduros, cenouras, pétalas de flores amarelas, entre outros. O termo caroteno deriva do nome científico da cenoura, *Daucus carota*, que é muito rica nesse pigmento.

Recentemente, experiências vêm demonstrando que os pigmentos acessórios da fotossíntese, principalmente os carotenoides, têm função mais de proteger do que de participar ativamente da fotossíntese. Tudo indica que eles absorvem e dissipam o excesso de luz que poderia danificar a clorofila.

No corpo humano eles também têm ação protetora, protegendo o olho e a pele contra as radiações ultravioleta do Sol. A vitamina A é um caroteno com pequenas modificações estruturais na molécula e atua em nossos olhos (componente dos pigmentos visuais), ajudando a prevenir danos nas membranas plasmáticas das células da retina.

Exemplos de alimentos ricos em carotenoides: tomate, abóbora e cenoura.

1. Há várias propagandas incentivando o uso de polivitamínicos sintéticos. De acordo com o texto acima, qual a forma mais saudável – e mais barata – de se obter os nutrientes que o organismo requer?

### ▶ As etapas da fotossíntese

Como absorve energia luminosa, a fotossíntese compreende reações endergônicas, podendo ser representada pela equação a seguir:

$$2\,H_2O + CO_2 \xrightarrow[\text{clorofila}]{\text{luz}} [CH_2O] + H_2O + O_2$$

Nessa equação, $CH_2O$ é a fórmula geral dos glicídios. Considerando-se a produção de glicose, a fórmula da fotossíntese é:

$$12\,H_2O + 6\,CO_2 \xrightarrow[\text{clorofila}]{\text{luz}} C_6H_{12}O_6 + H_2O + O_2$$

**Conexões**

As reações químicas que absorvem energia, como a fotossíntese, são denominadas **endergônicas**. Se a energia absorvida for calor, diz-se que ela é **endotérmica**. As que liberam energia, como a respiração celular, são as **exergônicas**; quando a energia liberada é o calor, são chamadas **exotérmicas**.

A equação da fotossíntese resume um processo que compreende uma série complexa de numerosas reações químicas agrupadas em duas etapas: a de claro (etapa fotoquímica) e a de escuro (etapa química ou enzimática).

## Etapa de claro

A etapa de claro inicia o processo de fotossíntese e recebe essa denominação porque ocorre na presença de luz. Ela ocorre nos tilacoides e lamelas do cloroplasto.

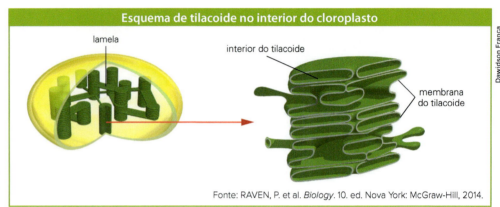

**Esquema de tilacoide no interior do cloroplasto**

Ilustrações desta página estão sem escala; cores-fantasia.

Esquema da estrutura dos *grana* em corte.

Fonte: RAVEN, P. et al. *Biology*. 10. ed. Nova York: McGraw-Hill, 2014.

Na membrana do tilacoide existem dois complexos moleculares denominados **fotossistemas**. Entre as moléculas dos fotossistemas, está a clorofila e moléculas aceptoras de elétrons (aptas para receber elétrons).

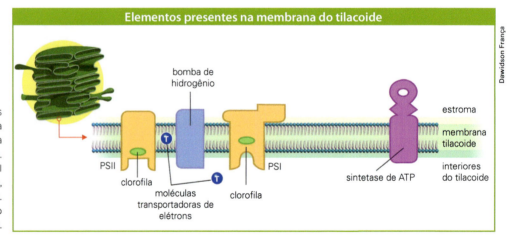

**Elementos presentes na membrana do tilacoide**

Esquema das principais estruturas da membrana do tilacoide envolvidas na realização da fotossíntese. Observe que o fotossistema I é o segundo da sequência, da esquerda para a direita. O PSII foi descoberto posteriormente.

A principal diferença entre os fotossistemas I e II, cujas siglas do inglês são **PSI** e **PSII**, é que o PSII contém um tipo de clorofila que absorve luz com comprimento de onda de 680 nm e apenas ele é capaz de realizar a hidrólise da água. O PSI, por sua vez, contém clorofila que absorve luz com comprimento de onda de 700 nm e apenas ele é capaz de produzir NADPH.

A fase de claro da fotossíntese pode ser assim resumida:

1. A luz solar (fóton), incidindo sobre a folha da planta, excita a molécula de clorofila do PSII com tal intensidade que ela libera elétrons carregados de energia, isto é, elétrons energizados.

2. Os elétrons energizados (fotoexcitados) são captados e transportados por uma série de moléculas denominadas transportadoras de elétrons (ferredoxina e citocromos, por exemplo).

3. Durante esse transporte, a energia do elétron é usada para transportar ativamente íons H⁺ do estroma para o interior do tilacoide.

4. Os íons H⁺, concentrados no interior do tilacoide, tendem a voltar para o estroma e só podem fazer isso ao passarem pela ATP-sintetase.

5. A passagem dos íons H⁺ pela ATP-sintetase produz energia que é transferida para a ligação de um íon fosfato a uma molécula de ADP, formando ATP. Uma vez "descarregado", o elétron retorna à clorofila.

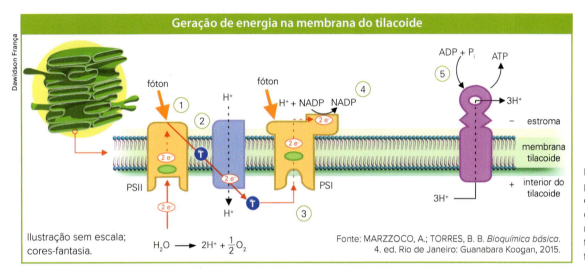

Esquema dos principais eventos que ocorrem na membrana do tilacoide na fotossíntese.

Esse processo de produção de ATP é denominado **fotofosforilação cíclica**. "Foto" porque consumiu energia luminosa; "cíclica" porque o elétron que retorna à clorofila é o mesmo que dela saiu, e "fosforilação" em razão da ligação do grupo fosfato ao ADP, produzindo ATP.

O elétron energizado, liberado pela clorofila, pode seguir um caminho diferente do descrito anteriormente. Nesse caso, é encaminhado para uma substância transportadora de hidrogênio conhecida por NADP (nicotinamida adenina dinucleotídeo fosfatada), produzindo NADPH. Esse processo é chamado **fosforilação acíclica**, pois o elétron que retorna à clorofila não é o mesmo que saiu dela e pode ser resumido assim:

1. A luz solar, incidindo sobre a folha da planta, excita a molécula de clorofila do PSII com tal intensidade que ela libera elétrons carregados de energia, isto é, elétrons energizados.

2. Moléculas de água são decompostas no PSII por enzimas poderosas existentes nos tilacoides, em H⁺ e OH⁻. Como essa decomposição ocorre em presença de luz, é denominada **fotólise da água**.

3. Um elétron gerado na fotólise da água é cedido para a clorofila do PSII, que se recompõe.

4. O elétron energizado cedido pela clorofila percorre a cadeia até o PSI, onde é capturado pela NADP, produzindo NADPH$_2$.

5. Os íons H⁺ concentrados no interior do tilacoide tendem a voltar para o estroma e só podem fazer isso ao passarem pela ATP-sintetase.

6. A passagem dos íons H⁺ pela ATP-sintetase produz energia que é transferida para a ligação de um íon fosfato a uma molécula de ADP, formando ATP. Uma vez "descarregado", o elétron retorna à clorofila.

Na fotossíntese, a energia luminosa é transformada em energia elétrica (fluxo de elétrons) e, posteriormente, convertida em energia química nas ligações químicas do ATP e NADPH$_2$.

O bioquímico britânico Robert Hill (1899-1991) foi o primeiro pesquisador a demonstrar, em 1937, que as reações fotoquímicas ocorrem no cloroplasto. Por isso, essas reações também são conhecidas como reações de Hill.

## Biologia e História

### Qual é a origem do oxigênio liberado na fotossíntese?

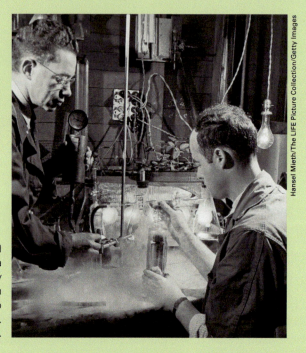

Martin Kamen e Samuel Ruben, cientistas da Universidade de Berkeley (EUA), que demonstraram a origem do oxigênio produzido na fotossíntese. Fotografia de 1941.

Em 1930, Cornelis B. van Niel (1897-1985), cientista da Universidade de Stanford (EUA), foi o primeiro a colocar em dúvida a ideia predominante na época de que o oxigênio liberado na fotossíntese era originário do gás carbônico. Essa dúvida surgiu em razão de suas experiências com bactérias que produzem seu próprio carboidrato a partir de $CO_2$, sem liberar $O_2$. Portanto, nessas bactérias, pelo menos, o gás carbônico não era quebrado em carbono e oxigênio.

Em 1941, Martin Kamen (1913-2002) e Samuel Ruben (1913-1943), cientistas da Universidade de Berkeley (EUA), realizaram um experimento que demonstrou que o oxigênio liberado na fotossíntese provém da água.

Eles produziram moléculas de $H_2O$ e de $CO_2$ especiais em laboratório. Essas moléculas tinham o oxigênio-18, isótopo radiativo ($^{18}O$), um marcador que permitia o rastreamento desses átomos.

O experimento demonstrou que, fornecendo $CO_2$ radiativo, a radiação não saía da planta, permanecendo nas folhas e frutos, mais precisamente na glicose e amido.

Quando se fornecia $H_2O$ radiativa, a radiação aparecia no ambiente, ao redor da folha, no $O_2$ liberado e encontrado na atmosfera próxima à planta.

Esse experimento comprovou que o oxigênio da água produz o gás oxigênio lançado na atmosfera, e o oxigênio do gás carbônico é parcialmente incorporado nas moléculas de glicose e amido, e parcialmente na água que se forma na fotossíntese.

1. Recorde o que você já estudou anteriormente em Química e explique qual a diferença entre o isótopo oxigênio-18 das demais formas de apresentação deste elemento.

## Etapa de escuro

A **etapa de escuro** ou **etapa química** da fotossíntese recebe essa denominação porque não depende diretamente da luz, mas dos compostos produzidos na etapa de claro, ATP e $NADPH_2$, realizando-se tanto na presença como na ausência da luz.

Ela ocorre no estroma e é composta de uma sequência cíclica de reações, conhecida como **ciclo das pentoses**, **ciclo de Calvin-Benson** (principais componentes da equipe que descreveu o processo) ou ainda **etapa enzimática**, pois ocorre devido à presença de enzimas específicas.

O ciclo das pentoses consiste na fixação do carbono e adição de átomos de hidrogênio, formando carboidratos ($CH_2O$). O hidrogênio é fornecido pelo $NADPH_2$ e a energia para que essa redução aconteça provém dos ATPs. Diz-se fixação do carbono porque ele passa do estado gasoso na forma de $CO_2$, livre e solto, para o estado de composto orgânico sólido, onde fica aprisionado.

Em função do número de carbonos das moléculas, o ciclo de Calvin-Benson pode ser resumido da seguinte maneira:

1. O $CO_2$ proveniente da atmosfera combina-se com um composto orgânico (RuBP), encontrado no estroma de 5 carbonos ($C_5$).
2. Forma-se um composto orgânico extremamente instável de 6 carbonos ($C_6$), que se decompõe imediatamente em dois compostos de 3 carbonos ($2C_3$).
3. Com consumo de ATP e $NADPH_2$, os compostos de 3 carbonos ($2C_3$) são convertidos em gliceraldeído 3-fosfato (ou PGAL), com três átomos de carbono mais ADP e NADP.
4. Parte do PGAL é utilizada para a produção de glicose e outros compostos orgânicos.
5. Outra parte do PGAL continua no ciclo, formando novas moléculas de RuBP, que se combinam com $CO_2$, reiniciando o ciclo.

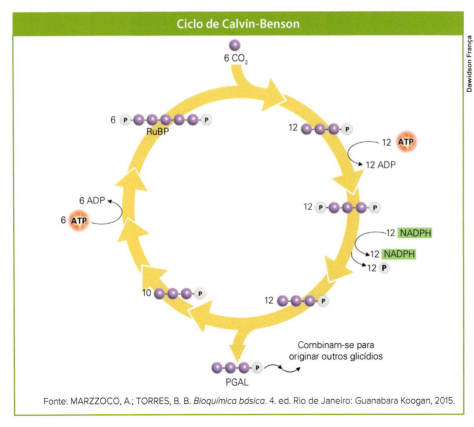

Esquema das principais reações do ciclo de Calvin-Benson. Observe que o principal produto do ciclo é o PGAL, matéria-prima para a produção posterior de glicose e outros glicídios.

Fonte: MARZZOCO, A.; TORRES, B. B. *Bioquímica básica*. 4. ed. Rio de Janeiro: Guanabara Koogan, 2015.

Fotossíntese e quimiossíntese **Capítulo 10**

O milho é uma planta $C_3$, que se desenvolve bem nos trópicos. Plantação em Sorriso (MT), 2013.

O ciclo de Calvin-Benson consome grande quantidade de energia. Para a conversão de seis moléculas de $CO_2$ em uma molécula de glicose e para a regeneração da RuBP, são necessárias 12 moléculas de $NADPH_2$ e 18 de ATP.

## Outros mecanismos de fixação do carbono

No ciclo de Calvin-Benson o primeiro produto estável, que fixa o carbono, é o gliceraldeído 3-fosfato (ou PGAL), que contém 3 carbonos na molécula. No entanto, em algumas plantas, o primeiro composto estável é o ácido oxalacético, que possui 4 átomos de carbono ($C_4$). Nesse caso, o gás carbônico combina com um produto de 3 carbonos e forma uma molécula de 4 carbonos.

Em razão dessas descobertas, as plantas foram separadas em plantas $C_3$ (arroz, trigo, centeio, aveia, soja) e plantas $C_4$ (como milho, cana de açúcar, sorgo). Há ainda outro mecanismo de fixação do carbono, o CAM (ou MAC).

Essas diferenças de metabolismo proporcionam adaptações a ambientes diversos. As plantas $C_4$, por exemplo, toleram temperaturas bem altas e desenvolvem-se bem nos trópicos. Sensíveis ao frio, não se desenvolvem nas outras regiões do planeta. As plantas $C_3$, ao contrário, são resistentes ao frio e desenvolvem-se em regiões frias.

### Biologia e História

#### Experimento de Engelmann

Em 1882, o botânico alemão Theodor Wilhelm Engelmann (1843-1909) realizou um importante experimento que revelou o espectro luminoso de ocorrência da fotossíntese.

A experiência foi feita com uma alga filamentosa de água doce, a espirogira. A alga foi colocada sobre a lâmina do microscópio com um pouco de água e iluminada por uma luz branca. A seguir, a luz foi decomposta em suas cores primárias — violeta, azul, verde, amarelo, alaranjado e vermelho — com o auxílio de um prisma óptico.

O prisma foi acomodado no microscópio de tal forma que a luz decomposta incidia ao longo do filamento da alga que se encontrava sobre o vidro. Na água que banhava a alga, Engelmann colocou uma população de bactérias que apresentava uma alta afinidade com oxigênio e, por isso, deslocava-se em sua direção.

Theodor Wilhelm Engelmann.

▶ Depois de certo tempo, ele observou o deslocamento das bactérias (veja a figura abaixo) em direção às regiões da luz violeta e da luz vermelha.

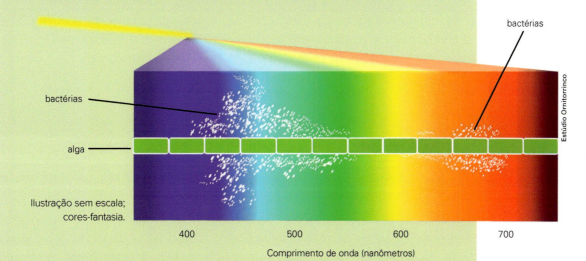

Esquema do resultado da experiência de Engelmann. A luz passando através do prisma se decompõe nas cores primárias, que incidem sobre a alga filamentosa. As bactérias (em branco) acumulam-se mais nas regiões onde há maior produção de gás oxigênio. Pouquíssimas bactérias dirigiram-se para a região da luz verde, refletida pela clorofila.

Com esse resultado, Engelmann concluiu que a fotossíntese depende das cores de luz que a clorofila absorve. Na época, tinha-se a ideia de que a clorofila captava alguns comprimentos de ondas luminosas, mas não se tinha certeza de quais eram os mais eficazes para a realização da fotossíntese.

Aspecto dos filamentos da alga espirogira ao microscópio óptico; ampliação de cerca de 2000 vezes.

1. De acordo com o experimento aqui descrito, se você quiser uma maior taxa fotossintética de um organismo, você deve iluminá-lo com luz verde ou luz violeta?

Fotossíntese e quimiossíntese  Capítulo 10  125

## ▶ Quimiossíntese

A quimiossíntese é um processo biológico muito semelhante à fotossíntese, diferindo dela quanto ao tipo de energia utilizada. A fotossíntese consome energia luminosa, enquanto a quimiossíntese emprega a energia liberada de reações de oxidação entre compostos inorgânicos. Ela pode ser representada da seguinte maneira:

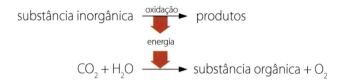

A quimiossíntese é realizada por algumas bactérias, tais como as sulfobactérias, ferrobactérias e nitrobactérias.

Os seres quimiossintetizantes não dependem de energia luminosa. Para produzir compostos orgânicos, as sulfobactérias obtêm energia da oxidação do gás sulfídrico ($H_2S$); as ferrobactérias, da oxidação de compostos de ferro; e as nitrobactérias, também conhecidas como bactérias nitrificantes, oxidam $NH_3$ (amônia) ou $NO_2$ (nitritos). As bactérias nitrificantes, como as do gênero *Nitrosomonas* e *Nitrobacter*, têm papel importante na reciclagem do nitrogênio.

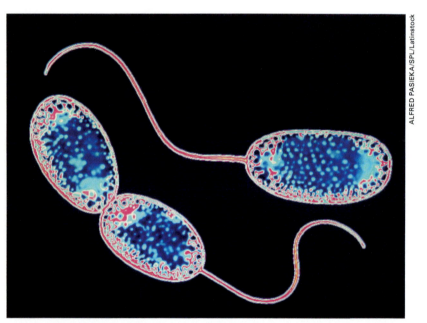

Bactéria nitrificante *Nitrobacter* sp. Micrografia eletrônica de transmissão; cores artificiais; ampliada cerca de 14 000 vezes.

Organismos capazes de produzir seu alimento a partir de $CO_2$ e $H_2O$, por meio da fotossíntese ou quimiossíntese, são denominados **autótrofos**. Os autótrofos fotossintetizantes (vegetais verdes, algas e alguns tipos de bactérias) são os fotoautótrofos, e os quimiossintetizantes (algumas bactérias) são os quimioautótrofos.

Os organismos incapazes de produzir o próprio alimento – não realizam fotossíntese nem quimiossíntese – são os **heterótrofos**. Eles obtêm alimentos de uma fonte externa, isto é, alimentando-se dos autótrofos e de outros heterótrofos.

## Atividades

**1.** Dia 21 de setembro é o Dia da Árvore. Para essa data comemorativa, o educador paulista Arnaldo Barreto (1869-1925) compôs o seguinte poema:

### Festas das árvores

Cavemos a terra, plantemos nossa árvore,

Que amiga e bondosa ela aqui nos será!

Um dia, ao voltarmos pedindo-lhe abrigo,

ou flores, ou frutos, ou sombras dará!

O céu generoso nos regue esta planta;

o sol de dezembro lhe dê seu calor;

a terra, que é boa, lhe firme as raízes

e tenham as folhas frescuras e verdor!

Plantemos nossa árvore, que a árvore amiga

seus ramos frondosos aqui abrirá,

Um dia, ao voltarmos, em busca de abrigo,

ou flores, ou frutos ou sombra dará!

Arnaldo de Oliveira Barreto. Domínio público.

a) Que benefícios proporcionados pela árvore são enaltecidos pelo poeta?

b) Que outros benefícios uma árvore proporciona aos seres humanos?

c) Por que a presença da clorofila confere às plantas a cor verde?

**2.** Considere a origem do oxigênio produzido na fotossíntese e explique por que a equação abaixo não é a que melhor representa a fotossíntese.

$$6\ CO_2 + 6\ H_2O + luz \xrightarrow{\text{clorofila}} C_6H_{12}O_6 + 6\ O_2$$

**3.** A fotossíntese é um processo que compreende duas etapas distintas. Responda a respeito:

a) Em quais locais do cloroplasto elas ocorrem?

b) Qual dessas etapas depende diretamente da luz?

c) Em qual dessas etapas ocorre a fixação do gás carbônico?

d) Qual é o principal papel da água no processo da fotossíntese?

e) Em qual das etapas é formado o composto orgânico?

f) Qual é o papel do oxigênio na fotossíntese?

**4.** Um filme de ficção científica mostra seres humanos vivendo em um planeta arrasado e sem a luz do Sol, situação que se mantém há séculos. Reúna-se com o professor e os colegas e discutam se seria possível existir vida sem luz solar. Anote a conclusão do grupo no caderno.

Fotossíntese e quimiossíntese **Capítulo 10**

## CAPÍTULO 11

# SÍNTESE DE PROTEÍNAS

As células produzem proteínas continuamente. Novas proteínas são necessárias para a manutenção da estrutura da célula, repondo as proteínas estruturais que foram desgastadas, ou para repor as inúmeras enzimas que catalisam praticamente todas as reações bioquímicas que ocorrem na célula.

Nas células eucariotas, a síntese de proteínas começa com a decodificação da informação armazenada no DNA nuclear. Nessa etapa, trechos da molécula de DNA servem como molde para a produção de uma molécula de um tipo especial de RNA, chamada **RNA mensageiro** (**RNAm**). Como a molécula de RNAm que se forma é semelhante a uma cópia do DNA, essa etapa recebe o nome de **transcrição**.

A molécula de RNAm que se forma na transcrição atravessa os poros da carioteca e, no citoplasma, orienta a etapa seguinte da síntese de proteína, chamada de **tradução**.

Na tradução, o RNAm passa a ser o molde para a produção de proteínas. Nessa etapa participam dois outros tipos de RNA: o **RNA ribossômico** (ou **RNAr**), que se encontra no interior dos ribossomos, local onde ocorre a tradução; e o **RNA transportador** (ou **RNAt**), que carrega os aminoácidos dispersos no citosol até os ribossomos durante a síntese de proteínas.

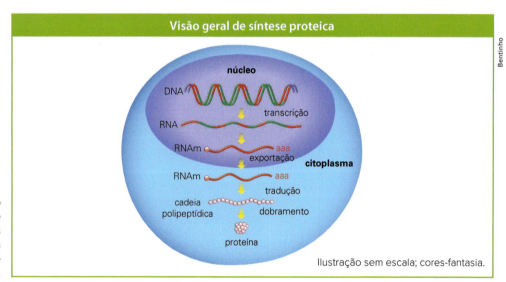

Representação esquemática de uma célula com as principais etapas da síntese de proteínas e local onde ocorrem.

Ilustração sem escala; cores-fantasia.

## ▶ Transcrição gênica

A transcrição é catalisada por um conjunto de proteínas chamadas de **RNA polimerases**, promovendo a abertura da molécula de DNA, a dupla hélice, em duas fitas. O processo começa quando uma dessas enzimas se une a uma região do DNA que marca o início do trecho a ser transcrito, a **região promotora**, onde há um **promotor** que indica onde começa a transcrição. Com isso, as bases nitrogenadas dos nucleotídeos do DNA ficam expostas e nelas passam a ser encaixadas, uma a uma, as bases correspondentes, que estão livres e imersas no suco nuclear. Assim, as bases de RNA alinham-se de acordo com a sequência ditada pelas bases do DNA, produzindo uma molécula de RNAm.

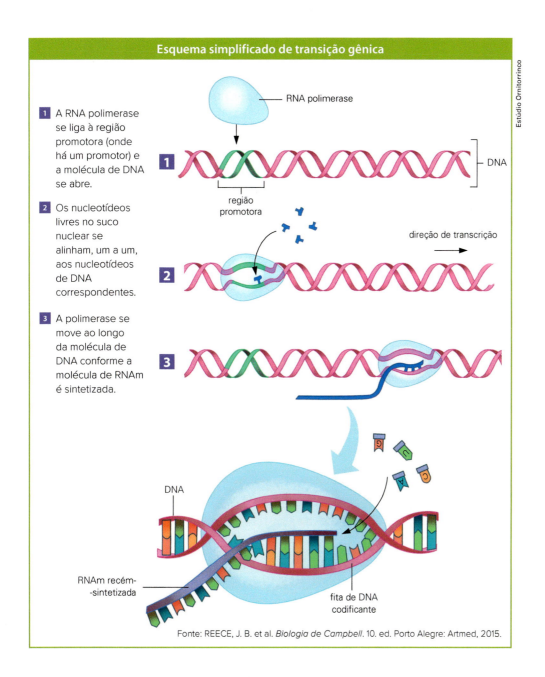

Fonte: REECE, J. B. et al. *Biologia de Campbell*. 10. ed. Porto Alegre: Artmed, 2015.

## ▶ Tradução gênica

Após a transcrição, a molécula de RNAm se desloca do núcleo celular para o citoplasma, onde se une a um ribossomo. Enzimas especiais ligam os RNAt a aminoácidos que estão dispersos pelo citoplasma e os transportam até o RNAm, que se encontra unido ao ribossomo.

Em uma região da molécula de RNAt, há uma trinca de nucleotídeos, denominada **anticódon**, que se encaixa (é complementar) na trinca de nucleotídeos do RNAm, denominado **códon**.

A ligação do RNAt com o aminoácido é específica. Assim, o RNAt com anticódon CAG, por exemplo, carrega o aminoácido valina, o RNAt com anticódon UUU carrega o aminoácido lisina, e assim por diante. Dessa forma, a sequência dos códons do RNAm determina a sequência dos anticódons dos RNAt e, consequentemente, a dos aminoácidos na cadeia polipeptídica. Acompanhe na ilustração da próxima página os seguintes passos:

1. O códon AUG, é o códon iniciador o qual corresponde e se encaixa ao anticódon UAC (RNAt que carrega a metionina).

2. Um RNAt carregando uma metionina encaixa-se no códon correspondente do RNAm dentro do ribossomo.

3. Junto a ele, encaixa-se um segundo RNAt carregando o aminoácido correspondente ao códon seguinte e forma-se uma ligação peptídica entre o primeiro e o segundo aminoácidos.

4. O primeiro RNAt se desprende do ribossomo e um terceiro RNAt, com o aminoácido que lhe corresponde, entra no ribossomo. Assim, uma nova ligação peptídica se estabelece e o ciclo se repete.

5. A tradução termina quando o ribossomo atinge um códon de finalização (UAA, UAG ou UGA), que não é reconhecido por nenhum RNAt; o polipeptídeo se solta e o RNAm livre pode ser lido novamente.

Ilustração sem escala; cores-fantasia.

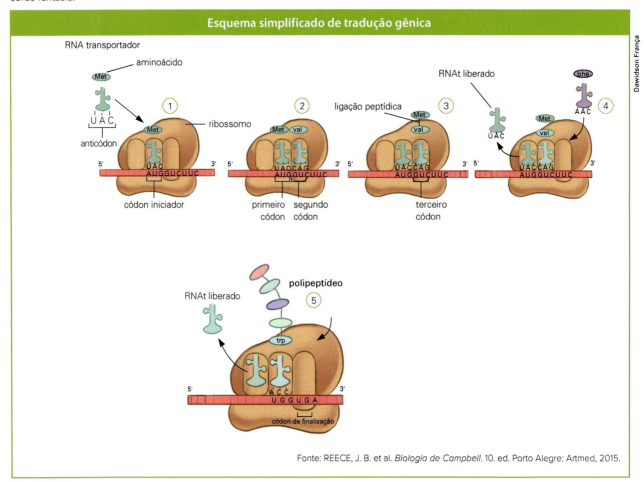

Esquema dos principais eventos da tradução gênica.

A cadeia de polipeptídeo produzida poderá ainda passar por vários processos até se tornar funcional. Um desses processos é a aquisição de sua estrutura tridimensional quaternária, quando a proteína funcional é constituída por mais de uma unidade proteica.

## O código genético

Código genético é a relação de correspondência entre a sequência de bases no DNA e a sequência de aminoácidos nas proteínas. Em todos os seres vivos conhecidos, ele é constituído por poucas bases nitrogenadas (adenina, timina, citosina e guanina, no DNA; e adenina, uracila, citosina e guanina, no RNA). Por isso se diz que ele é universal e que, provavelmente, teve uma origem única, comum a todos os seres vivos.

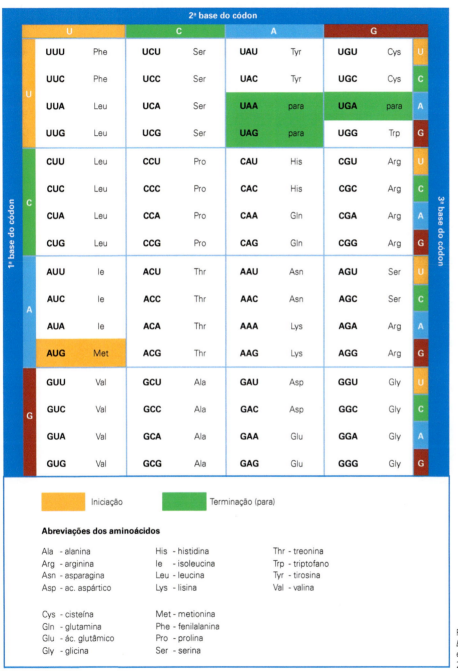

A tabela do código genético estabelece as relações de correspondência entre a sequência de bases do códon e o aminoácido.

Fonte: REECE, J. B. et al. *Biologia de Campbell*. 10. ed. Porto Alegre: Artmed, 2015, p. 339.

As quatro bases nitrogenadas associam-se em trincas no RNAm, resultando em 64 combinações possíveis, os códons. Porém, na natureza, existem apenas 20 tipos de aminoácido, o que mostra que um aminoácido é codificado por mais de uma trinca. Por isso diz-se que o código genético é **degenerado**.

## O que são genes?

Não há uma definição única para o termo gene. O conceito mais usado nos livros didáticos, para facilitar o estudo, considera que os genes são trechos de DNA que codificam a produção de moléculas de RNA. Adotando essa definição, diz-se que existem dois tipos de genes: **estruturais**, quando estão envolvidos com a codificação de proteínas estruturais ou enzimáticas que atuam em vias metabólicas variadas, e **reguladores**, quando codificam um grupo específico de proteínas, chamadas proteínas reguladoras, responsáveis por "ligar" ou "desligar" os genes estruturais.

As células possuem vários mecanismos para regular a produção de proteínas e os genes ainda não foram bem compreendidos pela ciência.

A regulação gênica é um desses mecanismos e permite que células de diferentes tecidos de um organismo, embora possuam o mesmo material genético, mantenham ativos apenas os genes relacionados à sua atividade. Células do pâncreas, por exemplo, são capazes de produzir insulina, um hormônio que promove a entrada ativa de glicose nas células. Uma célula muscular, por sua vez, não produz insulina, mas realiza contrações, o que é impossível para as células do pâncreas.

A regulação gênica permite também a adaptação constante da atividade celular às condições ambientais.

## Evolução do código genético

O código genético é praticamente universal, sendo compartilhado por diversos organismos extremamente diferentes, desde simples bactérias até os animais mais complexos. O códon GGG, por exemplo, é traduzido no aminoácido prolina em todos os seres vivos que até hoje tiveram seu código genético analisado.

Devido a procedimentos laboratoriais, genes podem ser transplantados de um ser vivo para outro, onde são normalmente transcritos e traduzidos, mesmo que o transplante seja feito entre espécies diferentes.

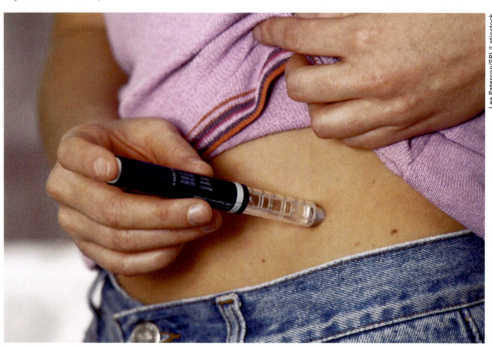

Atualmente, a insulina humana é produzida por bactérias devido à manipulação de genes. Isso permitiu uma melhora na qualidade de vida de diversas pessoas que apresentam diabete.

132  Unidade 3   A vida da célula

As exceções à universalidade do código genético incluem sistemas de tradução nos quais alguns códons são diferentes dos mostrados na tabela deste capítulo. Variações do código genético podem ser encontradas em alguns eucariotos unicelulares e nos genes de organelas de algumas espécies. Apesar dessas exceções, é claro que uma linguagem compartilhada por todas as formas de vida começou a operar muito cedo na história da vida, a ponto de estar presente no ancestral comum de praticamente todos os organismos existentes atualmente. Essa linguagem é uma lembrança de que todos os seres vivos estão relacionados.

### Para explorar

Leia o texto e responda às questões a seguir.

## Dez anos depois, repercussão do genoma no tratamento de doenças é limitada

Da esquerda para a direita, Craig Venter, da Celera; Bill Clinton, ex-presidente dos Estados Unidos; e Francis Collins, do Projeto Genoma Humano, no anúncio do primeiro esboço do genoma humano, em Washington, dia 26 de junho de 2000.

O dia 26 de junho de 2000 ficou marcado na história da ciência. Naquela data, o então presidente dos EUA, Bill Clinton, e o primeiro-ministro britânico Tony Blair anunciaram o primeiro grande esboço do genoma humano. O evento começou às 11h20 de Brasília, no salão principal da Casa Branca, em Washington, e durou cerca de 40 minutos. Clinton abriu a sessão, passando a palavra depois para o primeiro-ministro britânico, em evento simultâneo em Londres.

Com eles, os responsáveis pelo feito: o consórcio público internacional Projeto Genoma Humano (PGH), comandado pelo cientista Francis Collins, e o grupo rival, a empresa americana Celera, de Craig Venter. Apesar do aparente clima de paz, o evento encerrava meses de uma disputa acirrada: enquanto o consórcio havia pedido 15 anos e US$ 3 bilhões para fazer o sequenciamento, a empresa de Venter o fez em menos de um ano, com o orçamento divulgado de US$ 200 milhões.

Síntese de proteínas  Capítulo 11

A Celera havia mapeado 98% do genoma e decifrado a sequência dos 3,1 bilhões de bases do DNA humano. Sob pressão da empresa, o consórcio público também conseguiu mapear, em dez anos, 98% do genoma, mas só obteve a exata sequência de 85%. A sequência completa só foi publicada depois, em abril de 2003, e vem sendo refinada desde então.

A descoberta da sequência completa de substâncias bioquímicas que compõem o código genético humano foi comparada, na época, à chegada do homem à Lua. Por mais que os envolvidos no projeto dissessem que a descoberta só traria frutos em algumas décadas, a expectativa era altíssima. A indústria farmacêutica começou a investir em genômica e os cientistas prometiam que, em pouco tempo, haveria diagnósticos e tratamentos mais eficientes para inúmeras doenças.

### Leigos *versus* pesquisadores

Dez anos depois do feito, é difícil para um leigo identificar algum benefício trazido pelo sequenciamento do genoma humano. Embora muito se ouça sobre descobertas de genes associados a doenças, ainda não existe um tratamento revolucionário para o câncer ou o Alzheimer, por exemplo. A professora e pesquisadora Lygia Pereira, do Departamento de Genética e Biologia Evolutiva da USP (Universidade de São Paulo), concorda que muitas promessas anunciadas na época ainda estão muito longe da realidade.

Do ponto de vista dos cientistas, no entanto, o sequenciamento foi mesmo um divisor de águas. "Ele revolucionou a forma como se faz pesquisa", diz ela. O que antes levava meses de trabalho braçal, agora é resolvido com uma consulta ao banco de dados. E essa facilidade, sim, vai se reverter em terapias mais eficientes em um futuro próximo, mas ainda difícil de ser previsto, segundo a pesquisadora.

Antes de 2000, os cientistas achavam que conhecer todos os genes seria o suficiente para compreender como o ser humano funciona e, quem sabe, consertar o que estivesse errado. Mas o sequenciamento do genoma só fez todo mundo perceber o quão complexa é a origem de certas doenças. "O que a gente descobriu, na verdade, é o quanto a gente não sabia", avalia Pereira. Em outras palavras, conhecer cada um dos "ingredientes do bolo" e a ordem em que são adicionados não garante que a receita dê certo. Há muito mais informação em jogo no chamado "livro da vida".

PRONIN, Tatiana. Dez anos depois, repercussão do genoma no tratamento de doenças é limitada. *UOL/Folhapress*, 26 jun. 2010. Disponível em: <http://noticias.uol.com.br/ciencia/ultimas-noticias/redacao/2010/06/26/dez-anos-depois- repercussao-do-genoma-no-tratamento-de-doencas-e-climitada.htm>. Acesso em: 26 out. 2015.

1. Segundo o texto, quais eram os benefícios, segundo os cientistas, que o Projeto Genoma traria?

2. Por que, segundo o texto, o Projeto Genoma Humano é considerado um divisor de águas entre os cientistas?

3. Com base apenas no texto, discuta com os colegas sobre a validade do investimento feito no Projeto Genoma Humano, tendo em vista que ele não alcançou os objetivos a que se propunha inicialmente.

## Atividades

1. A figura mostra cinco moléculas de substâncias de grande importância para uma célula animal. Uma das moléculas representadas pode ser produzida a partir de informações contidas em outra, também representada. Identifique quais são essas duas moléculas.

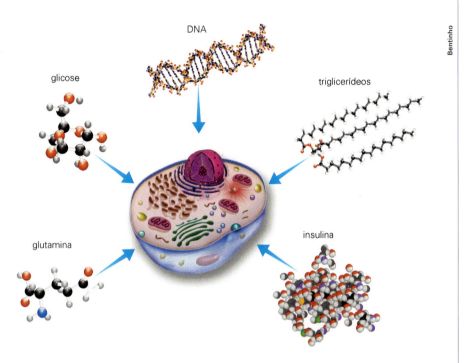

2. O hormônio conhecido como antidiurético, o ADH, secretado por uma glândula localizada na base do cérebro, regula a quantidade de urina produzida. O ADH é constituído por uma cadeia nucleotídica: Cys-Tyr-Phe-Gln-Asn-Cys-Pro-Arg-Gly.

   a) Escreva uma versão de código genético capaz de codificar o ADH.

   b) Escreva a sequência de códons correspondente ao código genético da resposta do item anterior.

   c) Escreva a sequência de anticódons (RNAt) da síntese de ADH.

3. Uma das fitas de DNA apresenta a seguinte sequência de nucleotídeos:

   GCTCCGATCTCGGAATAGCGTCCCATTGTAAAC

   a) Escreva a sequência de nucleotídeos do RNAm transcrito por essa fita de DNA.

   b) Supondo que a tradução seja feita da esquerda para a direita, qual é a sequência de aminoácidos que a cadeia polipeptídica terá?

4. Em que regiões de uma célula eucarionte ocorrem a transcrição e a tradução?

5. Diferencie RNAm, RNAt e RNAr.

6. Todas as proteínas produzidas por seres vivos possuem o mesmo aminoácido inicial. Você concorda com isso? Justifique.

CAPÍTULO 12

# CICLO CELULAR, MITOSE E MEIOSE

O ciclo de vida das células eucariotas pode ser dividido em quatro fases distintas e bem definidas. Esse ciclo inclui, além das atividades metabólicas de rotina (como síntese de proteína e respiração celular), vários processos que promovem e garantem o sucesso da duplicação de seus componentes, inclusive o DNA, para que elas possam, então, dividir-se fisicamente em duas células-filhas.

A primeira, a **fase G1** (de *gap*, em inglês, para intervalo), é um período, de certa forma, dedicado às tarefas do metabolismo de rotina. Em seguida, na **fase de síntese (S)** há uma intensa atividade, pois ocorre a **replicação** do DNA, processo pelo qual os cromossomos se duplicam. A fase **G2** é um novo intervalo e, finalmente, ocorre a **mitose (M)**, na qual a célula se divide.

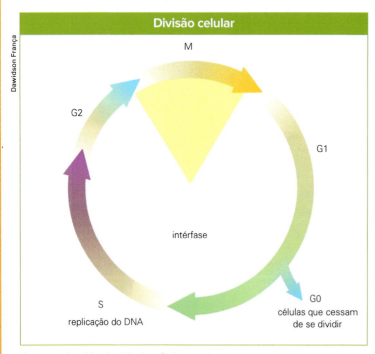

Esquema do ciclo de vida de célula eucariota.

Nas fases G1 e G2, enzimas especiais verificam se as condições celulares estão apropriadas para que a célula entre nas fases seguintes (S e M, respectivamente). Caso exista algum problema, a célula prolonga a fase intermediária em que está para tentar resolvê-lo. Caso contrário, a célula pode permanecer em um estado conhecido como **G0**. Algumas células, como neurônios e células musculares de mamíferos, permanecem nesse estado durante toda a vida do organismo. Se o problema for muito grave, pode entrar em ação um mecanismo de morte celular programada, a **apoptose**.

As fases G1, S e G2, que compreendem o período chamado **intérfase**, ocupam a maior parte da vida de uma célula. A fase G1 é a mais longa.

| Duração das fases do ciclo celular |||
|---|---|---|
| Fase | Duração em horas ||
| | Fibroblasto* de ratos | Células da raiz do feijão |
| G1 | 6 | 10 |
| S | 5 | 6 |
| G2 | 5 | 6 |
| Divisão celular (mitose) | 1 | 1 |

*Célula de tecido conjuntivo.

136 Unidade 3 A vida da célula

## ▶ Fase de síntese e fase G2

O principal evento da fase de síntese é a **replicação**, que consiste na duplicação das moléculas do DNA.

A replicação ocorre na presença de enzimas DNA polimerase, de nucleotídeos livres de DNA e, por não ser espontânea, consome energia fornecida na forma de ATP.

O processo inicia pela ação da DNA polimerase, que "abre" a molécula como um zíper, rompendo as pontes de hidrogênio existentes entre os pares de bases e separando, desse modo, as duas cadeias de nucleotídeos.

À medida que essa separação ocorre, os nucleotídeos livres formam novas ligações de hidrogênio com os nucleotídeos das duas fitas de DNA, respeitando a formação dos pares de bases: A (adenina) com T (timina); C (citosina) com G (guanina). Quando as duas cadeias de nucleotídeos que servem como moldes estão completamente separadas, a cadeia complementar de cada uma está refeita com os nucleotídeos livres.

Esse processo de duplicação é denominado **semiconservativo**, pois cada molécula-filha conserva metade da molécula-mãe, na forma de uma fita de nucleotídeo.

A duplicação do DNA forma duas moléculas iguais àquela que as originou, o que garante a hereditariedade e a continuidade dos seres vivos.

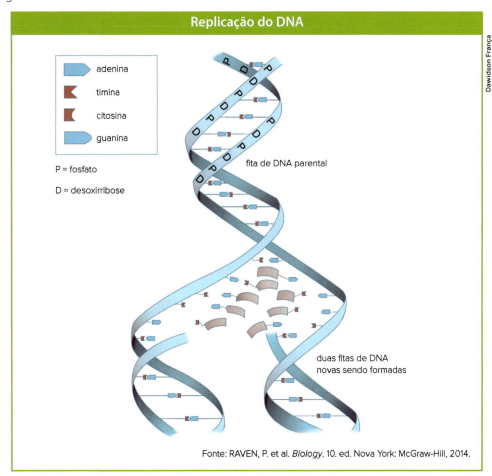

Fonte: RAVEN, P. et al. *Biology*. 10. ed. Nova York: McGraw-Hill, 2014.

Ilustração sem escala; cores-fantasia.

Esquema dos principais eventos da replicação, que ocorre com a participação de enzimas DNA polimerase.

Ao entrar na fase G2, todo o DNA está duplicado. Ao longo dessa fase, nas células animais, os centríolos também se duplicam.

## ▶ Mitose

Mitose é o processo pelo qual o núcleo de uma célula eucariótica se divide em dois. Em organismos pluricelulares, de modo geral, a função da mitose é formar células necessárias ao crescimento, regeneração e reposição. Ela é, também, o processo pelo qual ocorre a reprodução assexuada, tanto em organismos unicelulares quanto em pluricelulares, produzindo descendentes iguais geneticamente.

A mitose apresenta cinco fases: **prófase**, **prometáfase**, **metáfase**, **anáfase** e **telófase**. Cada fase envolve passos característicos do processo de alinhamento e separação dos cromossomos. No final da mitose ocorre a citocinese, que é a divisão da própria célula em duas células-filhas, cada uma com uma cópia do DNA da célula de origem.

## Prófase

Na prófase, fase inicial da mitose, o núcleo e o citoplasma começam a sofrer alterações. Começa a condensação da cromatina em cromossomos, tornando-os mais visíveis. Cada cromossomo, já duplicado na fase S da intérfase, apresenta-se com duas cromátides (as cromátides-irmãs) unidas pelo centrômero.

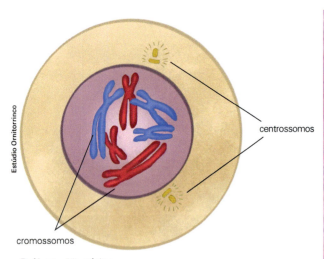

**Prófase** – No núcleo, os cromossomos condensam-se; enquanto no citoplasma forma-se o fuso mitótico pelos centrossomos.

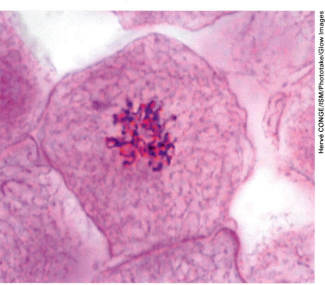

Célula em prófase. Micrografia óptica; ampliada cerca de 1800 vezes.

O nucléolo começa a se tornar menos visível. Observado ao microscópio, tem-se a impressão de que ele se fragmenta e desaparece. À medida que o nucléolo some, surgem novos ribossomos, pois o material contido nele é utilizado na produção de novos ribossomos, que serão distribuídos entre as células-filhas.

No citoplasma, percebem-se modificações no centro celular. Os diplossomos duplicados se separam, migrando para polos opostos. Durante essa migração, o citosol, ao redor dos diplossomos, adquire uma estrutura fibrosa, denominada fibras do áster, e surgem fibras que ligam um diplossomo ao outro.

No fim da prófase, o nucléolo e a carioteca não são mais visíveis e o nucleoplasma mistura-se com o hialoplasma.

Unidade 3   A vida da célula

## Prometáfase

Prometáfase é a transição entre a prófase e a metáfase. De curto período, na prometáfase os cromossomos se apresentam aparentemente desordenados no centro da célula. Não há mais distinção entre citoplasma e núcleo.

## Metáfase

Nessa fase, algumas fibras do áster ligam-se aos cinetócoros dos centrômeros dos cromossomos, passando a se chamar fibras do fuso. Os cromossomos começam a se mover e são dispostos no plano do equador da célula, formando a **placa equatorial** ou **placa metafásica**. Nessa região os cromossomos atingem o maior grau de condensação, tornando-se nitidamente visíveis ao microscópio.

O estudo dos cromossomos é facilitado com o uso de colchicina, uma substância inibidora da mitose que impede a formação das fibras do fuso. Ela interrompe a mitose na metáfase, o que facilita o estudo dos cromossomos.

Após algum tempo em metáfase, a célula tratada com colchicina pode voltar ao estado interfásico, agora com o dobro do número de cromossomos. Uma célula diploide, de milho, por exemplo, com 2n = 20 cromossomos, tratada com colchicina, não completa a sua mitose, volta à fase interfásica e passa, assim, a ter 40 cromossomos, ou seja: 4n = 40 (4n = célula tetraploide).

A colchicina, substância utilizada no estudo dos cromossomos, é extraída da *Colchicum autumnale*, planta ameaçada de extinção em razão do desmatamento e da coleta excessiva. Ela pode chegar a 18 cm de altura.

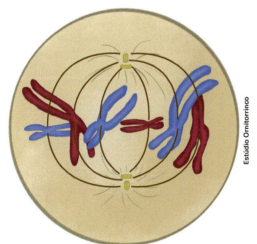

**Metáfase** – Os cromossomos são presos pelos fios mitóticos lançados pelos centrossomos e alinham-se no plano mediano do fuso.

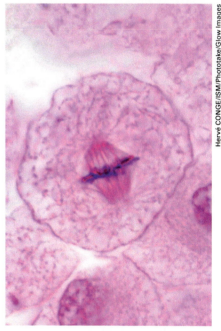

Célula em metáfase. Micrografia óptica; ampliada cerca de 1800 vezes.

## Anáfase

Na anáfase as fibras do fuso encurtam, tracionando os cromossomos aos quais estão ligadas, o que provoca a separação das cromátides-irmãs. As cromátides separadas, então, são puxadas à medida que ocorre o encurtamento das fibras do fuso para os polos onde se encontram os diplossomos. Conduzidos pela região do centrômero, no meio aquoso do citoplasma, os cromossomos assumem aparência de "V".

**Anáfase** – ocorre a separação dos cromossomos, que são levados para polos opostos do fuso.

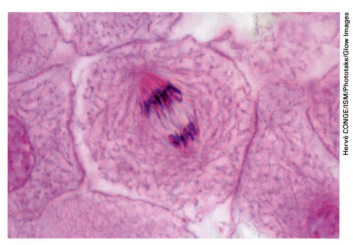

Célula em anáfase. Micrografia óptica; ampliada cerca de 1800 vezes.

## Telófase

Na telófase, os cromossomos chegam aos polos opostos e descondensam-se, voltando a ser cromatina. A carioteca é refeita a partir das membranas do retículo endoplasmático ao mesmo tempo que os cromossomos organizadores do nucléolo formam novos nucléolos. Nesse estágio, a célula apresenta dois núcleos, caracterizando a divisão nuclear denominada cariocinese.

Ao mesmo tempo – ou logo após a cariocinese –, a membrana plasmática divide o citoplasma, separando-o em duas novas células. Essa divisão do citoplasma pela membrana é denominada **citocinese** ou **clivagem celular**. Na citocinese, as organelas citoplasmáticas são repartidas entre as células-filhas.

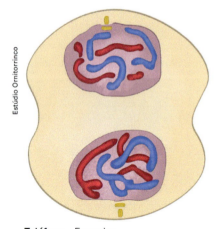

**Telófase** – Em polos opostos, os cromossomos descondensam-se e as cariotecas são refeitas (células ficam com dois núcleos). A membrana plasmática divide o citoplasma e são formadas duas novas células.

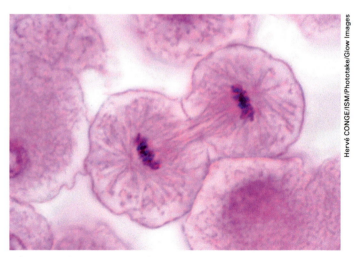

Célula em telófase. Micrografia óptica; ampliada cerca de 1800 vezes.

Em células vegetais, a formação da membrana que separa as duas células ocorre a partir do complexo golgiense (veja a figura a seguir). Na região mediana da célula, vesículas derivadas do dictiossomo, conhecidas como fragmoplasto, dispõem-se em linha e fundem-se. Essas vesículas são ricas em pectina, que formará a lamela média. Em alguns pontos a lamela é interrompida, permitindo a formação dos plasmodesmos. No final, a celulose é depositada ao redor da lamela média, formando a parede celular.

**Unidade 3** A vida da célula

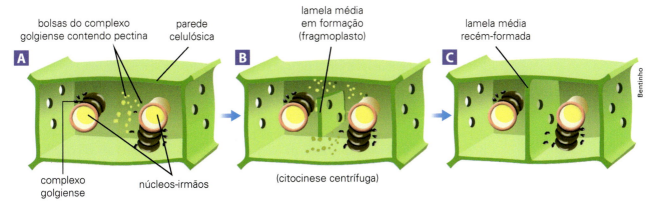

Esquema da citocinese em célula vegetal. Ilustração sem escala; cores-fantasia.

Nas bactérias, a divisão celular recebe o nome de amitose. Na amitose, a célula bacteriana sofre alongamento e, em seguida, seu cromossomo único (cromatina) se duplica. Os cromossomos duplicados, ligados ao mesossomo, separam-se em polos opostos. Em seguida, por **invaginação** da membrana plasmática, ocorre a separação das duas células-filhas.

**Invaginação:** penetração de parte de uma estrutura em outra, sendo ambas do mesmo indivíduo.

### Para explorar

#### Mitose em raiz de cebola

Um grupo de alunos realizou a seguinte atividade para observar as fases da mitose em raiz de cebola.

Para isso, foram necessários os seguintes materiais:

- 1 cebola
- 1 copo com água
- lâmina e lamínulas
- orceína lático/acética a 2%
- lâmina de barbear
- papel-filtro
- lamparina
- microscópio
- pinça

O crescimento das raízes da cebola foi estimulado três dias antes da observação. Para isso os alunos retiraram as raízes velhas da parte inferior do bulbo de uma cebola com uma lâmina de barbear.

Em seguida, colocaram a cebola sobre um recipiente com água, de maneira que apenas a parte inferior do bulbo tocasse o líquido.

Após cerca de 24 horas as raízes iniciaram o seu desenvolvimento. Quando estavam com 0,5 cm e 1 cm, foi seccionada a extremidade (cerca de 2 mm) com o auxílio da lâmina de barbear.

Os alunos, então, colocaram uma lâmina limpa sobre a bancada e pingaram 3 gotas de orceína lático/acética a 2% sobre ela. A orceína lático/acética funciona como fixador (ácido acético + ácido lático) e como corante (orceína).

Ciclo celular, mitose e meiose **Capítulo 12**

Com o auxílio de uma pinça, uma ponta de raiz de cebola foi colocada na orceína lático/acética e coberta com a lamínula.

Em seguida, acenderam o pavio da lamparina e seguraram a lâmina sobre a chama a cerca de 5 cm de distância, aproximadamente por 3 segundos. Esse procedimento foi repetido três vezes, com intervalos de 3 segundos. O aquecimento apressa a coloração e, principalmente, distende os cromossomos, facilitando a visualização.

Por fim, os alunos esmagaram a ponta da raiz pressionando levemente a lamínula com a ponta da pinça e retiraram o excesso de orceína lático/acética, colocando a lâmina entre um pedaço de papel-filtro dobrado e passando o dedo sobre ele.

Fonte: DESSEN, Eliana Maria Beluzzo; OYAKAWA, Jorge. Disponível em: <http://genoma.ib.usp.br/educacao/Observacao_Mitose_Cebola_web.pdf.>. Acesso em: 14 jan. 2013.

**Resultados:**

Os alunos colocaram a lâmina no microscópio e observaram a seguinte imagem.

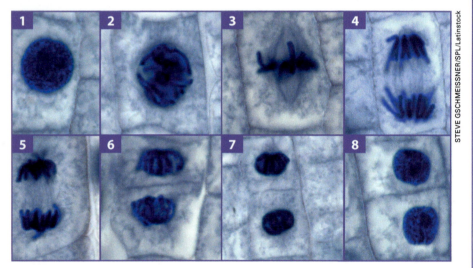

Microscopia óptica; colorida artificialmente; ampliada cerca de 1600 vezes.

**Discussão:**

1. A que fases da mitose correspondem as imagens de 1 a 5?
2. Elabore uma hipótese para explicar por que foram usadas as pontas das raízes da cebola para a visualização das fases da mitose. Anote as conclusões no caderno.

## ▶ Meiose

Meiose é a divisão celular que, normalmente, ocorre em células diploides. Nos vegetais, ela dá origem aos esporos, e nos animais, aos gametas. Por isso ela é conhecida, respectivamente, como meiose espórica e meiose gamética.

A meiose produz quatro células-filhas, pois ocorrem duas divisões celulares sucessivas, denominadas primeira divisão meiótica, ou meiose I, e segunda divisão meiótica, ou meiose II.

As fases da meiose I são: prófase I, metáfase I, anáfase I e telófase I. As fases da meiose II são: prófase II, metáfase II, anáfase II e telófase II. Entre a meiose I e a meiose II há uma intérfase especial, denominada intercinese.

## Meiose I

Por ser longa e apresentar fenômenos importantes, a prófase I foi dividida nas seguintes subfases para facilitar o seu estudo: leptóteno, zigóteno, paquíteno, diplóteno e diacinese.

No **leptóteno** (do grego, *leptos* = delgado; *nema* = filamentos), os cromossomos duplicados encontram-se no início da espiralação, sendo observados com certa dificuldade. Apesar de terem duas cromátides, parecem únicos. No microscópio óptico é possível observar os cromômeros.

No **zigóteno** (do grego, *zugon* = adjacente), os cromossomos homólogos alinham-se e emparelham. Esse processo também é denominado sinapse.

Se a célula não tem cromossomos homólogos (uma célula haploide, por exemplo) e entrar em meiose, terá a meiose interrompida na fase de zigóteno porque o emparelhamento de cromossomos homólogos é uma etapa obrigatória.

No **paquíteno** (do grego, *pachus* = espesso), o processo de pareamento é completado. O pareamento é tão intenso que os cromossomos homólogos dão a impressão de serem apenas um cromossomo mais espesso, sendo denominado bivalente – porque aparenta ser um e, na realidade, são dois cromossomos – ou tétrade – pois possuem quatro cromátides. As cromátides do mesmo cromossomo são as cromátides-irmãs, enquanto as que pertencem a cromossomos homólogos são chamadas **cromátides homólogas**. Durante o pareamento podem ocorrer quebras transversais de cromátides, que, ao se soldarem, fazem-no de tal modo que há troca de pedaços entre cromátides homólogas. O intercâmbio de pedaços de cromátides entre cromátides homólogas é denominado *crossing-over* ou **permutação**.

No **diplóteno** (do grego *diplo* = duplo) os cromossomos pareados começam a se separar. Alguns deles permanecem unidos nos quiasmas (do grego, *chiasma* = travessa), que são pontos onde houve *crossing-over*. O quiasma é a evidência citológica da ocorrência da permutação. Nesse momento, as quatro cromátides tornam-se visíveis.

Na **diacinese** (do grego, *dia* = através de) os quiasmas, em razão da separação dos cromossomos homólogos, deslocam-se para as extremidades, no processo denominado terminalização. No fim da diacinese os cromossomos homólogos tocam-se somente nos quiasmas existentes.

Na **metáfase I**, os cromossomos homólogos dispõem-se no equador celular, a carioteca e o nucléolo não existem e as fibras do fuso ligam-se aos cinetócoros.

Na **anáfase I**, os cromossomos homólogos são separados em polos opostos.

Na **telófase I**, os cromossomos em polos opostos sofrem descondensação, a carioteca e o nucléolo são refeitos e ocorre a citocinese.

A **intercinese** é uma intérfase de curta duração. Nela, não ocorre a duplicação do DNA. O número de cromossomos da célula na intercinese é haploide, e cada um deles apresenta duas cromátides-irmãs.

Ciclo celular, mitose e meiose **Capítulo 12** 143

### Meiose II

O comportamento dos cromossomos na meiose II é muito semelhante ao da mitose. Nessa fase, ocorre a separação das cromátides-irmãs, como na mitose.

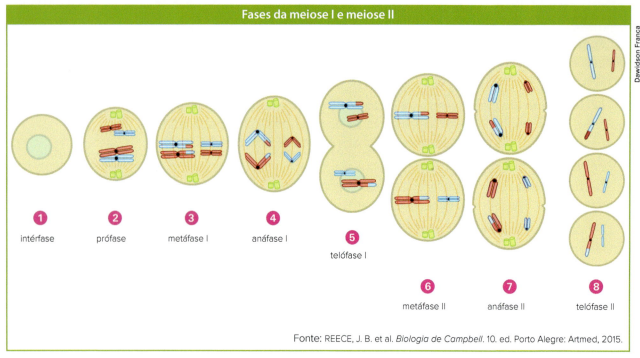

Principais fases da meiose. Ilustração sem escala; cores-fantasia.

## ▶ Mitose *versus* meiose

Uma célula que se divide por mitose dá origem a duas novas células com o mesmo número de cromossomos da célula original. Assim, uma célula humana, com 2n = 46 cromossomos, ao se dividir por mitose, formará duas células, cada uma delas com 2n = 46 cromossomos. Pelo fato de as novas células possuírem o mesmo número de cromossomos da célula original, a mitose é conhecida como **divisão equacional** (do latim, *equal* = igual), simbolizada por **E!**.

Ao sofrer mitose, uma célula haploide, por exemplo, com n = 12, forma duas células com n = 12 cada, isto é, com o mesmo número de cromossomos da célula inicial.

A mitose pode ocorrer em qualquer tipo de célula nucleada dos seres vivos, isto é, tanto nas somáticas quanto nas germinativas, independentemente da ploidia (haploides ou diploides).

A meiose, por outro lado, ocorre somente nas células diploides (2n), formando quatro células-filhas haploides (n), cada uma delas com metade do número de cromossomos da célula-mãe. Assim, no ser humano de sexo masculino, por exemplo, uma célula germinativa com 2n = 46 cromossomos forma quatro gametas (espermatozoides) com n = 23 cromossomos cada.

Durante a meiose ocorre a redução pela metade do número de cromossomos, razão pela qual ela pode ser denominada **divisão reducional**, simbolizada por **R!**. Outras diferenças podem ser observadas na tabela a seguir.

| Duração das fases do ciclo celular | | |
|---|---|---|
| | **Mitose** | **Meiose** |
| **Ocorre em** | Células n e 2n | Célula 2n |
| **Produz** | 2 células-filhas | 4 células-filhas |
| **Número de cromossomos nas células-filhas** | Igual ao da célula-mãe (divisão equacional) | Metade da célula-mãe (divisão reducional) |
| **Divisões celulares** | Uma | Duas |
| ***Crossing-over*** | Não ocorre | Pode ocorrer na meiose I |
| **Pareamento dos homólogos** | Não ocorre | Ocorre na meiose I |
| **Separação das cromátides** | Irmãs na anáfase | Homólogas na anáfase I e irmãs na anáfase II |
| **Responsável pela reprodução** | Assexuada | Sexuada |
| **Descendentes gerados** | Geneticamente iguais | Com variabilidade genética |

## Atividades

1. O Projeto Genoma Humano sequenciou as bases nitrogenadas do nosso DNA. Para decifrar o nosso código genético foi utilizado DNA extraído de célula diploide ou haploide? Justifique sua resposta.

2. Por que a mitose é classificada como divisão equacional, e a meiose como divisão reducional?

3. Por que não acontece meiose em células haploides?

4. Qual é a diferença entre a anáfase da mitose e a anáfase I e II da meiose? Considere uma célula 2n = 10.

5. A mula e o burro são animais conhecidos como híbridos porque resultam do cruzamento de organismos de espécies diferentes, apresentando como genitores a égua e o jumento. A mula apresenta genitália feminina; e o burro, a masculina. Ambos são estéreis e não produzem gametas. Sabendo que a égua forma gametas com 32 cromossomos e o jumento com 31, e levando em conta os eventos da meiose, explique por que a mula e o burro não formam gametas.

# PARA LER E REFLETIR

## Fotossíntese artificial

*Móleculas sintetizadas em laboratório imitam mecanismo de produção de energia das plantas*

Jackson Megiatto, no Instituto de Química da Unicamp, em Campinas (SP), 2015.

Imagine um frasco de água onde está mergulhada uma placa de metal revestida com um material sintetizado em laboratório, que produz e armazena energia na forma do gás hidrogênio simplesmente por estar ao sol. "Estamos pensando num mundo em que a água seria o combustível", diz o químico Jackson Megiatto, da Universidade Estadual de Campinas (Unicamp). Esse aparato ainda não é realidade em grande escala, mas de acordo com o pesquisador já não é ficção científica. "Um corpo de conhecimento vem sendo construído para obter energia a partir do sol e água em um futuro próximo." O hidrogênio é uma fonte energética importante, porque além de eficiente ele não gera poluentes quando usado como combustível. Produzi-lo, porém, tem sido um grande desafio. Em parceria com pesquisadores das universidades do Estado do Arizona (ASU) e da Pensilvânia, nos Estados Unidos, Megiatto deu um passo para a solução do problema: reproduzir em laboratório a reação de quebra de moléculas de água promovida por energia solar.

As plantas, as algas e algumas bactérias têm a capacidade única de produzir energia a partir de água e luz solar, e conseguem isso graças a um mesmo processo: a fotossíntese, que envolve moléculas complexas e reações químicas ainda não completamente compreendidas. Quando ativadas pela luz solar, essas moléculas naturais são capazes de decompor a molécula da água, $H_2O$, uma das mais estáveis na natureza, em seus constituintes oxigênio e hidrogênio. "Essa estabilidade da água é tão grande que, quando tentamos reproduzir o processo, nossas moléculas são degradadas antes das de água", explica Megiatto.

A novidade do estudo está no *design* das moléculas fotoativas e dos catalisadores nanoparticulados que imitam o sistema fotossintético natural que as plantas têm usado ao longo de milhões de anos para acumular a energia que sustenta a maior parte da vida na Terra. [...]

Depois de estudar o que se conhece sobre a fotossíntese natural, ele conseguiu sintetizar em laboratório moléculas mais robustas, chamadas de perfluoro porfirina, cujo comportamento é semelhante ao do cofator P680, que ocorre naturalmente nas plantas. Para imitar a estrutura proteica do sistema natural diretamente envolvido no processo de quebra das moléculas de água, foi também necessário acrescentar um grupo fenólico à porfirina. "Quando excitada pela luz solar, a porfirina rouba um elétron do grupo fenol, gerando uma espécie química com energia suficiente para quebrar as moléculas de água", descreve o químico da Unicamp [...].

A equipe monitorou as transferências de elétrons entre a porfirina e o fenol usando uma técnica conhecida como espectroscopia de ressonância paramagnética eletrônica. "A técnica detecta apenas os elétrons que estão livres nas moléculas, e não aqueles que estão envolvidos em ligações químicas no material", explica Megiatto. As respostas observadas foram muito semelhantes às obtidas quando o sistema fotossintético natural é submetido à mesma análise, indicando um paralelo na maneira como esses compostos transportam elétrons quando expostos à luz solar.

"Até agora, nenhum material tinha sido capaz de transferir elétrons de maneira tão similar ao sistema natural", comemora o químico. Os resultados foram atingidos em 2011, mas antes de publicar o grupo fez questão de realizar testes exaustivos para garantir que podiam ser reproduzidos, além de analisar o novo material usando outras técnicas. Deu certo. "O material tem sido sintetizado no Arizona até por alunos de graduação e os resultados são sempre os mesmos", diz o pesquisador.

O material desenvolvido por Megiatto já integra aparelhos fotossintéticos que funcionam como pequenas usinas à base de água. A ideia é conectá-los a células a combustível. Testes preliminares mostram, porém, que o sistema ainda é ineficiente para a produção de energia em larga escala. Daqui para a frente, serão necessários mais estudos em laboratório para refinar o funcionamento do sistema de produção de energia.

[...]

GUIMARÃES, Maria. *Revista Fapesp*. ed. 217, mar. 2014.
Disponível em: <http://revistapesquisa.fapesp.br/2014/03/10/fotossintese-artificial-2>.
Acesso em: 4 dez. 2015.

## QUESTÕES

1. Que ideia orientou o químico Jackson Megiatto a desenvolver uma pesquisa para a produção de fotossíntese artificial?

2. Que vantagens existem nesse tipo de geração de energia?

3. Qual é o principal desafio encontrado nesse processo?

4. Desenvolvimento sustentável é definido como aquele capaz de atender às necessidades da geração atual sem comprometer ou esgotar os recursos das gerações futuras. Partindo dessa definição e da leitura do texto, qual é a relação entre desenvolvimento sustentável e fotossíntese?

## Ação e cidadania

**Como vão as nossas áreas verdes?**

Esta atividade tem como objetivo identificar e quantificar as áreas verdes dentro da escola, ou em seu entorno e, a seguir, avaliá-las na comunidade quanto aos benefícios que promovem em termos de qualidade de vida. Com a ajuda do professor, a classe será dividida em dois grupos que realizarão as seguintes atividades:

- Levantamento de áreas verdes presentes na escola ou no seu entorno; elaboração de uma planta.
- Entrevista com a comunidade escolar sobre seu grau de satisfação com a qualidade e a quantidade de áreas verdes.
- Seminário para apresentação dos resultados da pesquisa; discussão sobre a importância de áreas verdes e sobre a necessidade de implantação de novas áreas.

### Etapa 1 – Levantamento das áreas verdes

Um dos grupos ficará responsável pela elaboração de uma planta da área da escola (ou do quarteirão). Nessa planta estará identificado o terreno, as áreas construídas e as áreas verdes (hortas, jardins etc.). O grupo fará um cálculo aproximado de quanto cada área ocupa em relação às áreas construídas e a qualidade destas áreas (tipos de plantas – rasteiras, arbustos ou árvores; se são cuidadas; se são utilizadas pelas pessoas).

Vista aérea da área de escola em São Paulo (SP), em 2015, obtida por satélite.

### Etapa 2 – Pesquisa de opinião

Esse grupo irá realizar as entrevistas com alunos, professores, funcionários, pais, parentes e amigos sobre a importância da presença de áreas verdes no ambiente urbano. Atenção: você não deve preencher os dados no livro.

- Escolha três ou mais pessoas para entrevistar. Explique ao entrevistado que a pesquisa será utilizada em um projeto da escola que está estudando a importância das áreas verdes nas cidades e sua influência na qualidade de vida.
- Anote os dados do entrevistado:

Nome completo:
Idade:             Sexo:
Cidade/estado onde nasceu:

O questionário pode ter cerca de cinco questões, claras e objetivas. Veja como exemplo algumas sugestões:

1. A presença de áreas verdes em uma escola ou bairro é:
   a) muito importante.     b) pouco importante.     c) Não tenho opinião.
2. Em nossa escola/bairro as áreas verdes são:
   a) suficientes.     b) insuficientes.     c) Não tenho opinião.

**3.** Você/O senhor/A senhora concorda que existe uma relação entre áreas verdes e qualidade de vida?

a) Sim. Por quê? //////////////////////////////////////////////////////////////////////

b) Não. Por quê? //////////////////////////////////////////////////////////////////////

**4.** Em sua opinião, as áreas verdes são importantes em uma cidade, pois:

a) ajudam a reduzir a poluição.

b) ajudam a reduzir os ruídos.

c) regulam a temperatura.

d) deixam a cidade mais bonita.

e) atraem pássaros.

f) outras. Quais? //////////////////////////////////////////////////////////////////////

**5.** Você/O senhor/A senhora concordaria em participar de um projeto que incentivasse a implantação de mais áreas verdes?

a) Sim.

b) Não.

### Etapa 3 – Organização do seminário

Nessa etapa, os dois grupos se reúnem para compartilhar as informações obtidas nas etapas anteriores e para organizar um seminário sobre o tema.

- Com base nos resultados das pesquisas das Etapas 1 e 2, escolham os temas mais significativos para serem apresentados. Escolham também a data e o local do seminário (auditório, quadra, sala de aula).

- O seminário pode ser apresentado com apoio de cartazes, fotos, desenhos, utilização de recursos audiovisuais etc. A escolha é do grupo, que deverá indicar uma equipe para organizar a produção dos recursos que serão usados no evento.

- É importante que a classe consiga mobilizar a comunidade para participar do seminário. A divulgação pode ser feita por meio de folhetos, cartazes, visitas às residências etc. Organizem a produção do material de divulgação.

### Etapa 4 – Realização do seminário

Após a apresentação dos dados coletados, abram o debate para que todos possam opinar sobre o tema. Levantem algumas questões, como: "Qual é a importância das áreas verdes em uma cidade?"; "Qual é sua influência na qualidade de vida da população?"; "A quantidade de áreas verdes disponíveis no nosso bairro/escola consegue suprir as necessidades da comunidade?".

### Etapa 5 – Avaliação

Após a realização do projeto, responda:

- O que você achou desse projeto?

- O que foi mais interessante?

- Você teve alguma dificuldade em realizar alguma etapa? Qual?

- O que você aprendeu com esse projeto?

- Esse projeto despertou seu interesse em pesquisar e desenvolver outros projetos?

Ciclo celular, mitose e meiose **Capítulo 12**

# Explorando habilidades e competências

Créditos de carbono é um certificado concedido a uma pessoa ou empresa que reduziu a sua emissão de gases do efeito estufa (GEEs), entre eles o dióxido de carbono ($CO_2$) e o metano ($CH_4$). É definido que 1 tonelada de $CO_2$ vale um crédito de carbono.

Devido a acordos internacionais, diversos países precisam reduzir suas emissões de GEEs. Comprar créditos de carbono é como comprar uma permissão para emitir esses gases, pois, se uma empresa não consegue reduzir suas emissões, ela pode comprar créditos de carbono de outra, que os obteve por manter programas que preservam a vegetação ou realizam reflorestamento de algumas áreas.

Sobre esse tema, leia o texto e responda às perguntas.

### Índios suruí concluem primeira venda de créditos de carbono indígenas do país

Os índios paiter-suruí, que participam do projeto Carbono Florestal Suruí, em Rondônia, realizaram no início de setembro [de 2013] a primeira venda de créditos de carbono indígenas com certificação internacional já feita no país. [...]

[Uma] companhia brasileira de cosméticos [...] anunciou a compra de créditos que equivalem à emissão de 120 mil toneladas de carbono, para compensar suas liberações de poluentes por meio do processo industrial. O dinheiro da negociação será investido na preservação da floresta amazônica.

O projeto surgiu como uma alternativa de financiamento e geração de renda para a população indígena. Os moradores da Terra Indígena Sete de Setembro, que abrange 248 mil hectares de florestas em Rondônia e Mato Grosso, trabalham na preservação da Amazônia, evitando que ela seja desmatada, e também no reflorestamento de áreas que tenham sido degradadas. O objetivo é "sequestrar" o carbono, ou seja, evitar que ele seja liberado para a atmosfera. [...]

### Alternativa de renda

O projeto indígena, iniciado em 2007, usa duas formas de compensação: o "sequestro" de carbono propriamente dito, por reflorestamento; e o desmatamento evitado e a conservação de estoques de carbono pela redução do desmatamento e da degradação florestal. [...]

G1. Disponível em: <http://g1.globo.com/natureza/noticia/2013/09/indios-surui-concluem-1-venda-de-creditos-de-carbono-indigenas-do-pais.html>. Acesso em: dez. 2015.

1. O mercado de crédito de carbono está baseado em vegetais que conseguem sequestrar $CO_2$. Qual processo permite aos vegetais fazerem isso?

2. É possível que outros seres vivos participem do mercado de carbono. Quais?

3. A grande vantagem da utilização de plantas nesse tipo de mercado é que elas, além de retirarem $CO_2$ do ambiente, o enriquecem com gás $O_2$, já que produzem esse gás e não o consomem. Você concorda com essa afirmação? Justifique.

4. Uma das críticas feitas ao mercado de créditos de carbono é que ele permite que as empresas participantes mantenham suas emissões de GEEs elevadas. Como isso é possível?

5. A compra de crédito de carbono é um mecanismo de compensação à emissão de GEEs. Existem mecanismos, que em vez de compensar, diminuem a emissão desses gases. Que mecanismos são esses? Que tipo de mecanismo você considera mais benéfico? Justifique.

| Tipos de mercado de créditos de carbono | |
| --- | --- |
| Mercado regulado | Mercado voluntário |
| Os países desenvolvidos que assinaram o acordo internacional conhecido como Protocolo de Kyoto têm metas de redução da emissão dos gases que provocam o efeito estufa. Aqueles que não conseguiram cumprir suas metas compram créditos de carbono gerados nos países em desenvolvimento através do Mecanismo de Desenvolvimento Limpo. Esses créditos são certificados pela Organização das Nações Unidas (ONU). | Empresas, organizações não governamentais (ONGs), instituições, governos, cidadãos tomam a iniciativa de reduzir suas emissões voluntariamente. Os créditos de carbono podem ser gerados em qualquer lugar do mundo e são auditados por uma entidade verificadora local. |

# Para rever e estudar

### Questões do Enem

**1.** (Enem – 2013) A estratégia de obtenção de plantas transgênicas pela inserção de transgenes em cloroplastos, em substituição à metodologia clássica de inserção do transgene no núcleo da célula hospedeira, resultou no aumento quantitativo da produção de proteínas recombinantes com diversas finalidades biotecnológicas. O mesmo tipo de estratégia poderia ser utilizada para produzir proteínas recombinantes em células de organismos eucarióticos não fotossintetizantes, como as leveduras, que são usadas para produção comercial de várias proteínas recombinantes e que podem ser cultivadas em grandes fermentadores.

Considerando a estratégia metodológica descrita, qual organela celular poderia ser utilizada para inserção de transgenes em leveduras?

a) Lisossomo.
b) Mitocôndria.
c) Peroxissomo.
d) Complexo golgiense.
e) Retículo endoplasmático.

**2.** (Enem – 2012) Há milhares de anos o homem faz uso da biotecnologia para a produção de alimentos como pães, cervejas e vinhos. Na fabricação de pães, por exemplo, são usados fungos unicelulares, chamados de leveduras, que são comercializados como fermento biológico. Eles são usados para promover o crescimento da massa, deixando-a leve e macia.

O crescimento da massa do pão pelo processo citado é resultante da

a) liberação de gás carbônico.
b) formação de ácido lático.
c) formação de água.
d) produção de ATP.
e) liberação de calor.

**3.** (Enem – 2010)

Um molusco, que vive no litoral oeste dos EUA, pode redefinir tudo o que se sabe sobre a divisão entre animais e vegetais. Isso porque o molusco (*Elysia chlorotica*) é um híbrido de bicho com planta. Cientistas americanos descobriram que o molusco conseguiu incorporar um gene das algas e, por isso, desenvolveu a capacidade de fazer fotossíntese. É o primeiro animal a se "alimentar" apenas de luz e $CO_2$, como as plantas.

GARATONI, B. *Superinteressante*. Edição 276, mar. 2010 (adaptado).

A capacidade de o molusco fazer fotossíntese deve estar associada ao fato de o gene incorporado permitir que ele passe a sintetizar

a) clorofila, que utiliza a energia do carbono para produzir glicose.
b) citocromo, que utiliza a energia da água para formar oxigênio.
c) clorofila, que doa elétrons para converter gás carbônico em oxigênio.
d) citocromo, que doa elétrons da energia luminosa para produzir glicose.
e) clorofila, que transfere a energia da luz para compostos orgânicos.

**4.** (Enem – 2009) Os seres vivos apresentam diferentes ciclos de vida, caracterizados pelas fases nas quais gametas são produzidos e pelos processos reprodutivos que resultam na geração de novos indivíduos.

Considerando-se um modelo simplificado padrão para geração de indivíduos viáveis, a alternativa que corresponde ao observado em seres humanos é:

a)
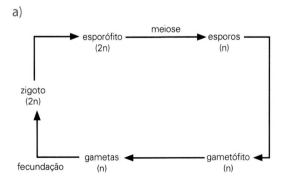

Ciclo celular, mitose e meiose **Capítulo 12**

# Para rever e estudar

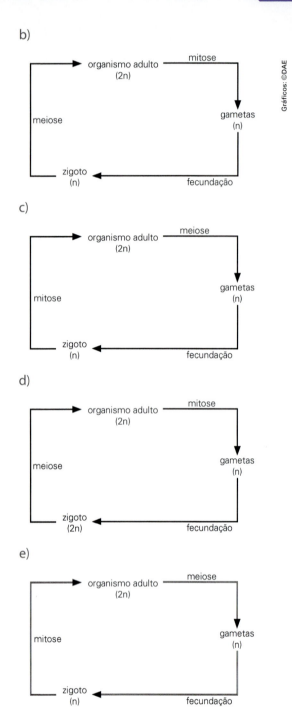

**5.** (Enem – 2009) A fotossíntese é importante para a vida na Terra. Nos cloroplastos dos organismos fotossintetizantes, a energia solar é convertida em energia química que, juntamente com água e gás carbônico ($CO_2$), é utilizada para a síntese de compostos orgânicos (carboidratos). A fotossíntese é o único processo de importância biológica capaz de realizar essa conversão. Todos os organismos, incluindo os produtores, aproveitam a energia armazenada nos carboidratos para impulsionar os processos celulares, liberando $CO_2$ para a atmosfera e água para a célula por meio da respiração celular. Além disso, grande fração dos recursos energéticos do planeta, produzidos tanto no presente (biomassa) como em tempos remotos (combustível fóssil), é resultante da atividade fotossintética.

As informações sobre obtenção e transformação dos recursos naturais por meio dos processos vitais de fotossíntese e respiração, descritas no texto, permitem concluir que

a) o $CO_2$ e a água são moléculas de alto teor energético.

b) os carboidratos convertem energia solar em energia química.

c) a vida na Terra depende, em última análise, da energia proveniente do Sol.

d) o processo respiratório é responsável pela retirada de carbono da atmosfera.

e) a produção de biomassa e de combustível fóssil, por si, é responsável pelo aumento de $CO_2$ atmosférico.

**6.** (Enem – 2005) Um fabricante afirma que um produto disponível comercialmente possui DNA vegetal, elemento que proporcionaria melhor hidratação dos cabelos.

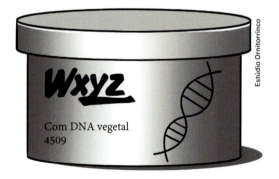

Sobre as características químicas dessa molécula essencial à vida, é correto afirmar que o DNA

a) de qualquer espécie serviria, já que têm a mesma composição.

b) de origem vegetal é diferente quimicamente dos demais, pois possui clorofila.

c) das bactérias poderia causar mutações no couro cabeludo.

d) dos animais encontra-se sempre enovelado e é de difícil absorção.

e) de características básicas assegura sua eficiência hidratante.

### Questões de vestibulares

1. (UEM-PR – 2015) Sobre os ácidos nucleicos, assinale o que for correto.

   01) As cadeias de RNA mensageiros são formadas por enzimas que complementam a sequência de bases de um segmento da cadeia do DNA.

   02) Uma cadeia polipeptídica é sintetizada por um ribossomo que se desloca sobre o RNA mensageiro desde um códon AUG até um códon de parada.

   04) A duplicação do DNA é considerada conservativa uma vez que cada molécula filha é formada pelos filamentos antigos.

   08) Todas as fases do processo de síntese proteica ocorrem no interior do nucleoplasma.

   16) As ligações existentes entre os nucleotídeos para formação dos polinucleotídeos ocorrem entre a amina de uma unidade e a carboxila de outra.

2. (Udesc – 2015) A figura representa, esquematicamente, um nucleotídeo. Esta molécula é de extrema importância para todos os seres vivos em razão dos diferentes papéis que desempenha no interior das células. Um dos papéis está relacionado à sua capacidade de formar diferentes polímeros no interior das células.

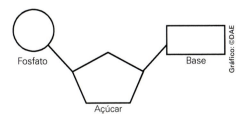

   Analise as proposições em relação ao nucleotídeo.

   I. Esta estrutura molecular é encontrada nas células de todos os seres vivos.

   II. Existem cinco tipos de bases nitrogenadas que podem se ligar ao açúcar.

   III. O açúcar, que se une ao fosfato e à base nitrogenada, tem em sua estrutura 5 carbonos.

   IV. Os nucleotídeos são as unidades que formam os ácidos nucleicos.

   V. Nucleotídeos se ligam por meio de suas bases nitrogenadas, e também estabelecem ligações entre o açúcar de um e com o fosfato do outro.

   Assinale a alternativa correta.

   a) Somente as afirmativas I, III e V são verdadeiras.
   b) Somente as afirmativas I, II e IV são verdadeiras.
   c) Somente as afirmativas II, III e IV são verdadeiras.
   d) Somente as afirmativas I, II, III e V são verdadeiras.
   e) Todas as afirmativas são verdadeiras.

3. (PUC-RS – 2015) Adenina, guanina e citosina são bases presentes tanto na estrutura de DNA como na de RNA. Qual das moléculas abaixo também está presente em ambas?

   a) Uracil.
   b) Timina.
   c) Ribose.
   d) Fosfato.
   e) Desoxirribose.

4. (Uern – 2015) A ribose e a desoxirribose são os componentes estruturais dos ácidos nucleicos e exemplos de monossacarídeos que compõem as moléculas de DNA e RNA. O nome dado aos monossacarídeos diz respeito ao número de átomos de carbono da molécula. Desse modo, a ribose e a desoxirribose são monossacarídeos constituídos por quantos átomos de carbono em suas moléculas?

   a) 3.
   b) 5.
   c) 6.
   d) 7.

# Para rever e estudar

**5.** (UFRGS-RS – 2015)

Assinale com V (verdadeiro) ou F (falso) as afirmações abaixo, referentes aos constituintes do núcleo celular.

( / / / ) A carioteca é uma membrana lipoproteica dupla presente durante as mitoses.

( / / / ) Os nucléolos, corpúsculos ricos em ribossômico, são observados na interfase.

( / / / ) Os cromossomos condensados na fase inicial da mitose são constituídos por duas cromátides.

( / / / ) Cromossomos homólogos são os que apresentam seus genes com alelos idênticos.

A sequência correta de preenchimento dos parênteses, de cima para baixo, é

a) V - V - F - V.
b) V - F - V - F.
c) F - V - V - F.
d) F - F - V - V.
e) V - F - F - V.

**6.** (UEL-PR – 2015) Leia o texto a seguir.

Quando se fala em divisão celular, não valem as regras matemáticas: para uma célula, dividir significa duplicar. A célula se divide ao meio, mas antes duplica o programa genético localizado em seus cromossomos. Isso permite que cada uma das células-filhas reconstitua tudo o que foi dividido no processo.

AMABIS, J. M.; MARTHO, G. R. Biologia. v.1.
São Paulo: Moderna, 1994. p. 203.

Considerando uma célula haploide com cromossomos assinale a alternativa que apresenta, corretamente, a constituição cromossômica dessa célula em divisão na fase de metáfase da mitose.

a) cromossomos distintos, cada um com cromátide.
b) cromossomos distintos, cada um com cromátides.
c) cromossomos pareados a cada um com cromátide.
d) cromossomos pareados a cada um com cromátides.
e) cromossomos pareados a cada um com cromátides.

**7.** (Udesc – 2015) A figura representa, de maneira resumida, as fases da Interfase (G1; S e G2) e de Divisão (M) do ciclo de vida de uma célula, o chamado ciclo celular.

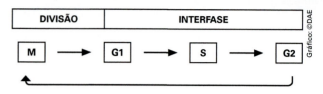

Em relação ao ciclo celular, assinale a alternativa correta.

a) **M** é a fase mais longa na maioria das células.
b) Em **M** ocorre a duplicação dos cromossomos.
c) Em **G2** ocorre a verificação do processo de duplicação do DNA.
d) Em **S** os cromossomos se apresentam altamente compactados.
e) Em **G1** inicia-se a compactação dos cromossomos.

**8.** (PUC-RJ – 2015) Considere as afirmações relativas à mitose.

I. O nucléolo começa a desaparecer na prófase.
II. Os núcleos filhos são geneticamente idênticos ao núcleo dos pais.
III. As cromátides-irmãs se separam no início da anáfase.
IV. Cromossomos homólogos fazem sinapse na prófase.
V. Um único núcleo dá origem a dois núcleos-filhos idênticos.

Estão corretas:

a) Apenas I, II, IV, V.
b) Apenas I, II, III, V.
c) Apenas II, III, IV, V.
d) Apenas I, II, V.
e) Todas as afirmações.

**9.** (PUC-PR – 2015) Sobre a divisão celular, considerando a prófase I da Meiose I, é correto dizer que:

a) a característica mais marcante do diplóteno é que os cromossomos ainda emparelhados se cruzam em certos pontos chamados quiasmas.
b) no paquíteno ocorre o afastamento dos cromossomos homólogos e os cromômeros são bem visíveis formando as cromátides-irmãs.

154

c) no leptóteno, o emparelhamento dos cromossomos é chamado de sinapse cromossômica.

d) na diacinese, as cromátides permanecem no centro celular, a carioteca se refaz, os nucléolos reaparecem e os centríolos atingem os polos celulares.

e) a prófase I é uma fase curta em que os centríolos que não sofreram duplicação na interfase permanecem no centro celular e a carioteca se desintegra ao final dessa fase.

**10.** (Uepa – 2015) O crescimento populacional humano é produto da reprodução sem controle, que agrava os problemas de superpopulação mundial. Por outro lado, a reprodução nos organismos unicelulares ocorre por divisão celular, enquanto que nos organismos multicelulares esse processo é responsável pelo crescimento e reparo de tecidos.

Sobre o processo em destaque, analise as afirmativas abaixo.

I. A prófase I da meiose I possui cinco subfases: leptóteno, zigóteno, paquíteno, diplóteno e diacinese.

II. Na telófase os cromossomos começam a se desespiralizar e adquirem a forma de fita.

III. Na anáfase ocorre a separação das cromátides.

IV. Na meiose I, a metáfase I se caracteriza pelo alinhamento dos pares homólogos na placa equatorial.

V. O produto da meiose são quatro células haploides.

A alternativa que contém todas as afirmativas corretas é:

a) I, II e IV
b) I, III e V
c) II, III e V
d) III, IV e V
e) I, II, III, IV e V

**11.** (PUC-RJ – 2014) Na preparação do meio de cultura para células animais, o técnico de um determinado laboratório esqueceu-se de adicionar o suprimento de aminoácidos. Que moléculas terão sua formação imediatamente prejudicada?

a) Lipídios
b) Glicídios
c) Nucleotídeos
d) Proteínas
e) Ácidos nucleicos

**12.** (Fuvest-SP – 2014) A sequência de fotografias abaixo mostra uma célula em interfase e outras em etapas da mitose, até a formação de novas células.

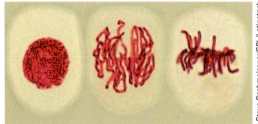

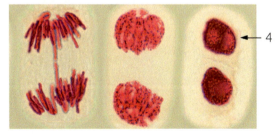

http://coofarm.fmns.rug.nl/celbiologie/gallery.
Acessado em 01/03/2011. Adaptado.

Considerando que o conjunto haploide de cromossomos corresponde à quantidade N de DNA, a quantidade de DNA das células indicadas pelos números 1, 2, 3 e 4 é, respectivamente,

a) N, 2N, 2N e N.
b) N, 2N, N e N/2.
c) 2N, 4N, 2N e N.
d) 2N, 4N, 4N e 2N.
e) 2N, 4N, 2N e 2N.

# UNIDADE 4

# A REPRODUÇÃO DOS ORGANISMOS

As cinco espécies de tartarugas marinhas que desovam em praias brasileiras encontram-se sob risco de extinção. Além dos predadores naturais, elas enfrentam a pesca incidental, a destruição do hábitat para desova devido à ocupação desordenada do litoral, poluição dos oceanos e mudanças climáticas.

As dificuldades para protegê-las são grandes: a maioria das espécies leva cerca de trinta anos para acasalar pela primeira vez e, por fatores naturais, apenas um ou dois filhotes entre mil chegam à idade adulta.

Por que é necessário conhecer a reprodução dessas espécies para poder preservá-las? Qual é o papel da reprodução na manutenção das espécies por períodos muito mais longos do que o tempo de vida de cada indivíduo?

Cópula de tartaruga marinha (*Lepidochelys olivacea*). Esse animal mede cerca de 72 cm de comprimento e é encontrado principalmente no Nordeste brasileiro. Fotografia de 2014.

157

# CAPÍTULO 13

## REPRODUÇÃO ASSEXUADA

A **reprodução** é definida como o processo biológico pelo qual um organismo dá origem a descendentes semelhantes a ele. Ela é diferente das demais atividades vitais do organismo, como a respiração, a circulação e a excreção, pois não contribui diretamente com a manutenção do organismo vivo.

Existe uma grande variedade de processos reprodutivos agrupados em dois tipos fundamentais: reprodução assexuada, tema deste capítulo, e reprodução sexuada, tema que será tratado no capítulo a seguir.

A **reprodução assexuada** é aquela em que apenas um indivíduo contribui para a geração dos descendentes.

Ela decorre da mitose, gera indivíduos geneticamente idênticos, chamados **clones**, e constitui um processo simples e rápido, originando em pouco tempo um grande número de descendentes.

A reprodução assexuada favorece as espécies bem-adaptadas a ambientes estáveis a ocupá-los rapidamente e a manterem-se por várias gerações, pois é um processo que preserva a combinação dos genes.

No entanto, caso ocorra alguma alteração ambiental, todos os indivíduos poderão ser extintos, pois apresentam as mesmas capacidades de adaptação por efeito da igualdade genética, nivelando-se nas resistências e suscetibilidades.

Existem diversas formas de reprodução assexuada, entre elas a divisão binária, o brotamento, a esporulação, a multiplicação vegetativa e a regeneração.

### ▶ Divisão binária

A **divisão binária**, também denominada **cissiparidade** ou **bipartição**, é a forma mais simples de reprodução assexuada. Ela é predominante entre os organismos unicelulares (protozoários, bactérias, alguns fungos e certas algas), e consiste em uma divisão celular equacional.

Esquema da divisão binária em ameba. Em **1** a ameba adulta inicia o processo de reprodução recolhendo os pseudópodes. Em **2** inicia-se a mitose e ocorre a divisão do núcleo. Em **3** ocorre a divisão do citoplasma e em **4** são geradas duas células-filhas, geneticamente iguais à célula que as originou.

Ilustração sem escala; cores-fantasia.

Fonte: RAVEN, P. et al. *Biology*. 10. ed. Nova York: McGraw-Hill, 2014.

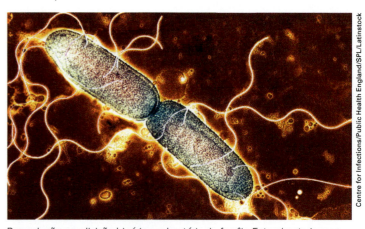

Reprodução por divisão binária em bactéria de família *Enterobacteriaceae*. Micrografia eletrônica de transmissão; cores artificiais; ampliada cerca de 24 000 vezes.

158 Unidade 4 A reprodução dos organismos

## ▶ Brotamento

O **brotamento** ou **gemiparidade** ocorre com a formação de brotos, também denominados gemas, que se desenvolvem em um indivíduo adulto, podendo ou não se destacar dele. Caso não haja separação, forma-se uma **colônia**.

Em fungos unicelulares, como o *Saccharomyces cerevisiae*, o broto forma-se como resultado de uma divisão mitótica desigual. Inicialmente, o broto mantém-se junto à célula que o originou e, eventualmente, separa-se, tornando-se um indivíduo de vida autônoma.

> **Colônia:** grupo de indivíduos que se originaram de apenas um indivíduo e que se mantêm unidos fisicamente. Por serem gerados por mitoses sucessivas, os indivíduos que compõem uma colônia são geneticamente idênticos.

Reprodução por brotamento em *Saccharomyces cerevisiae*. Micrografia eletrônica de varredura; cores artificiais; ampliada cerca de 5 900 vezes.

Em organismos multicelulares, como a *Hydra* sp., o broto, uma vez formado, pode se desprender e ter vida independente, tornando-se um novo indivíduo.

Essa forma de reprodução assexuada é encontrada em cnidários, esponjas e fungos.

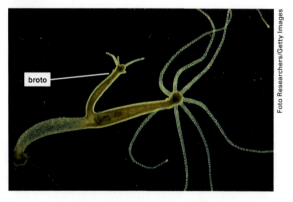

Reprodução por brotamento em *Hydra* sp., um cnidário de água doce. Micrografia óptica; ampliada cerca de 10 vezes.

## ▶ Esporulação

O esporo é uma célula especializada que, isoladamente, tem a capacidade de produzir um novo indivíduo. Organismos como bactérias, algas, fungos, plantas e certos protozoários são capazes de formar **esporos**. O esporo dotado de flagelo, capaz de nadar, é denominado **zoósporo**.

Os diferentes tipos de bolor que aparecem no pão podem ter origem em esporos de fungos presentes no ar.

Reprodução assexuada   Capítulo 13   **159**

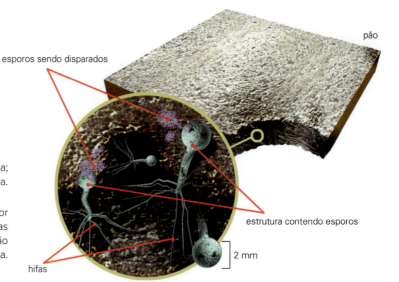

Ilustração sem escala; cores-fantasia.

Esquema da esporulação do bolor preto do pão (*Rhizopus stolonifer*), cujas estruturas produtoras de esporos são visíveis com o auxílio de lupa.

## ▶ Multiplicação vegetativa

A multiplicação vegetativa compreende uma série de formas de reprodução assexuada encontradas nos vegetais, que envolvem diferentes estruturas como bulbos, tubérculos, estolhos (ou estolões) e estacas.

O **bulbo** é um caule subterrâneo recoberto por várias folhas perfeitamente encaixadas. Na cebola, por exemplo, as folhas que envolvem o bulbo apresentam reservas nutritivas e são comestíveis. Em algumas plantas, o bulbo pode ser empregado como estrutura propagadora. Para multiplicar o lírio e o alho, por exemplo, usa-se o bulbo. No caso do alho, os "dentes de alho" são bulbos que se encontram reunidos na "cabeça de alho".

Multiplicação vegetativa em alho (*Allium sativum*). O caule é formado por vários bulbos, e cada bulbo é capaz de dar origem a um novo indivíduo. A planta pode atingir 120 cm de altura.

Unidade 4 • A reprodução dos organismos

O **tubérculo** é um caule subterrâneo que, além de conter reservas nutritivas, apresenta função reprodutora. A batata-inglesa é um tubérculo. Apresenta "olhos", que são as gemas dormentes. Em condições adequadas, essas gemas germinam e dão origem a um novo indivíduo.

**Estolho** é um caule que, além de se apoiar, cresce rente à superfície do solo e apresenta, de espaço em espaço, uma gema. Cada gema é capaz de dar origem a uma nova planta, completa, com folha, caule e raiz, podendo também originar um novo estolho. O morangueiro é um exemplo de planta que apresenta estolho.

Multiplicação vegetativa por brotamento em tubérculo de batata-inglesa.

raízes
estolho
planta-filha

O morangueiro é um exemplo de planta que produz novos indivíduos assexuadamente por brotamento do estolho.

Ilustração sem escala; cores-fantasia.

Um pedaço de ramo do caule, denominado **estaca**, pode ser usado na reprodução assexuada de uma planta. A roseira e a mandioca podem se reproduzir desse modo. A estaca da mandioca é conhecida como **maniva**.

Até mesmo uma folha pode ser usada na multiplicação vegetativa de uma planta, como ocorre com a violeta e a folha-da-fortuna.

pecíolo

A violeta-africana se reproduz assexuadamente por meio da formação de raízes e de brotos na extremidade do pecíolo.

Reprodução assexuada  Capítulo 13  161

## Foco na Sociedade

### O plantio da mandioca

A mandioca é uma planta nativa brasileira, cujo plantio e preparo da farinha foi dominado pelos povos indígenas em tempos muito anteriores à chegada dos colonizadores. Ela tem grande importância na alimentação dos brasileiros e permanece como fator de identidade cultural entre vários povos indígenas, como o povo Apurinã, que habita as margens dos rios Purus e Madeira, na Amazônia (AM).

### A cultura da mandioca pelos Apurinã

A mandioca tem uma grande importância cultural na base alimentar para o povo Apurinã. No interior da comunidade, cada família tem a sua roça.

Como são distantes da aldeia, em certos períodos, as famílias chegam a transferir sua morada para lá.

A lida com a mandioca se inicia na estação seca, quando os homens Apurinã preparam o terreno da roça, fazem a limpeza e queimam, conforme o sistema de coivara.

O plantio é uma atividade que envolve toda a família: enquanto o homem abre as covas para, junto com um filho, ir enterrando a maniva (caule da mandioca que serve de muda), a mãe vai cobrindo as covas com terra.

Quando as raízes estão crescidas, são arrancadas da terra pelos homens, que já separam as manivas para o próximo plantio. São eles que levam a produção de mandioca para a aldeia, onde fica a Casa de Farinha [...].

[...]

Museu do Índio/Funai. A cultura da mandioca pelos Apurinã. Disponível em: <www.museudoindio.gov.br/educativo/pesquisa-escolar/54-a-cultura-da-mandioca-pelos-apurina>. Acesso em: 17 nov. 2015.

Na III Feira de Ciências e Sementes dos Povos Indígenas de Roraima, realizada em maio de 2014, foram expostas mais de 30 variedades de manivas de mandioca levadas pelos povos que habitam a região norte da Amazônia brasileira.

1. Além da mandioca, que outros alimentos utilizados há muito tempo pelos indígenas fazem parte dos hábitos alimentares da população brasileira? Pesquise e traga seus achados em aula.

## ▶ Regeneração

Regeneração é a capacidade que certos animais apresentam de reconstituir as partes perdidas. Além de ser uma forma de preservação do organismo, pode ser um processo de reprodução assexuada. Ocorre, por exemplo, em estrelas-do-mar e planárias.

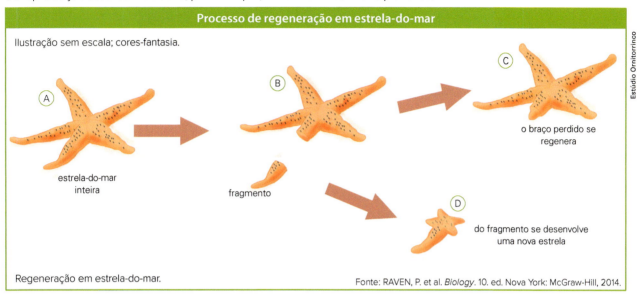

Regeneração em estrela-do-mar.

Fonte: RAVEN, P. et al. *Biology*. 10. ed. Nova York: McGraw-Hill, 2014.

### Atividades

1. Por que descendentes gerados por reprodução assexuada são clones?
2. Sabendo-se que as estrelas-do-mar são animais predadores de ostras e mariscos, leia o texto abaixo e responda ao que se pede.

> Em certa área praiana de uma região na qual existiam fazendas marinhas de criação de ostras e mariscos, os fazendeiros decidiram acabar com as estrelas-do-mar, que lhes estavam causando muitos prejuízos. Decidiram, então, passar uma rede que alcançava o fundo do mar e puxar essa rede até a praia, processo conhecido como arrastão. A quantidade de estrelas-do-mar arrastadas pela rede até a praia foi muito grande. Os fazendeiros deixaram as estrelas-do-mar na praia e, para eliminá-las, passaram tratores sobre elas, cometendo um verdadeiro crime ecológico. Acreditavam que, agindo assim, haviam se livrado do problema que elas representavam. No fim da tarde, abandonaram nas areias da praia as estrelas esmagadas. Durante a noite, a maré subiu e a água do mar cobriu a praia. Com o movimento das ondas, a praia foi lavada e os restos das estrelas foram levados para o mar.
>
> Depois de algum tempo, os fazendeiros marinhos perderam toda a colheita de ostras e mariscos, devorados pelas estrelas-do-mar, que, naquela região, tornaram-se uma superpopulação.
>
> Elaborado para fins didáticos

Como se explica esse crescimento populacional depois de as estrelas-do-mar terem sido praticamente dizimadas?

## CAPÍTULO 14

# REPRODUÇÃO SEXUADA

A reprodução sexuada é aquela em que há participação de duas células haploides: um gameta masculino e um gameta feminino.

O gameta masculino dos animais é o **espermatozoide**, e o dos vegetais, o **anterozoide**. O gameta feminino nos animais recebe o nome de **óvulo** ou **ovócito**, e nos vegetais, de **oosfera**. Anterozoides e espermatozoides são gametas móveis; alguns vegetais apresentam gametas masculinos desprovidos de mobilidade própria e são conhecidos como **núcleo espermático**.

O encontro dos gametas é chamado **fecundação**, e a fusão deles, **fertilização**. A célula resultante da fusão é o **ovo** ou **zigoto**. Potencialmente, o zigoto é um novo indivíduo. O seu aspecto em nada se assemelha ao animal ou vegetal em que se transformará, mas ele contém todos os genes e outras estruturas celulares que possibilitam a formação do novo indivíduo.

Assim como o esporo, na reprodução assexuada, o zigoto é uma **célula totipotente**, isto é, capaz de originar um novo indivíduo.

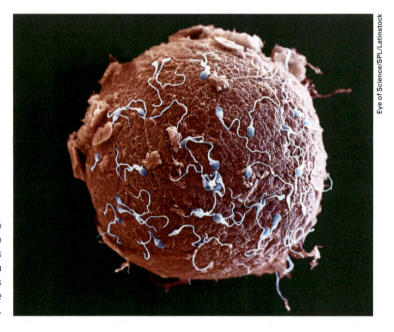

Gameta feminino humano (ovócito II) circundado por gametas masculinos (espermatozoides). Micrografia eletrônica de varredura; cores artificiais; ampliada cerca de 810 vezes.

A reprodução sexuada é um processo mais lento e produz menos descendentes, quando comparado à reprodução assexuada.

A fusão de núcleos dos gametas provenientes de indivíduos diferentes resulta em novas combinações de genes e cromossomos no descendente, contribuindo para a diversidade genética na espécie.

Dessa forma, a reprodução sexuada é benéfica para uma espécie em curso de adaptação a determinado ambiente, pois o aumento de diversidade amplia as chances de a espécie sobreviver às modificações ambientais.

Enquanto o ambiente aquático marinho apresenta grande quantidade de organismos que se reproduzem assexuadamente, por ser mais estável, o ambiente terrestre e o de água doce, que sofrem mais oscilações, são ocupados por organismos com reprodução predominantemente sexuada.

## ▶ Organismos monoicos e dioicos

Organismos que são capazes de produzir tanto gametas masculinos como femininos são denominados **monoicos** ou **hermafroditas**.

São monoicos, por exemplo, animais como as minhocas, os caramujos, as tênias (solitárias) e os cnidários, e vegetais como o milho e a ervilha.

De modo geral, a natureza dispõe de mecanismos que impedem a **autofecundação**, isto é, o encontro dos gametas masculinos e femininos originários do mesmo indivíduo hermafrodita.

A **dicogamia** consiste no amadurecimento dos gametas masculinos e femininos em épocas diferentes, sendo denominada **proterandria**, quando os masculinos amadurecem antes, e **protoginia**, quando os femininos amadurecem primeiro. Esse mecanismo é muito comum em plantas.

Outro mecanismo bastante comum, principalmente entre os animais, é o impedimento da cópula por si mesmo devido à posição dos órgãos sexuais no corpo dos hermafroditas.

Em geral, nas espécies hermafroditas ou monoicas, ocorre **fecundação cruzada**, isto é, o intercâmbio de gametas masculinos entre dois indivíduos monoicos.

A flor do hibisco (*Hibiscus* sp.) produz gametas masculinos e femininos, mas é necessário que o pólen de uma flor atinja o ovário de outra para que a fecundação ocorra. Em média, a flor do hibisco tem 6 cm de diâmetro.

Fecundação cruzada entre duas minhocas (*Lumbricus terrestris*), animais hermafroditas. A minhoca pode chegar a 30 cm de comprimento.

Dizemos que uma espécie possui **sexos separados**, ou que é **dioica**, quando é composta por indivíduos que produzem apenas gametas masculinos e por outros que produzem apenas gametas femininos. Neste caso, os indivíduos são identificados, respectivamente, como **macho** e **fêmea**.

A maioria dos animais é dioica. Entre os vegetais, o pinheiro-do-paraná é um exemplo de planta dioica.

Os organismos hermafroditas que se reproduzem por fecundação cruzada apresentam certa vantagem sobre os dioicos. Nesse caso, cada hermafrodita que participou da fecundação produz zigotos, o que não ocorre com os dioicos. Após a fecundação, os dois indivíduos formam ovos, o que contribui para a geração de um número maior de descendentes.

Fecundação cruzada em libélulas (*Platycnemis pennipes*), animais dioicos. O macho (azul) segura a cabeça da fêmea, que levanta o abdome em direção ao órgão genital masculino. A libélula pode chegar a 4 cm de comprimento.

## ▶ Fecundação

Duas etapas ocorrem na formação do zigoto: a primeira é o encontro dos gametas, denominada **fecundação** ou **singamia**; e a segunda é a fusão deles, conhecida como **fertilização**.

Um dos obstáculos existentes na reprodução sexuada é o sincronismo que se impõe na eliminação dos gametas, pois eles devem se encontrar para que a fecundação ocorra.

Os animais apresentam uma série de adaptações que garantem o sincronismo, principalmente nos padrões comportamentais no período de acasalamento. Em escala inferior, o mesmo fenômeno existe nos vegetais no período de floração.

Tanto nos vegetais quanto nos animais, essas adaptações estão relacionadas à ação de hormônios. Nos vegetais, a produção dos hormônios é desencadeada geralmente por fatores ambientais, como a duração do período iluminado do dia (duração do dia) e a temperatura média ambiental. Nos animais, ela pode ser desencadeada por fatores ambientais ou internos ao organismo.

Os gametas masculinos e os femininos podem ser lançados no ambiente e a fecundação ocorre fora do organismo. Esse procedimento denomina-se **fecundação externa**, e ocorre em boa parte dos animais aquáticos, em que os espermatozoides nadam para alcançar os óvulos. A quantidade de óvulos e espermatozoides produzidos é grande, o que, de certa forma, assegura o encontro entre eles e a formação de um número suficiente de zigotos, que garante a manutenção da espécie. Além disso, a deposição dos gametas masculinos e femininos ocorre ao mesmo tempo e no mesmo lugar.

Na **fecundação interna**, o encontro dos gametas realiza-se no interior do corpo do animal. Ocorre em animais terrestres e alguns aquáticos. Nesse caso, os espermatozoides, junto com um líquido que permite a sua locomoção, são introduzidos no aparelho reprodutor da fêmea em um ato denominado **cópula**. Esse tipo de fecundação protege os gametas dos perigos do ambiente e aumenta a probabilidade de o espermatozoide encontrar o óvulo.

Os sapos (*Hyla arborea*) machos abraçam as fêmeas e as induzem a eliminar os óvulos na água. Ao mesmo tempo, os machos eliminam seus espermatozoides, o que aumenta a chance do encontro entre os gametas. Eles podem atingir 5 cm de comprimento.

As onças-pintadas (*Panthera onca*) realizam fecundação interna, que ocorre após um ritual de aproximação. Os gametas se unem no interior do corpo da fêmea e formam o zigoto. As onças-pintadas podem chegar a 1,8 m de comprimento.

## ▸ Fertilização

A fertilização compreende duas etapas: a plasmogamia e a cariogamia (ou anfimixia). Na **plasmogamia**, os citoplasmas do espermatozoide e do óvulo (ou ovócito) se misturam.

Após a plasmogamia, núcleos haploides do espermatozoide e do óvulo se fundem, formando um núcleo diploide. Essa fusão de núcleos é denominada **cariogamia**, e a célula resultante é o zigoto.

**Oogamia** é a fecundação efetuada por espermatozoide pequeno e móvel em óvulo grande e fixo, como no caso da espécie humana e da maioria dos seres vivos. A oogamia é um tipo de **heterogamia**, com gametas diferentes no tamanho, forma, organização e comportamento. **Isogamia** refere-se a gametas masculinos e femininos muito semelhantes entre si.

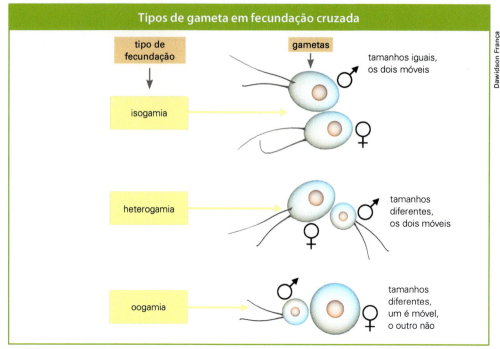

Ilustração sem escala; cores-fantasia.

Esquema dos tipos de fecundação cruzada em função do tamanho dos gametas.

## ▶ Partenogênese

A partenogênese consiste no desenvolvimento de óvulos não fecundados, originando novos indivíduos. Como os óvulos são haploides, os indivíduos originados por partenogênese também são haploides.

Esse tipo de reprodução ocorre em pulgões, formigas, abelhas, vespas, escorpiões e alguns crustáceos, organismos que apresentam reprodução sexuada.

Os pulgões, por exemplo, durante a primavera e o verão, produzem apenas fêmeas por partenogênese, e, no final do verão, machos. Em seguida ocorre a cópula entre eles, e os ovos eclodem na primavera, formando novas fêmeas e reiniciando o ciclo.

A apomixia está presente em alguns vegetais e equivale à partenogênese dos animais. Consiste na formação da semente a partir da oosfera sem que esta tenha sido fecundada. Esse fenômeno ocorre, por exemplo, em roseiras, carrapicho, grama e alcachofra.

## ▶ Conjugação

Organismos unicelulares, como bactérias, alguns protozoários e algumas algas podem se unir temporariamente, por intermédio de uma ponte citoplasmática, trocando material nuclear. Essa forma de intercâmbio genético é denominada conjugação. Nela não ocorre aumento do número de indivíduos, apenas a modificação do material genético dos participantes do processo de conjugação. Logo após a conjugação, os organismos unicelulares reproduzem-se ativamente por reprodução assexuada, principalmente por divisão binária.

Dois paramécios em conjugação. O paramécio é um protozoário de água doce que pode se reproduzir de modo assexuado, por divisão binária, ou sexuadamente, unindo-se a outro paramécio e trocando material genético. Micrografia eletrônica de varredura; cores artificiais; ampliada cerca de 300 vezes.

## ▶ Neotenia

As larvas de algumas salamandras (anfíbios) encontradas nas proximidades da Cidade do México, no México, podem atingir a maturidade sexual e produzir zigotos. Tal fenômeno de amadurecimento sexual prematuro, no estágio larval, é denominado **neotenia**.

A metamorfose dos anfíbios completa-se desde que a tireoide produza os seus hormônios. A salamandra-tigre (mexicana) vive em poças frias nas montanhas. A baixa temperatura ambiental inibe a tireoide desse animal, impedindo que a metamorfose se complete. Portanto, o amadurecimento sexual antecipado para o estado larval constitui uma forma de adaptação que permite a esse organismo sobreviver nesse ambiente.

Exemplo de neotenia, o axolote é uma salamandra (*Ambystoma mexicanum*) natural do México que nunca chega a se tornar adulta. De acordo com a mitologia, a civilização mexicana o considerava a reencarnação do deus Xolotl, condenado a viver como um monstro aquático depois de ter se negado a sacrificar sua vida no fogo para que o Sol e a Lua girassem. A salamandra pode chegar a 30 cm de comprimento.

## ▶ Ciclos de vida

A reprodução sexuada depende fundamentalmente da meiose, que reduz pela metade o número de cromossomos da espécie, e da fertilização, que refaz esse número de cromossomos. Embora em todos os organismos com reprodução sexuada os gametas sejam haploides, e o zigoto diploide, a meiose pode ocorrer em momentos diferentes do ciclo de vida dos organismos, e os adultos podem ser haploides ou diploides.

O momento da vida em que a meiose ocorre no ciclo de vida dos organismos caracteriza três tipos de ciclos: haplobionte diplonte; haplobionte haplonte; diplobionte.

### Ciclo haplobionte diplonte

Na maioria dos animais, o corpo do adulto é formado por células somáticas diploides. Nas gônadas – testículos, no macho, e ovários, na fêmea – encontram-se as células germinativas, que, por meiose, formam gametas haploides. O ciclo de vida, nesse caso, é denominado **ciclo haplobionte diplonte**, pois a meiose forma os gametas haploides, e o organismo vive a maior parte da sua vida como diploide. Nesse ciclo, a meiose é gamética.

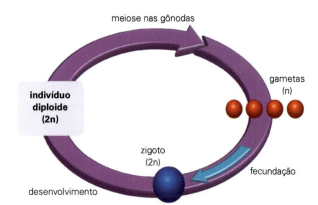

Esquema do ciclo de vida haplobionte diplonte.

### Ciclo haplobionte haplonte

Em algas verdes, todos os indivíduos adultos são haploides. Eles formam gametas haploides por mitose. Na fecundação, formam-se zigotos diploides, que, por meiose, originam as células haploides que dão origem ao adulto, fechando o ciclo. Nesse ciclo, a meiose é zigótica.

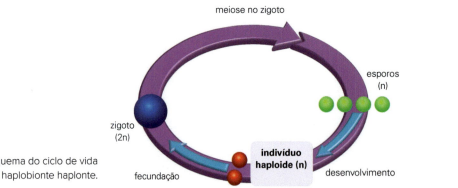

Esquema do ciclo de vida haplobionte haplonte.

Unidade 4 A reprodução dos organismos

## Ciclo diplobionte

Na maioria dos vegetais e em diversas algas, o ciclo de vida do organismo alterna-se entre uma fase haploide e outra diploide. Na fase haploide, o organismo é chamado **gametófito**, e na fase diploide, **esporófito**.

Os gametófitos (n) adultos (macho e fêmea) produzem, por mitose, gametas haploides. A fecundação gera um zigoto diploide que se desenvolve no esporófito (2n). Por meiose, o esporófito produz esporos (n) que germinam e dão origem aos gametófitos machos e fêmeas, fechando o ciclo.

O esporófito e o gametófito são completamente diferentes entre si nos vegetais, e muito parecidos em certas algas.

Nesse caso, o ciclo de vida é conhecido como ciclo **diplobionte** ou ciclo haplodiplobionte ou, ainda, **alternância de gerações**.

A expressão "alternância de gerações" deve-se ao fato de que as fases sexuada e assexuada do organismo comportam-se como duas gerações: o gametófito é a geração sexuada e o esporófito é a geração assexuada.

> **Veja também**
>
> Veja o ciclo reprodutivo das samambaias no vídeo: JENSEN, Larry. *Reproductive Cycle of Ferns/The Amazing Lives of Plants*. Nova York: McGraw-Hill, 2003. Disponível, com legendas em português, em: <www.youtube.com/channel/UCLb9Lov5pIciWWMjsNdlkSA>. Acesso em: 23 nov. 2015.

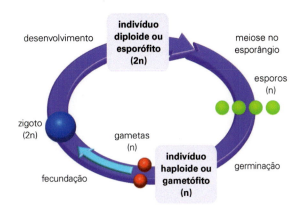

Esquema do ciclo de vida diplobionte.

### Atividades

1. Com relação à descendência gerada, qual é a principal diferença entre reprodução assexuada e sexuada?

2. Costuma-se dizer que dois indivíduos pertencem à mesma espécie quando se cruzam naturalmente e geram descendentes férteis. Por que essa definição não tem validade para as bactérias?

3. Uma fêmea de escorpião, habitando determinado ambiente, é capaz de gerar sozinha um número enorme de descendentes em pouco tempo. Como isso é possível?

4. Um sitiante plantou uma muda de pinheiro-do-paraná em seu sítio. A muda se desenvolveu e formou um pinheiro vistoso e bonito, atingindo a maturidade. Ano após ano, ele espera colher pinhões, mas a árvore não os produz. Será que, algum dia, ele conseguirá colher um pinhão? Justifique.

5. Qual é o significado da expressão "alternância de gerações"?

## CAPÍTULO 15

# REPRODUÇÃO HUMANA

Nos seres humanos, como em todos os vertebrados, o amadurecimento sexual e a reprodução são controlados por hormônios, substâncias produzidas por glândulas e lançadas no sangue.

Entre 9 e 13 anos de idade, geralmente, o corpo das pessoas começa a sofrer várias modificações provocadas por alterações hormonais. Nas meninas, os seios começam a se desenvolver, surgem os pelos pubianos e axilares, o corpo ganha uma pequena camada de gordura sob a pele, conferindo-lhe feições suavemente arredondadas. Nos meninos, surgem os pelos pubianos e axilares, e também os da barba e do bigode; a voz torna-se mais grossa, e os músculos se desenvolvem. Nessa época, o corpo de meninas e meninos cresce rapidamente em altura, o que é chamado de estirão de crescimento.

Essas alterações externas são acompanhadas, internamente, pelo início da produção de gametas – as meninas ovulam pela primeira vez e têm a primeira menstruação, a **menarca**, e os meninos passam a produzir **sêmen**, um líquido viscoso que contém espermatozoides. O organismo de meninos e meninas torna-se apto para a reprodução, marcando a **puberdade**, isto é, a maturação sexual biológica.

Os hormônios controlam todos esses processos. No entanto, antes de tratar dessas substâncias, vamos compreender melhor a estrutura dos sistemas genitais.

## ▶ Sistema genital masculino

O sistema genital masculino é constituído por um par de testículos, bolsa escrotal, epidídimos, ductos ou canais deferentes, vesículas seminais, próstata e uretra. Cada testículo tem um epidídimo, de onde parte o ducto deferente.

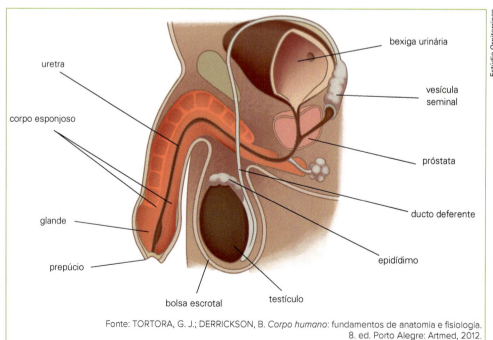

Ilustração sem escala; cores-fantasia.

Representação esquemática do sistema genital masculino, observado em corte longitudinal na região pélvica.

Fonte: TORTORA, G. J.; DERRICKSON, B. *Corpo humano*: fundamentos de anatomia e fisiologia. 8. ed. Porto Alegre: Artmed, 2012.

172 Unidade 4 A reprodução dos organismos

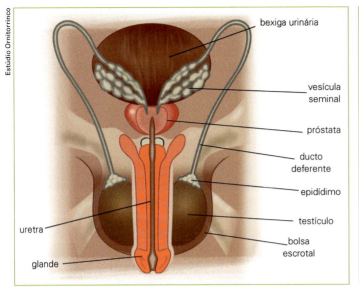

Representação esquemática do sistema genital masculino, em corte transversal na região pélvica.

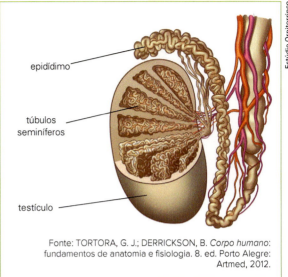

Representação da estrutura do testículo sem o saco escrotal, em corte.

Os espermatozoides, formados nos testículos, permanecem no epidídimo até a ejaculação. Na ejaculação, passam pelo canal deferente, onde recebem dois líquidos: o líquido seminal, produzido pela vesícula seminal; e o líquido prostático, produzido pela próstata. Esses líquidos contêm substâncias nutritivas para o espermatozoide, além de conduzi-lo durante a ejaculação. O produto final, eliminado na ejaculação, constituído de espermatozoides, líquido seminal e líquido prostático, é denominado **sêmen**.

Ilustrações desta página estão sem escala; cores-fantasia.

## ▶ Sistema genital feminino

O sistema genital feminino é constituído por pudendo feminino, vagina, útero, tubas uterinas e ovários.

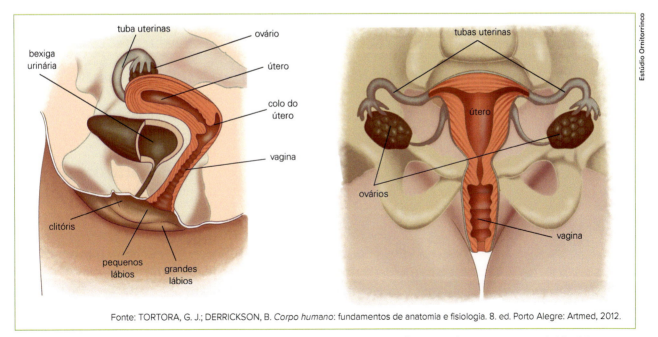

Representação esquemática do sistema genital feminino, observado em corte longitudinal na região pélvica.

Representação esquemática do sistema genital feminino, observado em corte transversal na região pélvica.

Reprodução humana  Capítulo 15  173

Os ovários abrigam estruturas denominadas folículos primários, nas quais se encontram células haploides, os ovócitos, que são precursores dos óvulos. A cada 28 dias, aproximadamente, um folículo primário amadurece, formando o folículo de Graaf, que se rompe e libera o ovócito do seu interior. Esse processo é denominado **ovulação**. O ovócito liberado é captado pelas **fímbrias** da tuba uterina, de onde, devido aos movimentos de contrações musculares e batimentos ciliares, é levado para o útero, ao qual chega depois de três ou quatro dias. Na ovulação ocorre a liberação de um ovócito que completará a meiose ao ser fecundado, um momento antes da junção do núcleo do então óvulo com o núcleo do espermatozoide.

**Fímbria:** beira; orla; em anatomia, a extremidade da tuba uterina.

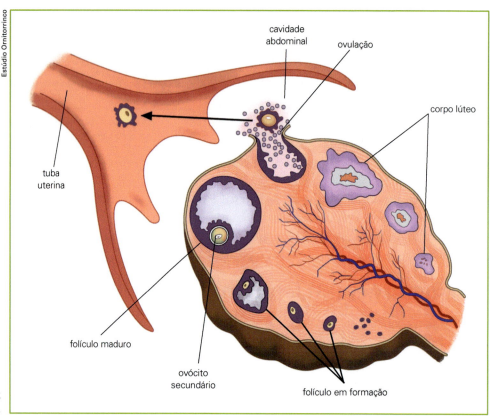

Ilustração sem escala; cores-fantasia.

Representação do desenvolvimento do folículo de Graaf, ovulação e formação do corpo lúteo no ovário, em corte longitudinal.

Depois da ovulação, o folículo de Graaf transforma-se numa estrutura amarelada, conhecida por **corpo lúteo** ou corpo amarelo. O corpo lúteo pode ter dois destinos: quando não ocorre a fecundação, ele entra em degeneração e, aproximadamente após 14 dias da ovulação, ocorre um processo denominado **menstruação**. Ocorrendo a fecundação, o corpo lúteo persiste por aproximadamente três meses; portanto, até o terceiro mês da gravidez.

Durante o desenvolvimento do folículo e do corpo lúteo, o útero também sofre modificações. Nesse período, o seu revestimento interno, o **endométrio**, espessa-se, amolece e nele se desenvolvem muitos vasos sanguíneos e glândulas com nutrientes. As mudanças ocorridas no endométrio constituem uma preparação do útero para aninhar (ou nidificar) e dar proteção ao embrião, caso ocorra a gravidez.

Não ocorrendo gravidez, as porções espessas do endométrio destacam-se e são liberadas, juntamente com um pouco de sangue, através da vagina – é a menstruação.

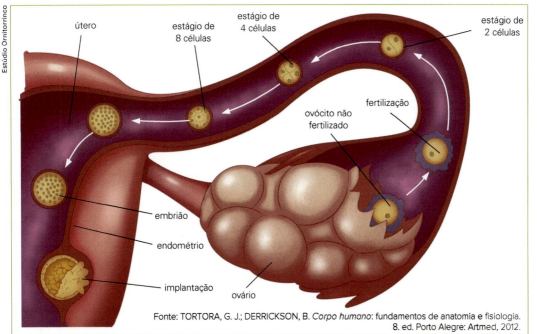

Fonte: TORTORA, G. J.; DERRICKSON, B. *Corpo humano*: fundamentos de anatomia e fisiologia. 8. ed. Porto Alegre: Artmed, 2012.

Ilustração sem escala; cores-fantasia.

Representação na ovulação, fertilização e implantação do embrião na parede uterina.

## Foco na sociedade

### Sexualidade

Sexualidade é muito mais que sexo. Ela descreve o nosso comportamento, nossa maneira de ser, a maneira como escolhemos nossos parceiros, como vivemos os relacionamentos, enfim, é uma expressão individual e um dos aspectos mais ricos e complexos do ser humano. Já o sexo pode ser compreendido como uma definição de feminino ou masculino e também como o ato sexual.

Segundo definição da Organização Mundial da Saúde, "a sexualidade faz parte da personalidade de cada um, é uma necessidade básica e um aspecto do ser humano que não pode ser separado de outros aspectos da vida. [...] é a energia que nos motiva a encontrar amor, contato, ternura e intimidade e se expressa na forma de sentir, nos movimentos das pessoas, e como estas tocam e são tocadas. A sexualidade influencia pensamentos, sentimentos, ações e interações e, por isso, influencia nossa saúde física e mental".

Muitas teorias têm sido apresentadas para tentar explicar o motivo de a sexualidade ser diferente para cada pessoa, como as genéticas, as psicológicas, que levam em consideração as experiências vividas na infância, as embriológicas, que verificam as variações no desenvolvimento do embrião, mas nenhuma explicação é definitiva. Além de ter origem complexa, a sexualidade é dinâmica. Ela começa a se formar antes mesmo do nascimento e pode se modificar durante toda a vida.

Compreender e viver a sexualidade sem culpa ou preconceito é um direito fundamental de todas as pessoas e garante uma vida plena e saudável.

1. Antigamente a questão da sexualidade era tabu e, portanto, muitas vezes não era vivenciada ou discutida entre as pessoas. Dividam-se em grupos e tragam para a sala de aula a história de uma pessoa que teve de enfrentar preconceitos no seu tempo, por causa dessa questão.

Diferentes pessoas apresentam diferentes sexualidades, que devem ser respeitadas.

Reprodução humana **Capítulo 15** 175

## ▶ Hormônios da reprodução humana

Os hormônios que controlam a reprodução humana são produzidos pela **hipófise**, uma pequena glândula localizada na base do cérebro, e pelas **gônadas** (testículos e ovários). Em homens e mulheres, a hipófise é responsável pela liberação de dois hormônios: o hormônio luteinizante (LH) e o hormônio folículo-estimulante (FSH). Esses hormônios são lançados na corrente sanguínea e atuam sobre as gônadas. Seus efeitos são diferentes em homens e mulheres.

Os hormônios sexuais, tanto os masculinos como os femininos, podem ser produzidos em diferentes quantidades. Isso pode acarretar mudanças no desenvolvimento corpóreo. Diversos fatores, além dos hormônios, contribuem para o desenvolvimento corporal na puberdade, e a variedade que surge a partir desse desenvolvimento é característica da espécie humana.

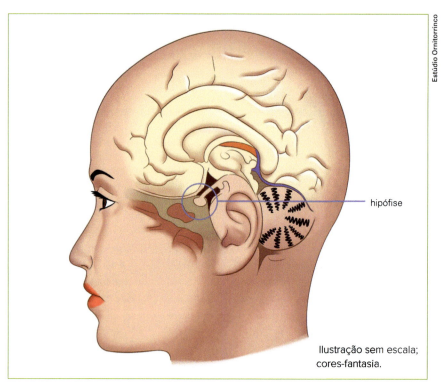

Ilustração sem escala; cores-fantasia.

Localização da hipófise. A parte central do cérebro está mostrada em corte.

## Hormônios sexuais no homem

No homem, o hormônio luteinizante (LH), produzido pela hipófise, estimula as células intersticiais (também conhecidas como células de Leydig), localizadas no interior dos testículos, a secretarem os hormônios sexuais masculinos, os **andrógenos**. A **testosterona**, o mais importante dos andrógenos, atua no aparecimento e na manutenção das **características sexuais secundárias masculinas**, como barba, engrossamento da voz, desenvolvimento do pomo-de-adão (proeminência laríngea), aumento da massa muscular e produção de espermatozoides. A hipófise masculina também secreta o hormônio folículo-estimulante (FSH), que atua na produção de espermatozoides.

## Biologia e Arte

### *Castrati*

[...] Até o início do século XIX, só os homens podiam cantar nos espetáculos de ópera e nos coros das igrejas. As vozes femininas eram feitas por rapazes castrados quando ainda eram meninos e preparados para a profissão de cantor. Sem os testículos, há produção insuficiente de testosterona, o hormônio masculino responsável pela mudança de voz na adolescência. A testosterona provoca o alargamento da laringe e, portanto, o aumento das cordas vocais, deixando a voz mais grave. Na falta desse hormônio, o *castrato* adquiria uma voz de características femininas. Com uma vantagem – os homens, que têm o tórax mais desenvolvido, podem cantar mais alto que as mulheres.

*Superinteressante*. Puberdade: o despertar da primavera. Disponível em: <http://super.abril.com.br/ciencia/puberdade-o-despertar-da-primavera>. Acesso em: 18 jan. 2016.

[...] A fase adulta dava potência à voz, e a falta do testículo a deixava fina como de criança. A falta de testosterona produzida pelos testículos causava alguns incômodos, como o crescimento anormal das epífises (nos ossos e articulações) e o endurecimento anormal das estruturas ósseas das costelas, por exemplo. Esses fatores, combinados com o treinamento intensivo, deu-lhes poder inigualável nos pulmões e grande capacidade de respiração. Os meninos, muitas vezes, eram alimentados com ópio para deixá-los inconscientes na operação. Uma vez castrados, os rapazes eram levados para conservatórios. [...]

*Gazeta online. Castrati*: homens que eram castrados por amor à música. Disponível em: <www.gazetaonline.jor.br/noticia/detalhe/1449/conheca-os-castrati-castrados-pelo-amor-a-musica>. Acesso em: 18 jan. 2016.

**1.** O filme *Farinelli, il castrato* (1994), de Gérard Corbiau, conta a história de Farinelli (1705-1782), nome artístico de Carlo Maria Michelangelo Nicola Broschi, cantor *castrato* do século XVIII. Assista ao filme, se possível, e discuta com os colegas como a prática aqui descrita afetou a vida de Farinelli.

## Hormônios sexuais na mulher

No início do ciclo menstrual, a hipófise secreta o hormônio folículo-estimulante (FSH), que age sobre o ovário, induzindo o desenvolvimento do folículo de Graaf, com um ovócito em seu interior. À medida que se desenvolve, o folículo de Graaf secreta quantidades crescentes de **estrógenos**. Os estrógenos provocam o desenvolvimento do endométrio e, por volta do 11º dia do ciclo, atingem níveis altos de concentração no sangue. Entre os estrógenos, o mais importante é o **estradiol**.

Os estrógenos são os hormônios feminilizantes que atuam na determinação das **características sexuais secundárias femininas**, provocando o desenvolvimento das mamas, o afinamento da voz, ao mesmo tempo que impedem o desenvolvimento de pelos em algumas partes do corpo. Além desses efeitos, eles inibem a produção de FSH e estimulam a hipófise a secretar o hormônio luteinizante (LH). A concentração de LH aumenta rapidamente no sangue e, em torno do 14º dia do ciclo, provoca a ovulação. Após a ovulação, o LH estimula as células restantes do folículo de Graaf a se dividirem, originando o corpo lúteo, que, também sob o estímulo do LH, secreta um hormônio, a **progesterona**.

A progesterona contribui, com os estrógenos, para a manutenção do espessamento do endométrio, e impede as contrações do útero. Ela inibe a produção de LH pela hipófise e, com a redução do nível de LH no sangue, o corpo lúteo entra em degeneração, secretando, com o passar dos dias, quantidades decrescentes de progesterona. Desse modo, o nível de progesterona atinge níveis baixíssimos por volta do 25º ou 26º dia do ciclo. Por falta de progesterona, o útero começa a se contrair, provocando cólica, e tem início a menstruação. Lembre-se de que o corpo lúteo surge ao redor do 14º dia do ciclo, entra em degeneração até transformar-se em simples vestígio no 28º dia do ciclo, durando, neste caso, 14 dias, quando então acontece a menstruação. Com a menstruação, reinicia-se o ciclo. A duração desse ciclo de 28 dias é aproximada, podendo variar de mulher para mulher.

A menstruação não ocorre na mulher grávida porque a placenta secreta um hormônio, a **gonadotrofina coriônica** (HCG), que estimula o corpo lúteo a continuar produzindo progesterona, mantendo alto o nível desse hormônio na circulação sanguínea. A gonadotrofina coriônica tem o mesmo efeito do LH, isto é, impede a degeneração do corpo lúteo e o estimula a secretar progesterona.

Quando se faz o teste de gravidez de farmácia, o que se procura detectar é a presença da gonadotrofina coriônica, pois ela é eliminada com a urina. O teste dá positivo quando o hormônio é encontrado, prova de que há uma placenta em formação, indicando a gravidez.

Mulheres que no início da gravidez produzem HCG em doses insuficientes podem abortar espontaneamente durante os três primeiros meses de gestação. Até o terceiro mês da gestação, a placenta produz HCG. A partir daí, o corpo lúteo regride, e a placenta passa a produzir a progesterona.

Mulheres com ciclo menstrual regular (28 dias) ovulam no 14º dia do ciclo. O ovócito pode ser fecundado entre 8 e 24 horas após a ovulação, e os espermatozoides sobrevivem no sistema genital feminino, em condições normais, entre 24 e 48 horas. Em consequência, para que ocorra a fecundação, o ato sexual deve acontecer poucos dias antes da ovulação ou poucas horas após a ovulação.

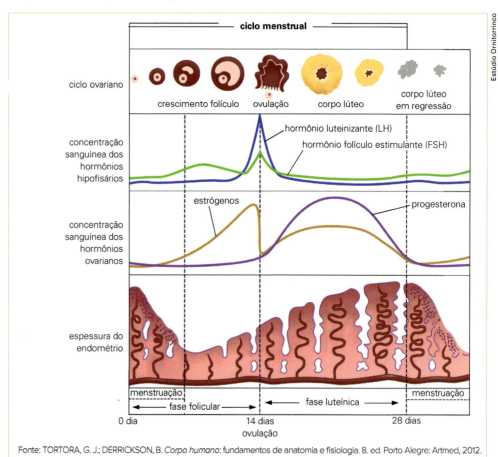

Ilustração comparativa das concentrações sanguíneas dos hormônios estradiol, progesterona, FSH e LH, e os principais eventos do ciclo menstrual.

Fonte: TORTORA, G. J.; DERRICKSON, B. *Corpo humano*: fundamentos de anatomia e fisiologia. 8. ed. Porto Alegre: Artmed, 2012.

A fase pós-ovulatória ou luteínica, ou seja, o tempo entre a ovulação e a menstruação, dura 14 dias em todas as mulheres. A fase pré-ovulatória (da menstruação à ovulação), também chamada de fase folicular, pode variar entre as mulheres. Por isso, é muito difícil prever com precisão o dia da ovulação de mulheres com ciclos irregulares.

## ▶ Gametogênese

O espermatozoide (gameta masculino) e o óvulo (gameta feminino) dos animais são formados por meiose de células germinativas presentes nas gônadas.

O processo de formação dos gametas é denominado gametogênese. A gametogênese compreende a espermatogênese – formação do espermatozoide – e a ovogênese ou ovulogênese – formação dos óvulos.

### Espermatogênese

Na espécie humana, a espermatogênese inicia-se na puberdade e ocorre ao longo de toda a vida. Ela ocorre nos túbulos seminíferos localizados nos testículos e apresenta quatro períodos:

1. **De multiplicação ou germinativo** – as células germinativas (2n) dividem-se por várias divisões mitóticas, formando as células chamadas espermatogônias (2n).
2. **De crescimento** – as espermatogônias crescem e passam a ser denominadas espermatócitos I, ou espermatócitos de 1ª ordem (2n).
3. **De maturação** – corresponde à meiose. Os espermatócitos I (2n) sofrem meiose I, formando, cada um deles, duas células-filhas denominadas espermatócitos II (ou espermatócitos de 2ª ordem), e, em seguida, sofrem meiose II, formando quatro células haploides denominadas espermátides.
4. **De diferenciação** ou **espermiogênese** – as espermátides perdem praticamente todo o citoplasma, e forma-se um flagelo a partir do centríolo, caracterizando o espermatozoide. Na base do flagelo há várias mitocôndrias, que têm a função de fornecer energia para a movimentação. Na cabeça do espermatozoide forma-se o **acrossomo**, uma estrutura que tem origem no complexo golgiense e contém enzimas que facilitam a penetração no ovócito.

Na espermatogênese, cada espermatogônia forma quatro espermatozoides.

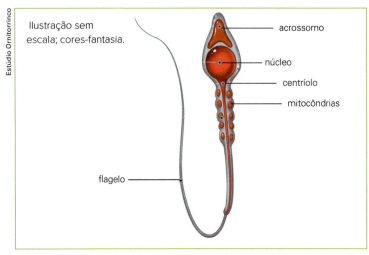

Esquema da estrutura de um espermatozoide.

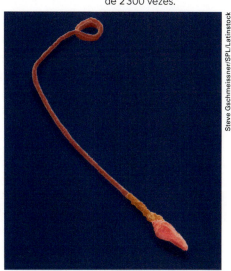

Espermazoide humano, que mede cerca de 60 μm de comprimento. Micrografia eletrônica de varredura ampliada cerca de 2 300 vezes.

Reprodução humana Capítulo 15 179

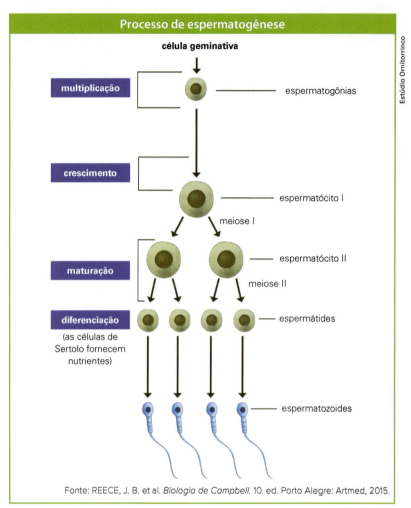

Esquema da espermatogênese. Ilustração sem escala; cores-fantasia.

Fonte: REECE, J. B. et al. *Biologia de Campbell*. 10. ed. Porto Alegre: Artmed, 2015.

## Ovogênese ou ovulogênese

A ovogênese ocorre nos ovários, e, ao contrário do que ocorre nos meninos, a menina, ao nascer, já tem seus ovócitos primários formados. A ovogênese é dividida em três períodos:

1. **De multiplicação ou germinativo** – nos primeiros meses do desenvolvimento embrionário, as células germinativas multiplicam-se por mitoses sucessivas, formando as oogônias ou ovogônias (2n).
2. **De crescimento** – ainda na fase fetal, as oogônias param de se dividir, crescem, duplicam seus cromossomos e entram na prófase I da meiose, quando passam a ser chamadas de ovócitos primários, ou ovócitos I. Os ovócitos primários permanecem dessa forma até que a menina atinja a puberdade.
3. **De maturação** – após a puberdade, todo mês um ovócito primário completa a meiose I, formando duas células de tamanhos diferentes: uma delas, grande, é chamada de ovócito secundário, ou ovócito II (n); e a outra, pequena, é chamada de corpúsculo polar I, ou primeiro glóbulo polar (n). O corpúsculo polar logo se degenera, e o ovócito secundário entra em processo de meiose II, mas ela não se completa. Na ovulação, o ovócito II é liberado para a tuba uterina. Se não ocorrer a fecundação, ele se degenera em 24 horas. Se houver fecundação, o ovócito secundário termina a segunda divisão da meiose, com a liberação do segundo glóbulo polar, chamado de corpúsculo polar II, que também se degenera. Na ovulogênese, cada ovogônia (ou oogônia) forma um ovócito II e três glóbulos polares.

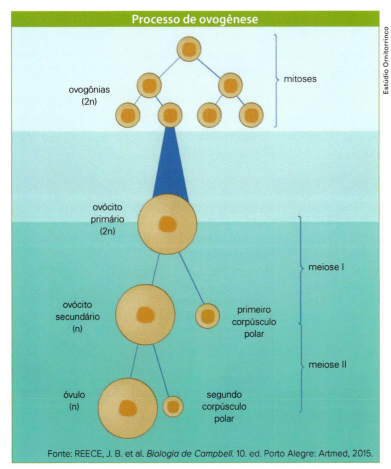

Fonte: REECE, J. B. et al. *Biologia de Campbell*. 10. ed. Porto Alegre: Artmed, 2015.

Ilustração sem escala; cores-fantasia.

Esquema da ovogênese.

## ▶ Métodos anticoncepcionais

Seja para se prevenir de doenças ou de uma possível gravidez indesejada, os métodos anticoncepcionais devem fazer parte da vida de toda pessoa sexualmente ativa.

Os métodos anticoncepcionais ou contraceptivos podem ser classificados em: comportamentais (abstinência, coito interrompido, muco cervical, tabelinha e temperatura), de barreira (preservativos e diafragma), dispositivo intrauterino (DIU), métodos hormonais (pílulas, hormônios injetáveis e subcutâneos) e cirúrgicos (laqueadura e vasectomia).

Os métodos comportamentais são os que mais falham, pois dependem de alteração de comportamento e do conhecimento do funcionamento do corpo, que é influenciado por mudanças do ambiente e de condições emocionais.

A pílula anticoncepcional possui uma associação de hormônios sintéticos que atuam como os estrógenos e a progesterona, impedindo que a mulher ovule. Os estrógenos e a progesterona, administrados durante a parte inicial do ciclo menstrual, suprimem a produção de hormônio-folículo-estimulante (FSH), inibindo o amadurecimento do folículo e também a produção de hormônio luteinizante (LH), o que resulta na ausência de ovulação. O estrógeno da pílula inibe a secreção de FSH e não permite o amadurecimento do folículo; caso essa inibição falhe, a progesterona inibe a produção de LH e impede a ovulação.

Reprodução humana  Capítulo 15

A vasectomia é um procedimento contraceptivo para o homem. Ela consiste na remoção cirúrgica de um pedaço do canal deferente, amarrando-se as extremidades. Assim, fica impedida a passagem dos espermatozoides. Desse modo, o sêmen eliminado na ejaculação não conterá espermatozoides.

A laqueadura, ou ligadura das tubas uterinas, na mulher, é outro procedimento anticonceptivo. Consiste na remoção cirúrgica de um pedaço das tubas, amarrando-se as extremidades, como mostra a imagem acima, à direita. Desse modo, fica impedido o encontro do espermatozoide com o ovócito, impossibilitando a fecundação.

A escolha do método contraceptivo deve ser orientada pelo médico.

Ilustração sem escala; cores-fantasia.

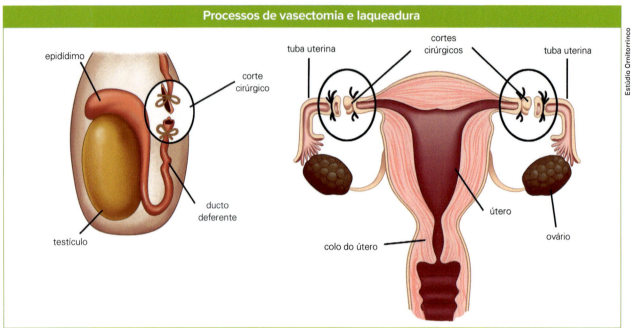

A vasectomia (representada à esquerda) e a laqueadura (representada à direita) são métodos anticoncepcionais cirúrgicos.

### Foco em saúde

#### Preservativo sempre!

A camisinha feminina e a masculina são métodos de barreira que evitam a transmissão de aids, hepatites virais e outras doenças sexualmente transmissíveis (DSTs), além de evitar uma gravidez não planejada. São fáceis de usar e estão disponíveis gratuitamente nos postos de saúde. Com alguns cuidados, são muito confiáveis.

#### Camisinha feminina

O preservativo feminino também serve para se prevenir contra a aids, hepatites virais e outras doenças sexualmente transmissíveis. Assim como a opção masculina, também evita uma gravidez não desejada. Por ficar dentro do canal vaginal, a camisinha feminina não pode ser usada ao mesmo tempo em que a masculina. É feita de poliuretano, um material mais fino que o látex da camisinha que envolve o pênis. É, também, mais lubrificada.

Unidade 4    A reprodução dos organismos

A camisinha feminina é como se fosse uma "bolsa" de 15 centímetros de comprimento e oito de diâmetro e possui dois anéis flexíveis. Um é móvel e fica na extremidade fechada, servindo de guia para a colocação da camisinha no fundo da vagina. O segundo, na outra ponta, é aberto e cobre a vulva (parte externa da vagina).

BRASIL. Departamento de DST, Aids e Hepatites Virais. Portal sobre DST, Aids e Hepatites Virais. *Camisinha feminina*. Disponível em: <www.aids.gov.br/pagina/camisinha-feminina>. Acesso em: 19 jan. 2016.

Preservativo feminino.

## Camisinha masculina

O preservativo masculino ou camisinha é uma capa de borracha (látex) que, colocada corretamente sobre o pênis, evita a transmissão de aids, hepatites virais e outras doenças sexualmente transmissíveis (DST). Serve, também, para evitar a gravidez.

Preservativo masculino.

[...]

## Onde pegar

O preservativo masculino, assim como o feminino, é distribuído gratuitamente em toda a rede pública de saúde e em algumas escolas parceiras do projeto Saúde e Prevenção nas Escolas. Caso você não saiba onde retirar a camisinha, ligue para o Disque Saúde (136).

BRASIL. Departamento de DST, Aids e Hepatites Virais. Portal sobre DST, Aids e Hepatites Virais. *Camisinha masculina*. Disponível em: <www.aids.gov.br/pagina/camisinha-masculina>. Acesso em: 19 jan. 2015.

1. Pelo que você observa entre seus colegas que têm vida sexualmente ativa, você poderia opinar que eles se previnem corretamente? Discuta suas opiniões entre os colegas da sala.

## Atividades

1. Uma mulher com ciclo menstrual regular de 28 dias começou a menstruar no dia 16 de dezembro. Com relação ao próximo ciclo:

   a) Em que dia do mês ela provavelmente irá ovular?

   b) Em que período (dias do mês) ela terá mais chances de engravidar?

2. Observe o esquema e responda às questões a seguir.

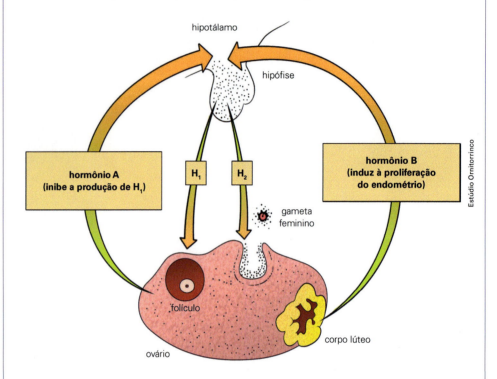

   a) Tendo por base as informações contidas no esquema, identifique os hormônios denominados $H_1$, $H_2$, A e B.

   b) Qual é a função do hormônio $H_1$?

   c) Quais são os efeitos do hormônio $H_2$?

   d) Além de inibir a produção de $H_1$, que outros efeitos o hormônio A tem sobre o organismo feminino?

   e) Qual é o efeito do aumento da taxa do hormônio B sobre a produção hormonal da hipófise?

   f) Em que dia aproximado do ciclo menstrual está mais elevada a concentração do hormônio $H_2$ no sangue?

3. Qual é a importância de usar métodos anticoncepcionais? Faça um pequeno texto no seu caderno para responder a essa pergunta, indicando o método que você considera mais fácil de ser utilizado e por quê.

## PARA LER E REFLETIR

Retome o texto de abertura desta unidade, leia o texto e analise o gráfico a seguir.

### Nova geração de tartarugas marinhas ocupa as praias brasileiras

Em 2015, como resultado do constante esforço do trabalho de conservação no litoral, o Projeto Tamar comemora a ocupação das praias brasileiras por uma nova geração de jovens fêmeas de tartarugas marinhas, comprovando cientificamente o início da recuperação dessas espécies em nosso país. Dados analisados de 2010 a 2015 indicam o crescimento de 86,7% no número de filhotes nascidos em relação ao quinquênio anterior. Mesmo com a conquista, estimou-se que no último ano apenas 7 350 fêmeas estiveram em processo de reprodução, número pequeno, segundo o coordenador do Projeto Tamar, o oceanógrafo Guy Marcovaldi, mas uma grande vitória, já que no início eram poucas centenas na iminência de desaparecerem. Até o começo dos anos de 1980, a matança de fêmeas de tartarugas marinhas e o consumo de quase todos os ovos por pescadores praticamente interromperam o ciclo de vida desses animais no Brasil. Em 1981, um pequeno grupo de oceanógrafos conseguiu viabilizar o nascimento de 2 mil filhotes, e com a parceria da Petrobras desde 1983 ampliou-se anualmente o número de tartarugas protegidas. Até hoje, mais de 20 milhões de filhotes já foram para o mar graças à proteção do Projeto Tamar. Como explica Marcovaldi, por fatores naturais, apenas um ou dois em cada mil vão sobreviver, pois, mesmo ao nascerem em segurança, é no mar onde passam a maior parte da vida e acontece a maioria dos problemas que serão obrigados a enfrentar, até que em 30 anos consigam atingir a idade adulta para começarem a se reproduzir. As tartarugas marinhas que hoje se reproduzem no Brasil precisam prosseguir em um mundo cheio de perigos, e por isso esses animais ainda ameaçados de extinção precisam do apoio de toda a sociedade. Redes de pesca, anzóis, fotopoluição e a poluição dos oceanos, além das mudanças climáticas, são os principais inimigos das tartarugas marinhas e podem interromper a chance de recuperação das cinco espécies que ocorrem no nosso país.

### Projeto Tamar

Criado há 35 anos, o Projeto Tamar é uma cooperação entre o Centro Tamar/ICMBio e a Fundação Pró-Tamar. Trabalha na pesquisa, proteção e manejo das cinco espécies de tartarugas marinhas que ocorrem no Brasil, todas ameaçadas de extinção: tartaruga-cabeçuda (*Caretta caretta*), tartaruga-de-pente (*Eretmochelys imbricata*), tartaruga-verde (*Chelonia mydas*), tartaruga-oliva (*Lepidochelys olivacea*) e tartaruga-de-couro (*Dermochelys coriacea*).

Projeto Tamar. Nova geração de tartarugas marinhas ocupa as praias brasileiras. Disponível em: <http://tamar.org.br/releases/release-nova-geracao.pdf>. Acesso em: 23 nov. 2015.

### QUESTÕES

1. Nos anos 1980, as tartarugas marinhas estavam na iminência de serem extintas no Brasil. Por quê?
2. Por que os resultados do Projeto Tamar permitem concluir que o número de tartarugas adultas aumentou?
3. Quais características reprodutivas das tartarugas marinhas estão relacionadas à lenta recuperação das populações das espécies?
4. Desde o início do Projeto Tamar, nos anos 1980, até 2015, quantos filhotes foram para o mar? Explique como ocorreu esse processo.
5. Em sua opinião, esses números indicam que a sobrevivência das espécies de tartarugas marinhas no Brasil está garantida? Explique sua resposta.

# Ação e cidadania

## A aids entre os jovens

Esta atividade tem como objetivo estudar as DSTs – doenças sexualmente transmissíveis –, em especial a aids, e refletir sobre as causas do aumento do número de casos dessa doença entre jovens.

Em 2015, dados do Ministério da Saúde e da Unaids, programa das Nações Unidas sobre HIV, revelaram que, apesar de o número de casos de aids ter diminuído em todo o mundo, no Brasil, entre 2004 e 2014, houve um crescimento de casos da doença em jovens com idade entre 15 e 24 anos.

Por que isso teria ocorrido? Identificar as possíveis causas do crescimento da aids entre os jovens, conhecer melhor essa doença e discutir iniciativas para conscientizar a comunidade e seus colegas sobre o assunto são os objetivos desta atividade.

### Etapa 1 – Pesquisa de texto e levantamento de dados

Em grupo, pesquisem sobre os tópicos a seguir. Anotem os dados no caderno.

- O que são DSTs?
- Quais são as principais DSTs?
- Quais são os sintomas e as formas de contágio das principais DSTs? Elaborem uma tabela que relacione as DSTs aos seus sintomas e formas de contágio.
- Como é possível se prevenir de DSTs?
- O que são comportamentos de risco? No caso da aids, quais são eles?

### Etapa 2 – Informação e reflexão

Agora, com base nas informações pesquisadas sobre as DSTs na etapa anterior, é hora de aprofundar o assunto, focando no comportamento e na percepção da aids pelos jovens.

Leiam as manchetes abaixo, publicadas em 2015 em alguns *sites* de revistas e jornais brasileiros.

> ### Aids diminui no país, mas cresce 37% entre os jovens em dez anos
>
> *Folha de S.Paulo*, 1/12/2015.
>
> (Disponível em: <www1.folha.uol.com.br/cotidiano/2015/12/1713467-aids-diminui-no-pais-mas-cresce-37-entre-os-jovens-em-dez-anos.shtml>.)
>
> ### Aids ainda é subestimada pelos jovens
>
> *Veja.com*, 17/11/2015.
>
> (Disponível em: <http://veja.abril.com.br/noticia/saude/a-aids-ainda-e-subestimada-pelos-jovens/>.)

> ### Pesquisa alerta para o crescimento da Aids entre os jovens brasileiros
>
> *Jornal Hoje*, 14/7/2015.
>
> (Disponível em: <http://g1.globo.com/jornal-hoje/noticia/2015/07/pesquisa-alerta-para-o-crescimento-da-aids-entre-os-jovens-brasileiros.html>.)
>
> ### Número de jovens brasileiros com Aids aumenta 40%, revela pesquisa
>
> *Jornal Hoje*, 2/2/2015
>
> (Disponível em: <http://g1.globo.com/jornal-hoje/noticia/2015/02/numero-de-jovens-brasileiros-com-aids-aumenta-40-revela-pesquisa.html>.)
> (Acessos em: 16 dez. 2015.)

Ainda em grupo, discutam as seguintes questões.

- Você tinha conhecimento desses dados? Essas notícias causam surpresa? Em sua opinião, por que o número de casos de aids vem aumentando entre os mais jovens?
- Você se considera suficientemente informado sobre este assunto?
- Quais são suas principais dúvidas em relação à transmissão da aids e de outras doenças sexualmente transmissíveis?
- Você e seus colegas trocam ideias sobre o assunto? Em casa, você costuma conversar com sua família sobre prevenção de DSTs? E na escola, esse tema é discutido?

**186**  **Unidade 4**  A reprodução dos organismos

- Em 2015, segundo um relatório da Unaids, o número de pessoas com o vírus HIV no mundo era de quase 37 milhões, mas apenas metade delas sabiam. No Brasil, no mesmo ano, estimava-se que cerca de 400 mil soropositivos estavam sem diagnóstico. Ou seja, sem saber, essas pessoas poderiam infectar outras. Em sua opinião, qual é a melhor maneira de conscientizar os jovens sobre a importância da prevenção e do diagnóstico precoce?

## Etapa 3 – Pesquisa de campo e elaboração de gráficos

Organizem uma pesquisa para ser respondida pelos seus colegas do Ensino Médio. O questionário deve ter até três questões, claras e objetivas, e os entrevistados não precisam se identificar. Produzam cédulas com as perguntas e as distribuam para os colegas, orientando-os a responder e depositá-las em urnas colocadas em locais estratégicos da escola. Alguns exemplos de questões são:

**1.** Você acha importante usar camisinha em todas as relações sexuais?

☐ sim ☐ não

**2.** Você e seu/sua parceiro(a) usam camisinha?

☐ sim ☐ não ☐ às vezes

**3.** Você já fez o teste de detecção de aids?

☐ sim ☐ não

A seguir, façam a tabulação dos dados, contando todas as respostas e, a partir desses dados, construam um gráfico de barras.

## Etapa 4 – Prevenção e conscientização

Nesta etapa, os grupos se reúnem para discutir e compartilhar as informações obtidas nas etapas anteriores e também para organizar uma campanha de conscientização sobre DSTs, aids, prevenção e diagnóstico precoce.

- Com base nas leituras e discussões anteriores, escolham os temas, frases ou palavras mais impactantes e significativas que surgiram nas conversas.

- A partir dessas palavras, frases, temas, os grupos vão produzir cartazes ou faixas que serão expostos na escola. A ideia é que todos os alunos da escola tenham acesso a esse material.

- Os gráficos obtidos com as respostas da pesquisa devem ser expostos, assim como sua interpretação. Por exemplo: "x% dos alunos acham que o uso da camisinha é importante e x% usam sempre", ou "x% acha importante, mas não usa"; "x% dos alunos já realizaram o teste para detectar a presença do vírus HIV" etc.

- É importante que a classe consiga mobilizar os alunos de outros anos, professores e funcionários para visitar a exposição.

- Os alunos participantes do projeto atuarão como monitores para esclarecer as dúvidas dos colegas.

## Etapa 5 – Avaliação

Em uma data escolhida pelo professor, responda às questões a seguir no caderno.

- O que você achou deste projeto?

- O que foi mais interessante?

- Você teve alguma dificuldade em realizar alguma etapa? Qual?

- Como você avalia a sua participação em cada etapa do projeto?

# Explorando habilidades e competências

Leia o texto e responda às questões a seguir.

## Cuidados com a prole

No sítio em que viveu durante boa parte da infância em Petrópolis, região serrana do Rio de Janeiro, Glauco Machado costumava encontrar pelos cantos da casa os pequenos e inofensivos opiliões, animais aparentados das aranhas, bastante comuns em áreas da Mata Atlântica com umidade elevada e temperatura amena. Era o início dos anos 1980 e Machado não imaginava que mais tarde voltaria a rever esses aracnídeos de pernas muito longas e delgadas durante a graduação em Biologia na Universidade Estadual de Campinas (Unicamp). Menos ainda suspeitava que um dia pudesse se tornar uma das maiores autoridades brasileiras no comportamento desses animais, que pode ajudar a entender o de outros seres vivos. "O comportamento dos opiliões pode servir de modelo para compreender como outros animais agem no que diz respeito à corte, à reprodução e às relações familiares", afirma o biólogo, atualmente professor no Instituto de Biociências da Universidade de São Paulo (USP), que nos últimos anos demonstrou que o cuidado das fêmeas com a prole é fundamental para o sucesso reprodutivo dos opiliões.

Frequentemente confundidos com as aranhas, os opiliões também têm oito pernas. Mas duas delas, mais especificamente o segundo par de pernas, funcionam como antenas e são usadas para reconhecer o ambiente pelo tato. Aliás, é justamente pelo fato de possuírem pernas longas que provavelmente receberam o nome opilião, que em latim significa "pastor de ovelhas". É que na Roma Antiga os pastores andavam sobre pernas de pau para melhor contar seus rebanhos. Diferentemente do corpo das aranhas, separado em duas partes (abdômen e cefalotórax, que une cabeça e tórax), o corpo dos opiliões não apresenta divisões: cefalotórax e abdômen estão fundidos em uma só estrutura. [...]

Bromélia *Aechmea nudicaulis*. As folhas medem de 30 a 80 cm de comprimento.

Num estudo coordenado por Machado na Ilha do Cardoso, litoral sul de São Paulo, a bióloga Francini Osses acompanhou durante um ano a escolha de locais para ninhos por fêmeas da espécie *Bourguyia hamata*. De corpo alaranjado e pernas com até 10 centímetros de comprimento, esses opiliões procuram quase sempre as folhas longas da bromélia *Aechmea nudicaulis* para depositar seus ovos, embora existam outras 36 espécies de bromélia apenas na região em que foi desenvolvida a pesquisa.

Francini avaliou o volume de água e as condições de limpeza das bromélias que essa espécie de opilião escolhia para ter seus filhotes. Constatou que a preferência era por bromélias maiores, que acumulavam mais água, evitando variação de umidade, e onde se depositavam menos detritos caídos das árvores [...]. "A opção por essa bromélia, que geralmente cresce sobre as árvores, oferece segurança contra predadores e condições de limpeza ideal para nascimento dos filhotes", explica Francini. O cuidado materno não se restringe à escolha do local mais adequado para procriar. Depois de colocar os ovos, as fêmeas muitas vezes deixam de lado outras atividades diárias – como a própria alimentação, à base de insetos e frutos ou mesmo opiliões mortos de outras espécies – para se dedicar à prole. Passam praticamente um mês sobre os ovos, para protegê-los de predadores. "É uma tarefa bastante árdua. A fêmea tem de renunciar a uma série de situações para garantir o nascimento dos filhotes, mas acaba sendo recompensada", diz Machado, que havia observado esse comportamento já em 1998, durante seu projeto de iniciação científica.

Macho de *Iporangaia pustolosa* cuidando dos ovos para seduzir as fêmeas.

[...]

E não são apenas as fêmeas que se interessam por cuidar dos ninhos. Machado descobriu que machos de algumas espécies posam de bons pais como estratégia de conquista. [...] Avaliando a espécie *Iporangaia pustolosa*, com o corpo verde vivo com manchas pretas e pouco maior que uma pérola, Machado e Gustavo Requena descobriram que quanto maior o número de fêmeas em uma população de opiliões, mais tempo os machos passam cuidando dos ovos. [...]

BICUDO, F. *Truques de um sedutor*. Pesquisa Fapesp, n. 144, fev. 2008, p. 55-57. Disponível em: <http://revistapesquisa.fapesp.br/wp-content/uploads/2008/02/55-57-Truques-144.pdf?170b85>. Acesso em: 14 abr. 2016.

1. Qual é o principal tema do texto?
2. Quais são os cuidados que a fêmea do opilião tem com sua prole?
3. Por que o autor afirma: "A fêmea tem de renunciar a uma série de situações para garantir o nascimento dos filhotes, mas acaba sendo recompensada"?

# Para rever e estudar

## Questões do Enem

**1.** (Enem – 2013)

As fêmeas de algumas espécies de aranhas, escorpiões e de outros invertebrados predam os machos após a cópula e inseminação. Como exemplo, fêmeas canibais do inseto conhecido como louva-a-deus, Tenodera aridofolia, possuem até 63% da sua dieta composta por machos parceiros. Para as fêmeas, o canibalismo sexual pode assegurar a obtenção de nutrientes importantes na reprodução. Com esse incremento na dieta, elas geralmente produzem maior quantidade de ovos.

> BORGES, J. C. "Jogo mortal". Disponível em:
> <http://cienciahoje.uol.com.br>.
> Acesso em: 1º mar. 2012 (adaptado).

Apesar de ser um comportamento aparentemente desvantajoso para os machos, o canibalismo sexual evoluiu nesses táxons animais porque

a) promove a maior ocupação de diferentes nichos ecológicos pela espécie.

b) favorece o sucesso reprodutivo individual de ambos os parentais.

c) impossibilita a transmissão de genes do macho para a prole.

d) impede a sobrevivência e reprodução futura do macho.

e) reduz a variabilidade genética da população.

**2.** (Enem – 2006) Em certas localidades ao longo do rio Amazonas, são encontradas populações de determinada espécie de lagarto que se reproduzem por partenogênese. Essas populações são constituídas, exclusivamente, por fêmeas que procriam sem machos, gerando apenas fêmeas. Isso se deve a mutações que ocorrem ao acaso nas populações bissexuais. Avalie as afirmações seguintes, relativas a esse processo de reprodução.

I. Na partenogênese, as fêmeas dão origem apenas a fêmeas, enquanto, nas populações bissexuadas, cerca de 50% dos filhotes são fêmeas.

II. Se uma população bissexuada se mistura com uma que se reproduz por partenogênese, esta última desaparece.

III. Na partenogênese, um número x de fêmeas é capaz de produzir o dobro do número de descendentes de uma população bissexuada de x indivíduos, uma vez que, nesta, só a fêmea põe ovos.

É correto o que se afirma

a) apenas em I.

b) apenas em II.

c) apenas em I e III.

d) apenas em II e III.

e) em I, II e III.

## Questões de vestibulares

**1.** (Uerj – 2016) A reprodução em animais do sexo masculino envolve uma série de divisões celulares, que produzem espermatócitos primários e secundários como etapas intermediárias para a produção dos gametas masculinos.

Considere um macho adulto diploide que apresenta cromossomos em suas células somáticas.

Nesse caso, seus espermatócitos primários e seus espermatócitos secundários devem conter, respectivamente, os seguintes números de cromossomos:

a) 28 - 14

b) 14 - 28

c) 28 - 28

d) 14 - 14

**2.** (Uece – 2015) Pode-se afirmar corretamente que, no universo das células,

a) todas as células, sem exceção, desenvolvem membrana plasmática e parede celular.

b) a reprodução sexuada é fundamental para a variabilidade genética da espécie.

c) somente as células eucarióticas produzem ribossomos.

d) todas as células, exceto as procariotas, possuem dupla membrana mitocondrial.

**3.** (Uerj – 2015) As populações de um caramujo que pode se reproduzir tanto de modo assexuado quanto sexuado são frequentemente parasitadas por uma

Reprodução humana **Capítulo 15** 189

## Para rever e estudar

determinada espécie de verme. No início de um estudo de longo prazo, verificou-se que, entre os caramujos parasitados, foram selecionados aqueles que se reproduziam sexuadamente. Observou-se que, ao longo do tempo, novas populações do caramujo, livres dos parasitas, podem voltar a se reproduzir de modo assexuado por algumas gerações.

Explique por que a reprodução sexuada foi inicialmente selecionada nos caramujos e, ainda, por que a volta à reprodução assexuada pode ser vantajosa para esses moluscos.

4. (UPE – 2013) Os zangões, machos das abelhas, são formados por um processo de partenogênese e possuem 16 cromossomos. Já as abelhas operárias são fruto de um processo de fecundação. Diante dessas informações, analise as afirmativas a seguir:

   I. Por serem fruto de partenogênese, os machos possuem o dobro de cromossomos encontrados na abelha rainha.

   II. A abelha rainha possui óvulos com o mesmo número de cromossomos encontrados nas células somáticas das operárias, pois ela também é uma fêmea.

   III. Todas as fêmeas possuem 32 cromossomos nas suas células somáticas, o dobro que os machos possuem.

   IV. A abelha rainha possui 16 cromossomos em seus óvulos, que, quando fecundados, geram indivíduos com 32 cromossomos.

   Estão corretas
   a) I e II.
   b) I e III.
   c) II e III.
   d) II e IV.
   e) III e IV.

5. (UFG-GO – 2013) Em uma colmeia, a abelha rainha fértil é originária de um embrião diploide que foi alimentado com geleia real; as operárias estéreis também são diploides. Os zangões são férteis e originários de ovócitos não fecundados depositados pela abelha rainha. Nessa sociedade, os machos descritos são

   a) clones da abelha rainha.
   b) gêmeos das operárias.
   c) haploides da abelha rainha.
   d) euploides das operárias.
   e) híbridos euploides da abelha rainha.

6. (UEPG-PR – 2013) Assinale o que for correto com relação aos ciclos, mecanismos reprodutivos e embriogênese.

   01) A bipartição, mecanismo de reprodução sexuada, ocorre entre as angiospermas.

   02) Os poríferos e cnidários podem partir-se em dois ou mais pedaços e cada um desses pedaços pode regenerar a parte perdida (por meio de mitoses) e assim formar um outro indivíduo completo.

   04) Na reprodução sexuada, há a fase de meiose (origina células haploides com metade do número de cromossomos das demais células) e a fecundação, a qual possibilita a restauração do número diploide de cromossomos.

   08) A gametogênese ocorre nas gônadas, sendo que os espermatozoides são produzidos por espermatogênese nos testículos, e os óvulos são produzidos por ovulogênese (ou ovogênese) nos ovários femininos.

   16) Na reprodução assexuada, há a participação de apenas um indivíduo, sendo que os descendentes são formados a partir de sucessivas mitoses e originam seres geneticamente idênticos entre si.

7. (PUC-SP – 2012) Analise a tira de quadrinhos abaixo.

Embora hermafroditas, os caramujos normalmente têm fecundação cruzada, mecanismo que leva a descendência a apresentar

   a) aumento de variabilidade genética em relação à autofecundação e maior chance de adaptação das espécies ao ambiente.

b) diminuição da variabilidade genética em relação à autofecundação e maior chance de adaptação das espécies ao ambiente.

c) variabilidade genética semelhante à da autofecundação e as mesmas chances de adaptação das espécies ao ambiente.

d) diminuição de variabilidade genética em relação à autofecundação e menor chance de adaptação das espécies ao ambiente.

e) variabilidade genética semelhante à da autofecundação e menor chance de adaptação das espécies ao ambiente.

8. (UFTM-MG – 2012)

As planárias, além de se reproduzirem sexuadamente, também podem se reproduzir por fragmentação e regeneração, quando as partes perdidas regeneram-se e dão origem a novos indivíduos.

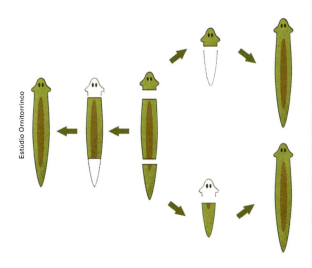

De acordo com essa forma reprodutiva, é possível concluir que os descendentes formados

a) apresentarão variabilidade genética, devido à ocorrência de crossing-over.

b) serão geneticamente idênticos entre si, porque resultaram de sucessivas fecundações.

c) serão geneticamente idênticos entre si, porque resultaram de sucessivas divisões mitóticas.

d) serão geneticamente diferentes entre si, porque nos núcleos celulares ocorreram segregações cromossômicas.

e) produzirão também novas gerações com genes totalmente diferentes entre si, caso se reproduzam dessa mesma forma.

9. (UEPG-PR – 2010) Sobre fecundação, assinale o que for correto.

01) Em muitos animais, inclusive vertebrados, como peixes e anfíbios, a fecundação é externa, ocorrendo no meio aquático, fora do corpo da fêmea.

02) Em répteis, aves e mamíferos, a fecundação é interna, pois o encontro dos gametas acontece no sistema genital feminino após a cópula.

04) Atualmente, com técnicas especiais, consegue-se a chamada fecundação in vitro em praticamente todas as espécies animais, inclusive no ser humano. O esperma coletado é colocado junto a óvulos preservados em solução fisiológica, numa placa de Petri.

08) Para que haja o encontro dos gametas são necessárias substâncias especiais produzidas pelos óvulos e que atraem os espermatozoides. Estes, por sua vez, dispõem de enzimas que permitem a penetração no óvulo.

16) Os invertebrados, como os insetos, apresentam exclusivamente fecundação externa, já que a fusão dos gametas ocorre obrigatoriamente fora do organismo da fêmea.

10. (PUC-RS – 2010) Qual das seguintes alternativas descreve a formação de um zigoto?

a) Fusão de núcleos haploides de duas células compatíveis (cariogamia).

b) Promoção da replicação do DNA e mitose.

c) Sucessão de divisões celulares que forma uma massa sólida de células.

d) Divisão da célula com 46 cromossomos para a formação de células com 23 cromossomos cada.

e) Promoção da transcrição do DNA e meiose.

# UNIDADE 5

## DESENVOLVIMENTO ANIMAL

A fecundação e a fertilização fazem parte do processo de reprodução sexuada dos seres vivos. Formado o ovo (ou zigoto), inicia-se uma série de divisões celulares e de modificações que proporcionam seu crescimento e desenvolvimento, transformando-o em um organismo. Logo após a primeira divisão celular, a estrutura que se forma, agora com duas células, passa a ser denominada embrião, tanto nas plantas quanto nos animais, e os processos que se seguem e acabam gerando o novo organismo fazem parte da embriogênese, tema desta Unidade.

Polvo-gigante-do-Pacífico (*Enteroctopus dofleini*) recém-nascido em meio a ovos dessa mesma espécie. Apenas poucos animais desses chegarão à fase adulta. Os ovos são do tamanho de um grão de arroz.

## CAPÍTULO 16

# DESENVOLVIMENTO EMBRIONÁRIO DOS ANIMAIS

Nas plantas e nos animais, a embriogênese depende de dois fenômenos celulares básicos: o aumento do número de células, como consequência de sucessivas divisões celulares; e a **diferenciação celular**, um processo que consiste em profundas alterações na fisiologia, na morfologia e nos mecanismos de integração das células à medida que se formam.

A embriologia é um ramo das Ciências Biológicas que estuda as sequências ordenadas das transformações sofridas pela célula-ovo até a formação do organismo capaz de realizar as funções vitais de modo autônomo. O final da embriogênese é marcado pelo **nascimento** – momento em que o embrião deixa de depender das estruturas embrionárias, que proporcionam proteção, nutrição, trocas gasosas e eliminação de produtos tóxicos, e transforma-se em um organismo capaz de sobreviver sem estar ligado fisicamente aos genitores.

Este capítulo apresenta o desenvolvimento embrionário e pós-embrionário animal; o desenvolvimento vegetal será tratado no Volume 2 desta Coleção.

### Biologia e História

#### Os primórdios da embriologia

Há dois mil anos, não se sabia como um ovo de galinha gerava um novo animal, da mesma maneira que se desconhecia como os girinos se transformavam em sapos ou como uma semente formava um novo vegetal. Aristóteles (384-322 a.C.), porém, já naquela época, admitia somente dois processos pelos quais um organismo poderia se originar: ou o organismo já estaria formado no ovo, ou se formaria durante um processo de desenvolvimento interno.

À primeira ideia, deu-se o nome de **pré-formação**. De acordo com ela, o novo organismo, animal ou planta, estaria completamente formado na célula reprodutiva. O desenvolvimento seria apenas um aumento de tamanho, até que o novo animal saísse do ovo, ou nascesse, e a nova plantinha saísse da semente. Pensava-se que o desenvolvimento seria automático se a célula reprodutiva estivesse em ambiente favorável. Nas formas mais evoluídas, como os mamíferos, supunha-se que os órgãos reprodutores fornecessem o ambiente adequado para nutrir o embrião durante o desenvolvimento.

O desenho de Nicolaas Hartsoeker, cientista natural alemão, publicado no *Essai de dioptrique*, em 1694, mostra a representação do que ele imaginava ser o espermatozoide: uma cápsula com uma pequena pessoa dentro.

Unidade 5 Desenvolvimento animal

Até o século XVIII, os cientistas ainda postulavam que os organismos estivessem pré-formados nas células reprodutivas, e se preocupavam em descobrir se estariam no óvulo ou no espermatozoide. Estes eram facilmente observados ao microscópio, e alguns microscopistas do período de 1695 a 1750 interpretavam o que viam no interior dessas células como a imagem de um indivíduo perfeitamente formado. A figura anterior mostra o homúnculo que se pensava ver e que sabemos hoje ser a cabeça de um espermatozoide.

A outra ideia, que Aristóteles admitia ser a melhor, era de que o ser vivo não estaria pré-formado, mas se formaria inteiramente a partir da matéria-prima contida nos óvulos e nos espermatozoides. Essa ideia foi chamada **epigênese**.

As observações de Aristóteles sobre o desenvolvimento do embrião de galinha ajudaram-no a concluir que o pintinho se desenvolve a partir de substâncias aparentemente não organizadas. Os órgãos, inexistentes no início, aparecem pouco a pouco, nas posições que ocupam no adulto, e começam gradualmente a funcionar.

A polêmica entre "preformistas" e "epigenistas" durou um século. Quando os instrumentos ópticos foram aperfeiçoados, as observações de Caspar Friedrich Wolff (1738-1794) deram apoio à teoria epigenética. Suas conclusões basearam-se em estudos do desenvolvimento de embriões de galinha. Nos ovos não incubados, ele não conseguiu achar indício de animal pré-formado, e ao estudar ovos fecundados, observou o crescimento contínuo e o desenvolvimento gradual dos órgãos do pintinho.

1. Acompanhando atentamente o texto, indique qual foi o elemento crucial que possibilitou a aceitação de uma teoria e não outra?

## ▶ Tipos de ovos

Em animais ovíparos (que colocam ovos) e ovovivíparos (que retêm o ovo dentro do corpo), o desenvolvimento do embrião acontece dentro do ovo e depende do material nutritivo que este contém. Em animais vivíparos, o embrião cresce geralmente dentro do útero da fêmea e depende dela para se nutrir.

Na maioria dos animais, as células formadas nas primeiras divisões dependem de uma reserva nutritiva, o **vitelo** ou **lécito**, presente no citoplasma do ovo. O vitelo é composto principalmente de proteínas, fosfolipídios e lipídios, agregados em pequenos grãos denominados **grânulos de vitelo**.

Exemplo de animal ovíparo: jacaré-de-papo-amarelo (*Caiman latirostris*). Quando adulto, mede cerca de 2 m de comprimento.

Desenvolvimento embrionário dos animais  Capítulo 16

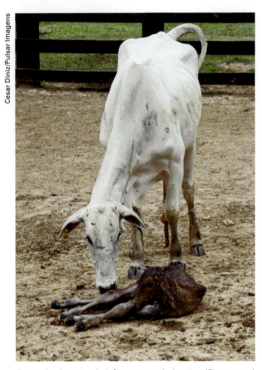

Conforme a quantidade e a distribuição dos grânulos de vitelo, os ovos podem ser classificados em:

- **oligolécitos ou isolécitos** – possuem pequena quantidade de vitelo distribuída de forma homogênea. São encontrados em animais como ouriço-do-mar, anfioxo, esponjas, cnidários e mamíferos.
- **heterolécitos** – possuem quantidades médias de vitelo, concentradas na porção inferior, formando o **polo vegetativo**; no **polo animal**, encontram-se o núcleo celular e a maior parte do citoplasma.
- **telolécitos ou megalécitos** – possuem muito vitelo, que ocupa quase todo o volume do ovo, o que faz o núcleo e as estruturas citoplasmáticas ficarem restritos a uma pequena área do polo animal, chamada de **disco germinativo**. Ocorrem em alguns moluscos (como polvo e lula), peixes, anfíbios, répteis e aves.
- **centrolécitos** – apresentam grande quantidade de vitelo na região central do ovo, concentrando-se no citoplasma em torno do núcleo celular. São encontrados nos artrópodes, principalmente nos insetos.

Exemplo de animal vivíparo: o gado bovino (*Bos taurus*). Vaca cheirando bezerro recém-nascido. Lorena (SP), 2010.

### Ocorrência dos diferentes tipos de ovos nos animais

| Tipo de ovo | Aparência | Características | Ocorrência |
|---|---|---|---|
| Oligolécito | núcleo | Pouco vitelo distribuído uniformemente. | – Anfioxo<br>– Equinodermos<br>– Mamíferos |
| Heterolécito | núcleo, polo animal, vitelo, polo vegetativo | Vitelo distribuído de forma desigual. | – Anfíbios<br>– Alguns moluscos<br>– Anelídeos |
| Telolécito | núcleo, disco germinativo, vitelo | Vitelo em grande quantidade, ocupando quase todo o citoplasma. | – Peixes<br>– Répteis<br>– Aves |
| Centrolécito | núcleo, vitelo | Vitelo em grande quantidade, ocupando a região central do ovo. | – Artrópodes<br>– Insetos |

Ilustrações sem escala; cores-fantasia.

Unidade 5 Desenvolvimento animal

## ▶ Padrões de segmentação

As primeiras divisões mitóticas do ovo são denominadas **segmentação** ou **clivagem** e originam células menores, conhecidas como **blastômeros**.

Uma célula se multiplica mais rapidamente quanto menor a sua quantidade de vitelo, pois os grânulos de vitelo oferecem resistência à segmentação. Assim, nos ovos heterolécitos a segmentação é mais rápida no polo animal (onde se localizam o núcleo e o citoplasma) e mais lenta no polo vegetativo (onde se concentra a maior parte do vitelo), e nos ovos telolécitos a segmentação não chega a atingir o polo vegetativo do ovo.

Em ovos oligolécitos e heterolécitos, o ovo divide-se inteiramente, isto é, a segmentação é total, sendo denominada **segmentação holoblástica** (do grego, *holo* = inteiro, total; *blasto* = broto, embrião). Nos ovos telolécitos e centrolécitos, a segmentação é parcial, pois a divisão ocorre em apenas uma parte do ovo, sendo denominada **segmentação meroblástica** (do grego, *mero*: parte, pedaço).

Em ovos oligolécitos, a segmentação holoblástica é denominada **igual**, pois produz blastômeros praticamente do mesmo tamanho. A segmentação holoblástica igual ocorre nos pepinos-do-mar e nos mamíferos, sendo uma forma de segmentação bastante rara.

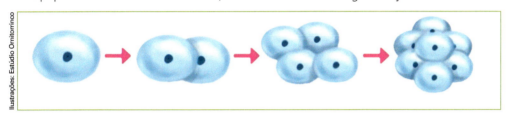

Representação de segmentação holoblástica e igual.

Ilustrações desta página estão sem escala; cores-fantasia.

Em ovos heterolécitos, a segmentação holoblástica é **desigual**, pois dá origem a blastômeros de tamanhos diferentes: os **micrômeros** (do grego, *micro* = pequeno; *mero* = parte, pedaço), pequenos, e os **macrômeros** (do grego, *macro* = comprido, grande), grandes.

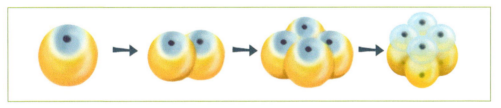

Representação de segmentação holoblástica e desigual.

A **segmentação meroblástica discoidal** ocorre em apenas uma região, em forma de disco ou calota, no polo animal do ovo. Forma-se um disco de blastômeros, denominado **blastoderma**, a partir do qual o embrião se desenvolve. O polo vegetativo, rico em vitelo, não sofre nenhuma segmentação.

Representação de segmentação meroblástica discoidal.

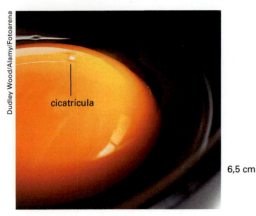

Aparência da cicatrícula em ovo de galinha um dia após a fecundação.

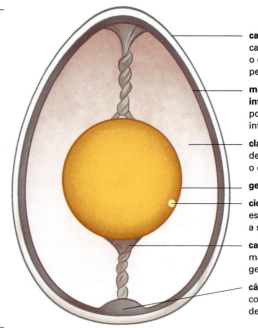

Ilustrações desta página estão sem escala; cores-fantasia.

Esquema da organização interna de um ovo de galinha, exemplo de ovo telolécito.

**casca** – formada por carbonato de cálcio. Protege o embrião e, por ser porosa, permite trocas gasosas.

**membranas externa e interna** – constituídas por proteínas, previnem infecções por bactérias.

**clara** (albúmen) – constituída de proteínas e água, protege o embrião.

**gema** – célula rica em vitelo.

**cicatrícula** – polo esbranquiçado onde ocorre a segmentação.

**calaza** – cordão proteico que mantém toda a superfície da gema imersa na clara.

**câmara de ar** – forma-se pela contração do ovo ao esfriar depois de posto

A **segmentação meroblástica superficial** ocorre nos ovos centrolécitos. O núcleo celular, localizado no centro do ovo, divide-se certo número de vezes. Posteriormente, esses núcleos migram em direção ao citoplasma junto à membrana plasmática. Formam-se, a seguir, as membranas celulares ao redor de cada núcleo, originando uma película de células.

### Esquema de segmentação meroblástica superficial

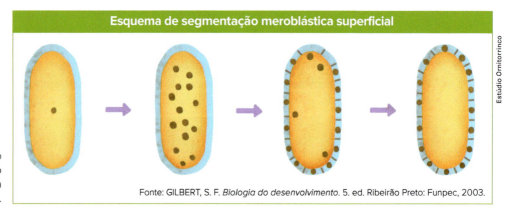

Representação de segmentação meroblástica superficial.

Fonte: GILBERT, S. F. *Biologia do desenvolvimento*. 5. ed. Ribeirão Preto: Funpec, 2003.

#### Para explorar

Para observar um ovo fértil de galinha (ou ovo galado), procure no mercado por ovos caipiras. Ovos de granja nem sempre são ovos no sentido estrito da palavra. Tecnicamente eles costumam ser óvulos, pois não foram fertilizados.

Inicialmente, observe com atenção a casca do ovo e, em seguida, quebre-a, despejando o conteúdo em uma pequena tigela. Faça um desenho detalhado e identifique as estruturas observáveis. Procure a cicatrícula, movendo a gema com cuidado.

Compare o seu desenho com os dos colegas, corrigindo o que for necessário.

## ▶ Etapas do desenvolvimento embrionário

O desenvolvimento embrionário dos animais apresenta as seguintes etapas: **ovo**, **mórula**, **blástula**, **gástrula** e **nêurula**. Embora essas etapas constituam o padrão básico da embriogênese, há uma enorme variação no modo como elas se desenvolvem nos diferentes grupos animais. Assim, concentraremos os nossos estudos em um único exemplo, o anfioxo, um animal marinho pertencente ao grupo dos cordados, geralmente utilizado como modelo de estudos embrionários por apresentar características simplificadas dos vertebrados.

Peixes, anfíbios, répteis, aves e mamíferos fazem parte do grupo dos Cordados, caracterizado pela presença de um tubo nervoso, denominado notocorda, em pelo menos uma das fases da vida, e de fendas branquiais faringianas, na fase embrionária ou por toda a vida. No anfioxo, a notocorda é um eixo flexível ao qual se ligam os músculos do corpo, proporcionando-lhe sustentação. Nos vertebrados, a notocorda geralmente está presente apenas na fase embrionária.

Anfioxo (*Branchiostoma lanceolatum*), que mede cerca de 8 cm de comprimento.

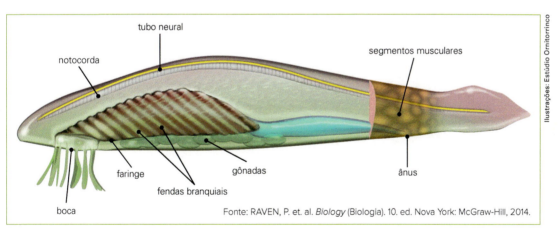

Fonte: RAVEN, P. et. al. *Biology* (Biologia). 10. ed. Nova York: McGraw-Hill, 2014.

Esquema da organização interna do anfioxo, em corte dorsoventral. Ilustração sem escala; cores-fantasia.

### Segmentação e formação da blástula

Após as primeiras divisões, os blastômeros permanecem unidos, formando um aglomerado de células com aspecto de amora, denominado **mórula**. Em seguida, os blastômeros se movimentam, desocupando a região central do embrião, dispondo-se em uma única camada celular na superfície que envolve uma cavidade central, conhecida como blastocele (do grego, *blasto* = embrião; do latim, *cella* = espaço vazio). A presença da **blastocele** caracteriza o estágio de **blástula.**

## Gastrulação

As divisões celulares, muito intensas durante a segmentação, diminuem de ritmo na fase seguinte, quando, por invaginação, os macrômeros invadem a blastocele em direção aos micrômeros, formando duas camadas de blastômeros justapostas: a externa, denominada **ectoderme**, e a interna, denominada **mesentoderme**. A cavidade que se forma nessa fase está revestida pela mesentoderme e é denominada **arquêntero** (ou intestino primitivo). Ela se comunica com o exterior através do **blastóporo**. A presença do arquêntero caracteriza o estágio de **gástrula**.

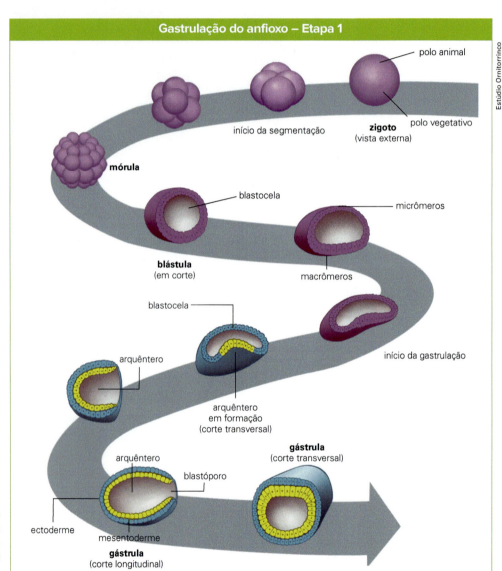

Ilustração sem escala; cores-fantasia.

Representação esquemática dos estágios iniciais do desenvolvimento embrionário do anfioxo: mórula, blástula e gástrula.

## Neurulação

Após a gastrulação, a região dorsal do embrião se achata, formando a **placa neural**. As células ectodérmicas das bordas da placa neural dividem-se ativamente, formando saliências laterais que crescem uma em direção à outra até se unirem, fechando uma cavidade denominada **tubo neural**. Futuramente, o tubo neural constituirá o sistema nervoso central do anfioxo.

Ao mesmo tempo que o tubo neural se forma, abaixo dele, as células da mesentoderme que constituem o teto do arquêntero sofrem uma série de alterações. Essa região da mesentoderme passa a ser chamada **mesoderme**. A mesoderme desenvolve proeminências laterais que crescem e acabam se separando do restante da mesentoderme. Essas proeminências laterais se unem, formando uma cavidade em seu interior, o **celoma**. Por definição, celoma é a cavidade delimitada pela mesoderme.

A proeminência central da mesoderme, localizada sob o tubo neural, forma um maciço celular, que dará origem à **notocorda** ou corda (a notocorda é um eixo de material flexível que dá sustentação ao corpo). Durante o desenvolvimento embrionário dos vertebrados, a notocorda é substituída pela coluna vertebral. A parte restante da mesentoderme, que reveste o arquêntero, passa a ser denominada **endoderme**. Essa fase do desenvolvimento embrionário é chamada **nêurula**, e nela já se pode identificar, além do eixo craniocaudal, o eixo dorsoventral do animal.

Desse modo, formam-se os três **folhetos embrionários** do anfioxo: **ectoderme**, **mesoderme** e **endoderme**. Cada folheto embrionário presente na nêurula apresenta apenas uma camada de células e corresponde ao tecido primitivo que dará origem a órgãos específicos no final do desenvolvimento embrionário.

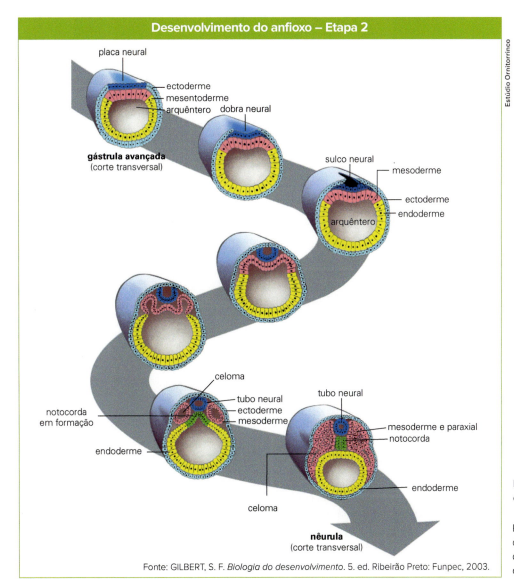

Fonte: GILBERT, S. F. *Biologia do desenvolvimento*. 5. ed. Ribeirão Preto: Funpec, 2003.

Ilustração sem escala; cores-fantasia.

Representação esquemática dos estágios finais do desenvolvimento embrionário do anfioxo.

Desenvolvimento embrionário dos animais  Capítulo 16  201

## Organogênese

A partir dos três folhetos embrionários – ectoderme, mesoderme e endoderme –, formam-se os tecidos e órgãos do embrião, em uma série de processos denominada **organogênese**.

A fase inicial da organogênese coincide com a formação do tubo neural no estágio de nêurula.

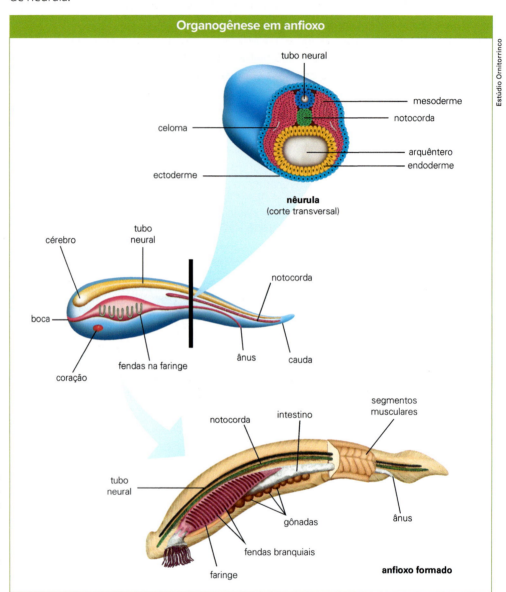

Esquema da organogênese em anfioxo. No alto, detalhe do embrião em corte; no meio, oganização interna do embrião na fase final de neurulação; abaixo, organização do corpo do anfioxo (em corte) após a orgânogênese.

Ilustrações sem escala; cores-fantasia.

Em muitos animais, inclusive nos humanos, a ectoderme dá origem à epiderme, ao sistema nervoso (encéfalo, medula espinhal e nervos), à glândula adeno-hipófise, ao cristalino dos olhos, ao esmalte dos dentes, aos gânglios e ao revestimento das porções anteriores e posteriores do tubo digestório.

A mesoderme dá origem ao aparelho urogenital, ao tecido conjuntivo, à musculatura, ao pericárdio (membrana que reveste o coração), à pleura (membrana que reveste externamente o pulmão) e às vértebras.

A endoderme dá origem ao sistema respiratório, ao sistema digestório e às glândulas anexas do tubo digestório (pâncreas e fígado).

202 Unidade 5 Desenvolvimento animal

# Variações do desenvolvimento embrionário

**Destino do blastóporo** – Durante o desenvolvimento embrionário, o blastóporo pode dar origem à boca ou ao ânus. Denominamos **protostômios** os animais cujo blastóporo dá origem à boca e **deuterostômios** os animais cujo blastóporo dá origem ao ânus. São protostômios os animais dos grupos dos Platelmintos, Nematelmintos, Anelídeos, Moluscos e Artrópodes. Animais dos filos equinodermas e cordados são deuterostômios.

**Número de folhetos embrionários** – A maior parte dos animais apresenta três folhetos embrionários (ectoderme, mesoderme e endoderme) e são chamados de **triblásticos** (ou triploblásticos). Apenas os grupos das esponjas e dos cnidários apresentam dois folhetos, a ectoderme e a endoderme, e são denominados **diblásticos** (ou diploblásticos).

A água-viva (*Pelagia noctiluca*) é um animal diblástico que mede entre 3 e 12 cm de diâmetro.

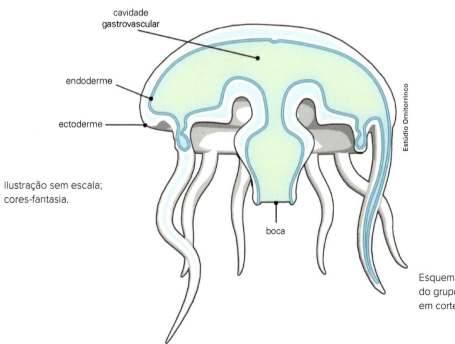

Ilustração sem escala; cores-fantasia.

Esquema de água-viva, do grupo dos cnidários, em corte.

Desenvolvimento embrionário dos animais  Capítulo 16  203

**Presença e tipo de celomas** – Uma diferença marcante no padrão de desenvolvimento embrionário é a constituição do celoma. Os animais triblásticos podem ser **celomados**, quando o celoma é limitado pela mesoderme (ocorre no anfioxo, ouriço-do-mar, vermes segmentados como a minhoca, e todos os vertebrados); **pseudocelomados**, quando o celoma é delimitado, de um lado, pela mesoderme e, do outro, pela ectoderme ou endoderme (ocorre em vermes como a lombriga); e **acelomados**, quando não apresentam cavidade interna, além do arquêntero (ocorre em vermes achatados como a planária).

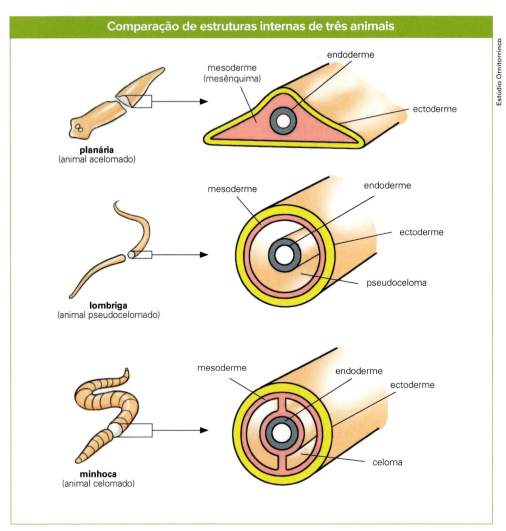

Ilustração sem escala; cores-fantasia.

Esquema da organização interna (em corte) de animais acelomados, pseudocelomados e celomados.

## Celoma, um velho conhecido

Você já observou um frango inteiro, desses que podem ser comprados em supermercados ou açougues? Esses frangos constituem o que se chama de carcaça (pele + osso + músculos), pois a barrigada (ou vísceras) é retirada ao serem limpos para consumo. Pois bem, o espaço onde se alojavam as vísceras e que fica vazio no interior da carcaça é o celoma.

## ▶ Anexos embrionários

Os anexos embrionários são estruturas formadas a partir dos folhetos embrionários e de membranas extraembrionárias que proporcionam nutrição e proteção ao embrião enquanto ele se desenvolve no interior do ovo ou do corpo materno. Nas fases finais do desenvolvimento embrionário, esses anexos atrofiam ou são expulsos com o nascimento do animal. São anexos embrionários o saco vitelínico, o alantoide, o âmnio, o cório, o alantocório e a placenta.

**Saco vitelínico** – É bem evidente em animais com desenvolvimento embrionário externo, como peixes, anfíbios, répteis e aves. Nesses animais, a endoderme adere à mesoderme, formando a esplancnopleura. Uma parte da esplancnopleura cresce e envolve o vitelo do ovo, formando o saco vitelínico. Sua função está relacionada à nutrição do embrião.

**Alantoide** – É bastante desenvolvido em répteis e aves. Nesses animais, a esplancnopleura desenvolve uma evaginação que constitui o alantoide, cuja função é armazenar as substâncias tóxicas excretadas pelos rins do embrião.

**Âmnio** – É bastante desenvolvido nos mamíferos. Nesses animais, a ectoderme adere à mesoderme, formando a somatopleura. A somatopleura cresce ao redor do embrião, deixando entre ela e o embrião uma cavidade, denominada cavidade amniótica ou saco amniótico, preenchida pelo líquido amniótico. A somatopleura que envolve a cavidade amniótica é denominada âmnio. O embrião permanece mergulhado no líquido amniótico, protegido de choques mecânicos e desidratação.

Répteis, aves e mamíferos são considerados amniotas porque apresentam âmnio durante o desenvolvimento embrionário. Além do âmnio, esses organismos apresentam o alantoide. O desenvolvimento embrionário em ambientes terrestres só se tornou possível depois que esses dois anexos surgiram na história evolutiva dos animais.

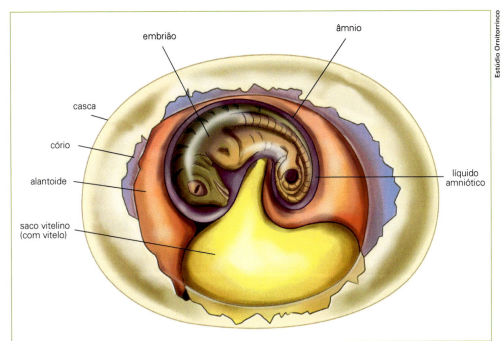

Ilustração sem escala; cores-fantasia.

Esquema do ovo amniótico e seus anexos.

Desenvolvimento embrionário dos animais  Capítulo 16  205

**Cório** – A somatopleura que origina a bolsa amniótica cresce, envolvendo todas as outras estruturas, formando o cório ou serosa. Além de revestir as demais estruturas, inclusive o embrião, o cório tem função protetora, principalmente contra a dessecação (perda de água).

**Alantocório** – O alantoide se desenvolve muito e sua parede externa entra em contato íntimo com o cório, formando o alantocório. O alantocório é ricamente vascularizado e apresenta função respiratória. Nas aves e répteis, o alantocório cresce até encostar internamente na casca do ovo, de onde absorve sais de cálcio, que vão ser utilizados na construção do esqueleto do animal. Essa atividade também contribui para a diminuição da resistência da casca do ovo, facilitando a eclosão.

**Placenta** – Nos mamíferos, o alantoide tem estreita relação com o cório, formando a placenta, que mantém relações íntimas com a mucosa uterina. A placenta tem uma parte formada pelo embrião, a placenta fetal, e uma parte formada pelas paredes uterinas, a placenta maternal. É por meio da placenta que a mãe supre o embrião, pelo intercâmbio de substâncias entre o sangue da mãe e o do feto. O cordão umbilical é a estrutura que liga o embrião à placenta. Ele contém vasos sanguíneos pelos quais circula o sangue fetal, que transporta substâncias da placenta para o embrião, e deste para a placenta. Na placenta, não há mistura do sangue materno com o fetal.

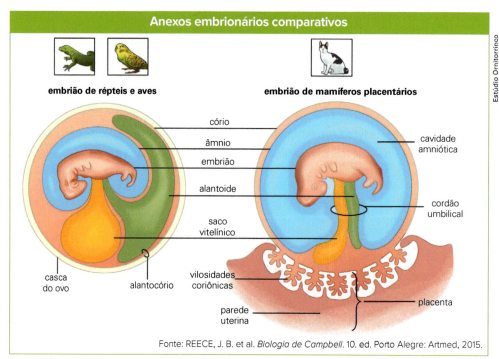

Ilustração sem escala; cores-fantasia.

Esquema comparativo dos anexos embrionários de aves e répteis (ovíparos) e de mamíferos (vivíparos).

Fonte: REECE, J. B. et al. *Biologia de Campbell*. 10. ed. Porto Alegre: Artmed, 2015.

## ▶ Desenvolvimento pós-embrionário

O embrião é incapaz de realizar funções essenciais para a manutenção da vida, como respiração, excreção e nutrição, porque ainda não tem os órgãos para isso. Nessas condições, formam-se os anexos embrionários, que desempenham tais funções. A partir do momento em que o embrião consegue realizar por si só o que precisa, ele se desliga dos anexos embrionários, abandona-os e passa a viver fisiologicamente de modo independente. A essa libertação dos anexos embrionários chamamos **nascimento**.

Ao nascer, o indivíduo pode ter aspecto semelhante ao dos indivíduos adultos da mesma espécie, como ocorre com répteis, aves e mamíferos. Essas espécies apresentam **desenvolvimento direto**. Nesse caso, no período entre o nascimento e a morte, os indivíduos crescem e se desenvolvem, passando por pelo menos duas fases: a **fase juvenil**, cujo final é marcado pela maturidade sexual, e a **fase adulta**, que então se inicia.

Nas espécies com **desenvolvimento indireto**, os indivíduos, ao nascer, são muito diferentes dos adultos da mesma espécie. Eles nascem na **fase larval** e passam por profundas transformações, a **metamorfose**, até chegar à fase adulta.

Os sapos apresentam desenvolvimento indireto, pois passam pelo estágio de larva, no qual são conhecidos como girinos, antes de atingir a forma adulta.

> **Veja também**
>
>
>
> Saiba mais sobre a história evolutiva do desenvolvimento embrionário em: DAWKINS, Richard. *A grande história da evolução*. São Paulo: Companhia das Letras, 2009. p. 351-352.

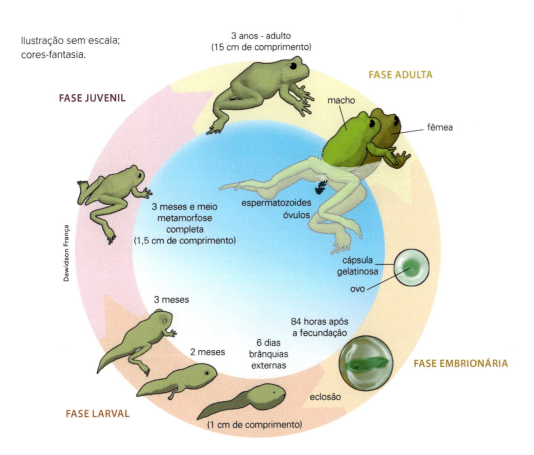

Fonte: REECE, J. B. et al. *Biologia de Campbell*. 10. ed. Porto Alegre: Artmed, 2015.

Representação do ciclo de vida do sapo, animal com desenvolvimento indireto.

## ▶ Células-tronco

As células-tronco são células capazes de se diferenciar e, em condições adequadas, dar origem a diferentes tipos de células especializadas. Do zigoto, a primeira célula-tronco do organismo, descendem todos os tipos de células que o constituem quando adulto. Estima-se que o organismo do ser humano, por exemplo, tenha pouco mais de duzentos tipos de células especializadas, todas descendentes de apenas uma, o zigoto.

A célula-tronco é chamada **totipotente** quando é capaz de dar origem a todos os tipos de célula do organismo, ou até mesmo a um novo organismo. O zigoto é uma célula-tronco embrionária totipotente. Os blastômeros, até o estágio de blástula, são células-tronco embrionárias **pluripotentes**, pois podem formar todos os tipos de células com exceção das que produzem os anexos embrionários. Não podem, portanto, formar um novo organismo.

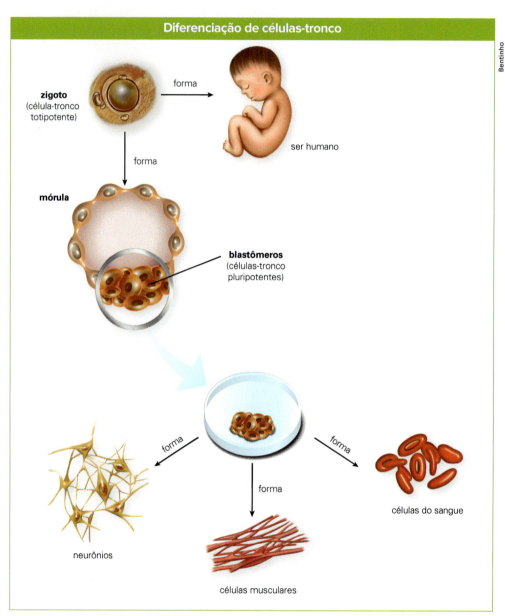

Ilustração sem escala; cores-fantasia.

Esquema simplicado diferenciando células-tronco totipotentes e pluripotentes.

O organismo adulto também possui células-tronco cuja função é repor células eliminadas por mecanismos naturais (apoptose, por exemplo) ou por pequenos acidentes (cortes e machucados). Elas são conhecidas como células-tronco adultas e conservam certa capacidade de diferenciação, podendo, sob condições adequadas, originar alguns tipos de células, sendo chamadas **multipotentes**. No ser humano, elas estão presentes em vários tecidos, como cérebro, pele, polpa do dente e medula óssea.

Os resultados das pesquisas com células-tronco mostraram que elas têm grande potencial para a medicina como produtoras de células especializadas para reparar tecidos e órgãos lesionados ou doentes.

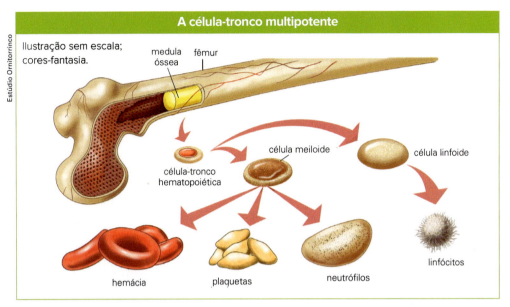

Um exemplo de célula-tronco multipotente é a hematopoiética, presente na medula óssea, capaz de gerar tipos de células sanguíneas. As células medem entre 10 e 100 nm.

**Veja também**

Saiba mais sobre a aplicação terapêutica de células-tronco, a polêmica sobre o uso de células-tronco embrionárias e a Lei de Biossegurança nos livros: PEREIRA, L. V. *Células-tronco*: promessas e realidades. São Paulo: Moderna, 2013. REHEN, S.; PAULSEN, B. *Células-tronco*: O que são? Para que servem? Rio de Janeiro: Vieira & Lent, 2007. Veja também o vídeo *Sobre potenciais e polêmicas*, da série CHats de Ciência do Instituto Ciência Hoje, disponível em: <http://cienciahoje.uol.com.br/chats-de-ciencia/2012/10/sobre-potenciais-e-polemicas>. Acesso em: 12 jan. 2016.

## Atividades

1. Durante o desenvolvimento embrionário, podemos contar o número de células à medida que ele avança: no início, era apenas uma, o zigoto; depois, 2, 4, 8, 16, 32, 64, 128, 256, 512, 2 024... e assim sucessivamente. Podemos, então, dizer que o crescimento do embrião se resume apenas ao aumento do número de células?

2. A nomenclatura dos tipos de ovo leva em conta a quantidade e a distribuição do vitelo. Assim, nomes como isolécito, heterolécito, telolécito e centrolécito se referem à quantidade ou à distribuição do vitelo no ovo?

3. As fotografias abaixo foram obtidas com microscópio óptico e mostram diferentes fases do desenvolvimento embrionário do ouriço-do-mar, do grupo dos equinodermas. Identifique a fase embriológica mostrada em cada imagem.

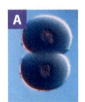 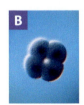 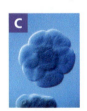 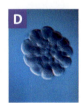 

4. Descreva o processo de gastrulação do anfioxo.

5. Quais são e que funções desempenham os anexos embrionários dos organismos que se desenvolvem em ambiente terrestre?

## CAPÍTULO 17

# DESENVOLVIMENTO EMBRIONÁRIO HUMANO

O desenvolvimento embrionário humano pode ser dividido em duas fases: a embrionária, que se estende desde a primeira divisão do zigoto até a nona semana de gestação, e a fase fetal, iniciada quando a organogênese se completa, se estendendo até o nascimento.

## ▶ Fase embrionária

Na espécie humana, após a fertilização, o embrião movimenta-se em direção ao útero, conduzido por contrações da musculatura da tuba uterina e pelo batimento de cílios que a revestem. Ao longo desse percurso, ocorrem as primeiras clivagens e, cerca de 72 horas após a fertilização, o embrião, em estágio de mórula, chega ao útero.

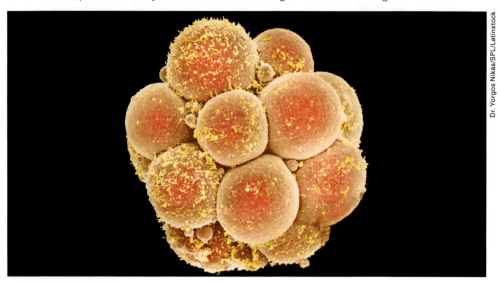

Embrião humano em estágio de mórula, com 16 blastômeros. Micrografia eletrônica de varredura; cores artificiais; ampliação de cerca de 1400 vezes.

Cerca de seis dias após a fertilização está formada a blástula, que recebe o nome de **blastocisto** e é constituída por cerca de 100 blastômeros. O blastocisto apresenta massa celular interna, o **embrioblasto**, que dará origem ao embrião propriamente dito, e uma camada externa de células, o **trofoblasto** (do grego, *trophé* = nutrição; *blastós*: brotamento), que dará origem ao cório.

Nesse momento, inicia-se a **nidação** do embrião. Ele se aloja no endométrio (a camada sanguínea que recobre o útero), em uma pequena cavidade resultante da ação de enzimas produzidas pelo trofoblasto. Cerca de duas semanas após a fecundação, o blastocisto está recoberto pelo endométrio e isolado da cavidade uterina. O embrioblasto atinge a etapa de gástrula e formam-se os folhetos embrionários (ectoderme, mesoderme e endoderme). Ao mesmo tempo, o trofoblasto se desenvolve originando as **vilosidades coriônicas**, que fixam o embrião no endométrio e formam cavidades cheias de sangue, constituindo a **placenta**, responsável pela nutrição do embrião. A placenta é uma estrutura complexa, ricamente vascularizada, que permite a transferência de nutrientes e outros compostos do sangue da mãe para o embrião e do sangue do embrião para o da mãe, impedindo o contato direto do sangue dele com o sangue materno. Acompanhe a descrição do desenvolvimento embrionário nas ilustrações a seguir.

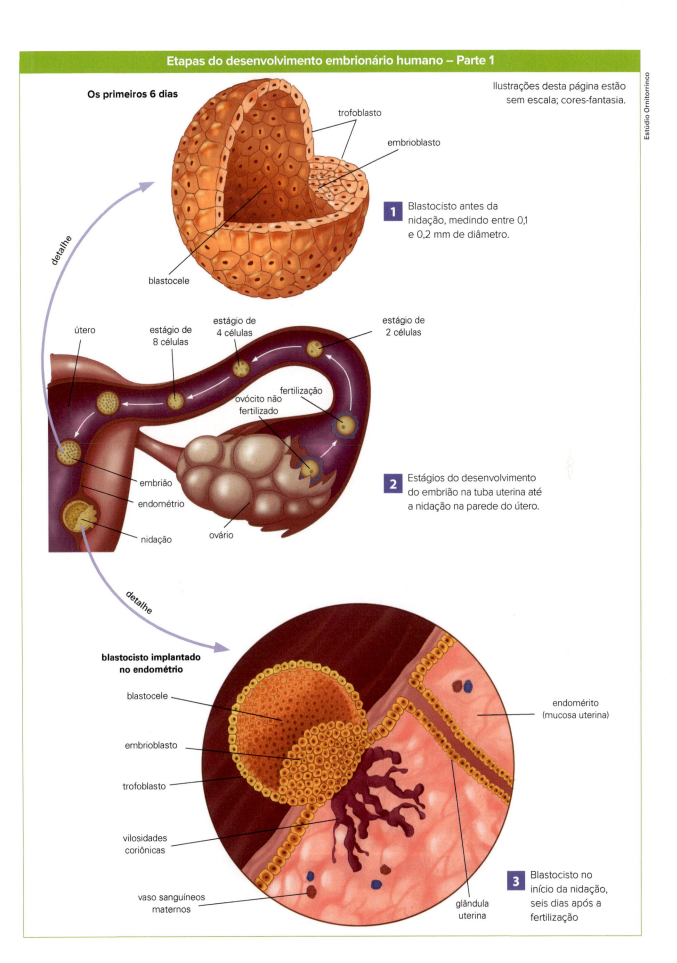

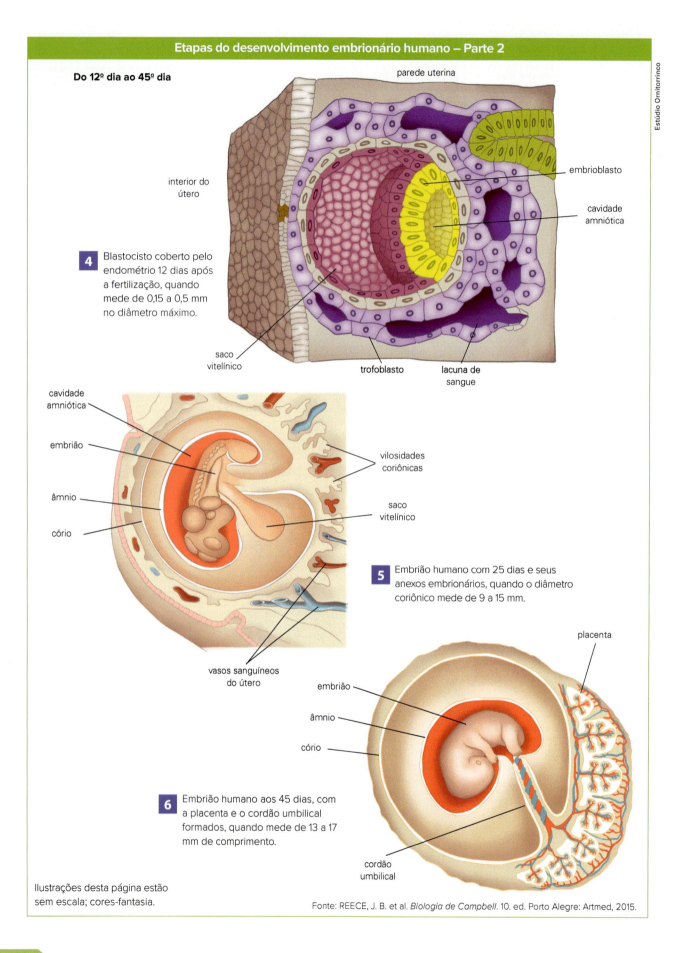

Entre a quarta e a oitava semana ocorre a organogênese. Ao final da oitava semana, o embrião mede por volta de 3,0 cm e está com a maioria dos órgãos formados.

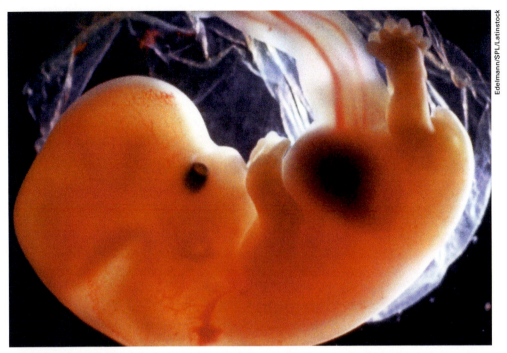

Fotografia de embrião humano de 8 semanas, medindo cerca de 3 cm de comprimento.

## ▶ Fase fetal

Ao atingir a nona semana, a organogênese está completa, e o embrião adquire aparência humana, passando a ser chamado de **feto**. O período fetal (da nona semana até o nascimento) é marcado pelo amadurecimento dos órgãos e por rápido crescimento. Com 12 semanas, o feto mede por volta de 8 cm e pesa cerca de 30 g; ao nascer, cerca de 38 semanas após a fecundação, a criança pesa entre 3 kg e 3,5 kg e mede entre 48 cm e 52 cm de comprimento.

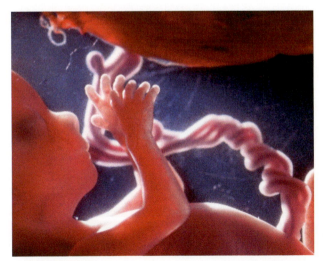

Fotografia de feto humano aos 3 meses e com cerca de 8 cm de comprimento, quando se iniciam os movimentos e o sexo está visível externamente.

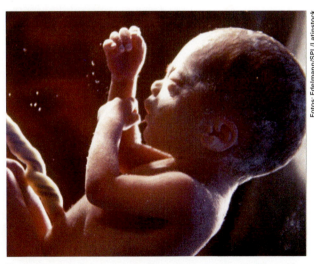

Fotografia de feto humano aos 8 meses, com cerca de 45 cm, já chegando ao momento de nascer.

Desenvolvimento embrionário humano   Capítulo 17   **213**

## Foco em saúde

### Gestação, medicamentos e outras drogas

Durante a gravidez, todas as substâncias consumidas pela mãe, sejam elas saudáveis ou não, têm influência sobre o embrião em desenvolvimento. A ingestão de algumas substâncias pode deixar sequelas graves e irreversíveis na criança.

Entre os medicamentos, a talidomida ficou mundialmente conhecida pelos efeitos nocivos que causou a um grande número de crianças. No final da década de 1950, essa droga tornou-se um dos medicamentos mais vendidos em quase todo o mundo. Considerada uma droga segura, com poucos efeitos colaterais, inicialmente era indicada para irritabilidade, insônia e ansiedade, mas se popularizou por ser muito eficiente contra os enjoos matinais que ocorrem nas primeiras semanas de gravidez.

Na época, a talidomida não havia sido submetida a testes de teratogenicidade, que avaliam o risco de um medicamento causar malformações congênitas. E ela provocou efeitos desastrosos.

Ao final de 1961, reconheceu-se que a talidomida havia provocado deformidades ósseas nos braços e pernas, problemas auditivos, oculares e também em órgãos internos em mais de 10 mil crianças.

Atualmente a talidomida ainda é utilizada no tratamento de várias doenças, como lúpus, câncer, aids, hanseníase e doença de Crohn, mas deve ser evitada por mulheres em idade fértil. E é sempre bom lembrar que todo medicamento deve ser usado sob prescrição médica, especialmente no caso de mulheres grávidas.

Além dos fármacos, o embrião é suscetível a outras drogas. O álcool atravessa a placenta e atinge o feto, podendo causar alterações graves no bebê, principalmente no desenvolvimento neurológico. O tabaco prejudica o transporte de oxigênio e de alimento para o feto, pois a nicotina presente no cigarro pode causar diminuição no volume dos vasos sanguíneos do cordão umbilical. É comum mulheres fumantes terem filhos menores, com baixo peso. O risco de abortos e partos prematuros também é maior nessa situação.

Drogas como cocaína e *crack* provocam graves problemas no desenvolvimento do feto, além de distúrbios de comportamento na criança. Alguns bebês podem nascer com síndrome de abstinência, hipertensão e taquicardia. Já a gestante pode sofrer com hemorragias e sangramentos, aumentando o risco de parto prematuro.

A utilização de maconha durante a gravidez pode alterar o desenvolvimento do feto e causar distúrbios neurocomportamentais nos primeiros anos de vida.

1. As indicações para mulheres grávidas há mais de 30 anos eram bastante diferentes destas. Converssem com mulheres que engravidaram nesta fase e investiguem se havia restrições e quais os problemas decorrentes das medidas tomadas ou não.

Para garantir o nascimento de uma criança saudável, a mulher grávida deve tomar alguns cuidados, entre eles, evitar o uso de medicamentos, não fumar, não tomar bebidas alcoólicas e não usar drogas durante a gravidez.

## ▸ Nascimento

Quando o desenvolvimento fetal se completa, nove meses após a última menstruação, a mulher entra em trabalho de parto: iniciam-se as contrações uterinas; a bolsa amniótica se rompe, liberando o líquido amniótico; o canal vaginal dilata-se, e o bebê é empurrado para fora do útero. Logo após o nascimento, o cordão umbilical é cortado pelo assistente do parto. A placenta se descola do útero, sendo eliminada através do canal vaginal.

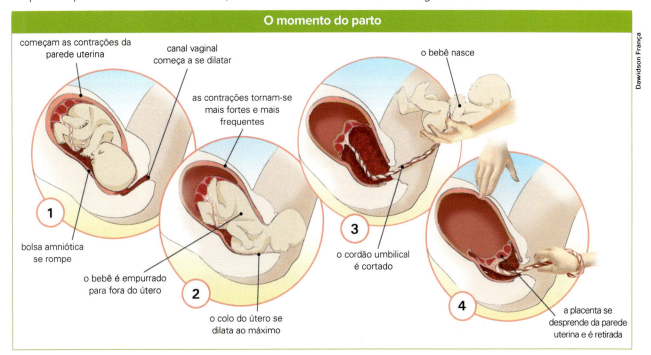

Esquema do útero em corte mostrando as principais etapas do parto.

### Biologia e Sociologia

#### Legislação sobre o aborto

Aborto é definido como a interrupção da gravidez, espontânea ou provocada, com a remoção ou expulsão do ovo ou zigoto (até três semanas de gestação), do embrião (de três semanas a três meses), ou do feto (após três meses de gestação).

A Constituição brasileira considera que a vida se inicia no momento da fecundação, e que a partir daí, o embrião passa a ter todos os direitos civis garantidos. Por isso, de acordo com o Código Penal Brasileiro, em vigor desde 1984, o autoaborto e o consentimento para a realização do aborto são considerados crimes, que podem ser punidos com até três anos de detenção. No entanto, o aborto é permitido em três situações: quando a gravidez for de alto risco para a vida da mãe; quando a gravidez for resultado de estupro; e, desde 2012, quando o feto é anencéfalo, ou seja, quando não possui cérebro, conforme a Arguição de Descumprimento de Preceito Fundamental (ADPF) 54, aprovada pelo Supremo Tribunal Federal (STF).

Nesses casos, o aborto é realizado gratuitamente pelo Sistema Único de Saúde (SUS), sem necessidade de autorização judicial.

1. Apesar de existirem essas diretrizes, a questão da legalização ou não do aborto está longe de ser resolvida. Debata em sala: as leis existentes são suficientes ou são insuficientes para lidar com o tema.

## ▶ Nascimento múltiplo – os gêmeos

Na espécie humana, uma gestação geralmente leva ao nascimento de um único bebê. Não são incomuns, no entanto, os nascimentos múltiplos, quando uma gestação leva ao nascimento de dois ou mais bebês, denominados gêmeos.

A gestação de gêmeos pode acontecer quando duas ou mais ovulações ocorrem em períodos muito próximos e cada ovócito é fertilizado por um espermatozoide diferente. Caso os embriões formados dessa maneira consigam nidificar, eles se desenvolverão em locais diferentes do útero e com anexos embrionários próprios. Esses gêmeos são denominados **dizigóticos** (ou **fraternos**) e possuem cargas genéticas diferentes, podendo inclusive apresentar sexos opostos, tal como ocorre entre irmãos de gestações separadas.

Ilustrações desta página estão sem escala; cores-fantasia.

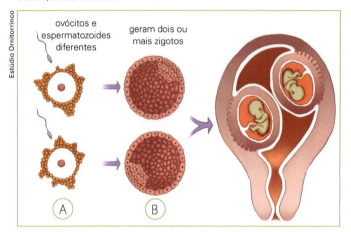

Gêmeos dizigóticos formam-se a partir de dois ovócitos fertilizados por espermatozoides diferentes.

Gêmeos dizigóticos possuem material genético diferente e podem ser fisicamente diferentes, inclusive em relação ao sexo.

O nascimento múltiplo pode ocorrer também quando um único zigoto separa-se em duas ou mais partes, após as primeiras clivagens, e cada uma delas se desenvolve de maneira independente, gerando embriões diferentes. Os gêmeos formados dessa maneira são chamados **monozigóticos** (ou **idênticos**) e possuem a mesma carga genética, pois resultam de uma única fertilização. Eles, portanto, apresentam o mesmo sexo e são fisicamente semelhantes. Em muitos casos, na fase inicial da implantação, cada blastocisto gera seu próprio cório, mas há casos em que ocorre a fusão dos córios e a formação de uma única placenta.

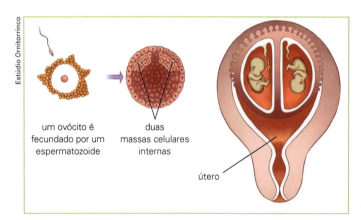

Gêmeos monozigóticos formam-se a partir de um único ovócito fertilizado por um espermatozoide. No início da clivagem, são gerados dois embrioblastos.

Gêmeos monozigóticos possuem o mesmo material genético e são fisicamente semelhantes.

Em raras circunstâncias ocorre a separação tardia e incompleta dos embrioblastos. Nesses casos, ocorre o nascimento de gêmeos unidos por alguma parte do corpo, denominados siameses (ou xifópagos). Os gêmeos siameses podem estar unidos por partes diferentes, desde alguns órgãos até quase todo o corpo. Dependendo do caso, é possível separá-los cirurgicamente.

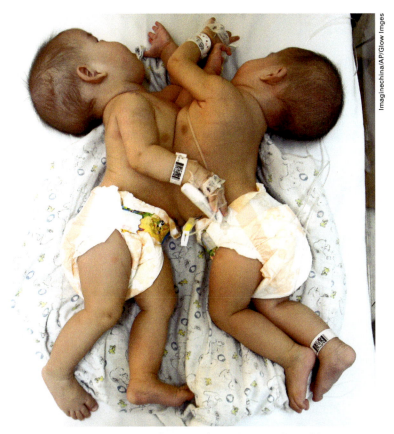

Gêmeos siameses unidos pelo tórax e abdômen. Shangai, China, 2011.

## Atividades

1. Diferencie um feto e um embrião humanos.
2. Todos os gêmeos são idênticos? Justifique.
3. Embora exista a definição constitucional, algumas pessoas consideram a fecundação o marco para o início da vida; outras, que um ser humano está vivo quando é capaz de sentir estímulos; e outras creem que apenas quando ele pode sobreviver por seus próprios órgãos. Para você, a partir de que momento um ser humano está vivo?
4. Explique como funciona um método contraceptivo que impede a nidação.
5. No Brasil, anualmente, um grande número de mulheres recorre a abortos ilegais, o que causa a morte de muitas delas. Que situações você acha que podem levar uma mulher a recorrer a esse procedimento ilegal? O que poderia ser feito para evitar essas mortes?

## PARA LER E REFLETIR

**Texto 1**

### Gravidez na adolescência: desejo ou subversão?

Talvez não se trate nem de subversão nem de desejo. Talvez se possa até pensar em acaso, descuido, ingenuidade, submissão e tantos outros fatores. No entanto, a análise do discurso de muitas garotas que engravidam na época da adolescência se refere fortemente ao desejo de ter um/a filho/a, acreditando que a aquisição do *status* de mãe pode conduzi-las a uma valorização social.

E não é para menos. Apesar de tantas mudanças sociais ocorridas nos últimos anos, ainda faz parte da socialização de qualquer menina que seu grande valor está numa maternidade futura. Mesmo com a variedade de papéis desempenhados pelas mulheres dentro da sociedade, o papel de mãe não foi, nem de leve, ameaçado. [...]

A gravidez na adolescência, em nosso contexto sociocultural, tem sido vista e tratada como uma questão exclusiva do universo feminino. Podemos detectar isto ao identificar como são poucas as agendas que relatam experiências de pais adolescentes. [...]

Relatórios, diagnósticos, jornais, revistas e programas de televisão vêm destacando o tema da gravidez na adolescência com fatos e números, tentando denunciar e dar visibilidade ao aumento de meninas grávidas em todo o país. Incluem, nessas matérias, fatores que apontam os riscos físicos de uma gravidez precoce, os riscos psíquicos dessa experiência, os prejuízos sociais para a jovem mãe, principalmente centrados no afastamento da vida escolar e no abandono dos projetos futuros. Raramente, focalizam experiências nas quais havia o desejo de maternidade e de paternidade, ou seja, situações em que adolescentes decidiram ter filhos e cuidarem de suas vidas. [...]

ARRUDA, Silvani; CAVASIN, Sylvia. Gravidez na adolescência: desejo ou subversão? In: Ministério da Saúde. *Prevenir é sempre melhor*: 1999. Brasília, 2000. Disponível em: <http://bvsms.saude.gov.br/bvs/publicacoes/156_04PGM2.pdf>. Acesso em: 21 dez. 2015.

A maioria das mães jovens abandona os estudos para cuidar do bebê.

### Texto 2

### No Brasil, 75% das adolescentes que têm filhos estão fora da escola

S. A. tinha 16 anos e iniciava o terceiro ano do ensino médio na Zona Sul de São Paulo quando descobriu que estava grávida do então namorado. Aos cinco meses de gravidez, a dificuldade de se locomover a pé até a escola a fez desistir de estudar. Hoje, seu filho B. tem seis meses, e a jovem passa os dias em casa cuidando do bebê, enquanto tenta uma vaga em uma creche pública, para poder então voltar às aulas.

A jovem S., hoje com 17 anos, encara a realidade de outras mais de 309 mil mães adolescentes que estão fora da escola, segundo levantamento do Movimento Todos pela Educação, com base na Pesquisa Nacional por Amostra de Domicílios (Pnad) de 2013 [...].

A Pnad mostrou que o Brasil tinha 5,2 milhões de meninas de 15 a 17 anos. Dessas, 414 105 tinham pelo menos um filho. Neste grupo, apenas 104 731 estudam. As outras 309 374 estão fora da escola. Um pequeno grupo só trabalha (52 062).

A maioria dessas jovens (257 312 adolescentes) não estudam nem trabalham. É o caso de S. A., que depois do nascimento de B. teve de parar de estudar e trabalhar. "Quero concluir o ensino médio e conseguir um emprego", diz S. A. [...].

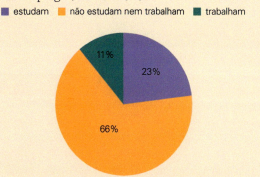

Situação escolar e profissional de meninas entre 15 e 17 anos com pelo menos um filho, com dados da Pesquisa Nacional por Amostra de Domicílio (Pnad), IBGE, 2013.

Disponível em: <http://g1.globo.com/educacao/noticia/2015/03/no-brasil-75-das-adolescentes-que-tem-filhos-estao-fora-da-escola.html>. Acesso em: 28 dez. 2015.

### QUESTÕES

1. Responda em seu caderno.
   a) Os adolescentes estão preparados para serem pais? Quais são as principais dificuldades de uma gravidez precoce?
   b) Em relação à escolha dos métodos contraceptivos, a decisão da menina é preponderante sobre a dos meninos? Argumente sobre sua resposta.
   c) Você conhece alguém da sua idade que já é mãe ou pai? Compartilhe essa experiência com os colegas.

2. Com a ajuda do professor, dividam-se em dois grupos para debater os textos. Cada grupo defenderá um deles. Conversem com os colegas, apontando as principais ideias que o grupo vai defender, e elaborem uma argumentação para apresentar aos demais.

## Mãos à obra!

O professor organizará a turma em grupos e distribuirá entre eles os temas listados ao lado. Cada grupo deve pesquisar e preparar uma exposição sobre o tema para a classe.

**Tema 1**: Causas da infertilidade masculina e feminina
**Tema 2**: Métodos de fertilização artificial
**Tema 3**: Cuidados com a gestante
**Tema 4**: Cuidados com o recém-nascido

# Explorando habilidades e competências

### Células-tronco multipotentes

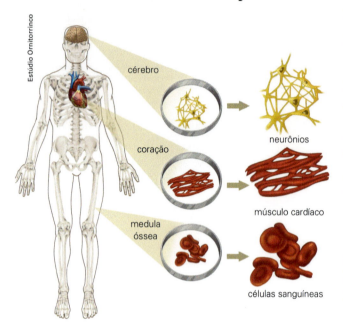

Diferentes fontes de células-tronco multipotentes no corpo. Ilustração sem escala: cores-fantasia.

As células-tronco multipotentes têm a capacidade de gerar um número limitado de células especializadas. Elas são encontradas em quase todo o corpo, sendo capazes de gerar células dos tecidos de que são provenientes. São responsáveis também pela constante renovação celular que ocorre em nossos órgãos. As células da medula óssea, as células-tronco neurais do cérebro, as células do sangue do cordão umbilical e as células mesenquimais são exemplos de células-tronco multipotentes [...]

Laboratório Nacional de Células-tronco Embrionárias - Rio de Janeiro. Células-tronco o que são? Disponível em: <www.lance-ufrj.org/ceacutelulas-tronco.html>. Acesso em: 10 mar. 2016.

1. Defina célula-tronco.
2. Esse tipo de célula é comum no corpo humano? Justifique.
3. Uma célula-tronco obrigatoriamente se diferencia em uma célula especializada?
4. Existe uma grande polêmica sobre o uso de células tronco embrionárias para alguns tipos de tratamento e para a pesquisa, porque essas células envolvem a destruição de embriões, mesmo que em estágios muito iniciais de desenvolvimento. Sabendo que existem células tronco no sangue do cordão umbilical, que podem ser extraídas sem envolver a destruição do embrião, explique por que o uso de células tronco embrionárias é considerado necessário?
5. Em seu caderno, faça um esquema semelhante ao mostrado nessa seção, considerando que a célula inicial é uma célula-tronco pluripotente, obtida a partir do embrião na fase de blastocisto.

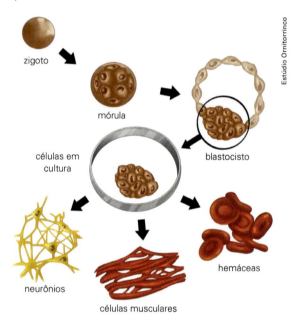

6. Células-tronco totipotentes são o único tipo capaz de originar um organismo completo, uma vez que têm a capacidade de gerar todos os tipos de células e tecidos do corpo, incluindo tecidos embrionários e extra embrionários (como a placenta, por exemplo). Os únicos exemplos de células-tronco totipotentes são o óvulo fecundado (zigoto) e as primeiras células provenientes do zigoto, até a fase de 16 células da mórula inicial (um estágio bem precoce do desenvolvimento embrionário, antes do estágio de blastocisto).

Laboratório Nacional de Células-tronco Embrionárias - Rio de Janeiro. Células-tronco o que são? Disponível em: <www.lance-ufrj.org/ceacutelulas-tronco.html>. Acesso em: 10 mar. 2016.

Com base no texto acima e nas informações da questão anterior, explique por que as células-tronco pluripotentes não são capazes de originar um organismo completo.

# Para rever e estudar

## Questões do Enem

**1.** (Enem – 2015) Um importante princípio da biologia, relacionado à transmissão de caracteres e à embriogênese humana, foi quebrado com a descoberta do microquimerismo fetal. Microquimerismo é o nome dado ao fenômeno biológico referente a uma pequena população de células ou DNA presente em um indivíduo, mas derivada de um organismo geneticamente distinto. Investigando-se a presença do cromossomo Y, foi revelado que diversos tecidos de mulheres continham células masculinas. A análise do histórico médico revelou uma correlação extremamente curiosa: apenas as mulheres que antes tiveram filhos homens apresentaram microquimerismo masculino. Essa correlação levou à interpretação de que existe uma troca natural entre células do feto e maternas durante a gravidez.

MUOTRI, A. Você não é só você: carregamos células maternas na maioria de nossos órgãos. Disponível em: http://g1.globo.com. Acesso em: 4 dez. 2012 (adaptado).

O princípio contestado com essa descoberta, relacionado ao desenvolvimento do corpo humano, é o de que

a) o fenótipo das nossas células pode mudar por influência do meio ambiente.

b) a dominância genética determina a expressão de alguns genes.

c) as mutações genéticas introduzem variabilidade no genoma.

d) as mitocôndrias e o seu DNA provêm do gameta materno.

e) as nossas células corporais provêm de um único zigoto.

**2.** (Enem PPL – 2014) Os gêmeos sempre exerceram um fascínio para a maioria das pessoas, principalmente os monozigóticos ou idênticos. Parte desse interesse está relacionada ao fato de que esses indivíduos representam a manifestação natural que mais se aproxima da clonagem na espécie humana.

O mecanismo que está associado com a formação dos indivíduos citados é a

a) divisão do feto em gestação em dois indivíduos separados.

b) divisão do embrião em dois grupos celulares independentes.

c) fecundação de um óvulo por dois espermatozoides diferentes.

d) ocorrência de duas fecundações simultâneas no útero materno.

e) fertilização sucessiva de dois óvulos por apenas um espermatozoide.

**3.** (Enem – 2014)

A talidomida é um sedativo leve e foi muito utilizado no tratamento de náuseas, comuns no início da gravidez. Quando foi lançada, era considerada segura para o uso de grávidas, sendo administrada como uma mistura racêmica composta pelos seus dois enantiômeros (R e S). Entretanto, não se sabia, na época, que o enantiômero S leva à malformação congênita, afetando principalmente o desenvolvimento normal dos braços e pernas do bebê.

COELHO, F. A. S. "Fármacos e quiralidade". Cadernos Temáticos de Química Nova na Escola, São Paulo, n. 3, maio 2001 (adaptado).

Essa malformação congênita ocorre porque esses enantiômeros

a) reagem entre si.

b) não podem ser separados.

c) não estão presentes em partes iguais.

d) interagem de maneira distinta com o organismo.

e) são estruturas com diferentes grupos funcionais.

**4.** (Enem 2ª aplicação – 2010) A utilização de células-tronco do próprio indivíduo (autotransplante) tem apresentado sucesso como terapia medicinal para a regeneração de tecidos e órgãos cujas células perdidas não têm capacidade de reprodução, principalmente em substituição aos transplantes, que causam muitos problemas devido à rejeição pelos receptores.

O autotransplante pode causar menos problemas de rejeição quando comparado aos transplantes tradicionais, realizados entre diferentes indivíduos. Isso porque as

a) células-tronco se mantém indiferenciadas após sua introdução no organismo do receptor.

b) células provenientes de transplantes entre diferentes indivíduos envelhecem e morrem rapidamente.

Desenvolvimento embrionário humano **Capítulo 17** 221

# Para rever e estudar

c) células-tronco, por serem doadas pelo próprio indivíduo receptor, apresentam material genético semelhante.

d) células transplantadas entre diferentes indivíduos se diferenciam em tecidos tumorais no receptor.

e) células provenientes de transplantes convencionais não se reproduzem dentro do corpo do receptor.

## ▶ Questões de vestibulares

**1.** (Fuvest-SP – 2015) Considere a árvore filogenética abaixo.

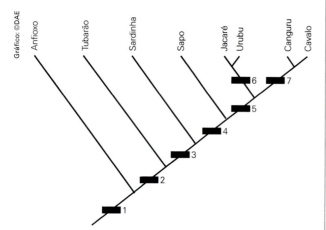

Essa árvore representa a simplificação de uma das hipóteses para as relações evolutivas entre os grupos a que pertencem os animais exemplificados. Os retângulos correspondem a uma ou mais características que são compartilhadas pelos grupos representados acima de cada um deles na árvore e que não estão presentes nos grupos abaixo deles.

A presença de notocorda, de tubo nervoso dorsal, de vértebras e de ovo amniótico corresponde, respectivamente, aos retângulos

a) 1, 2, 3 e 4.
b) 1, 1, 2 e 5.
c) 1, 1, 3 e 6.
d) 1, 2, 2 e 7.
e) 2, 2, 2 e 5.

**2.** (Unicamp-SP – 2015) Um cidadão foi preso por um crime que não cometeu. O exame do DNA encontrado na cena do crime revelou que ele é compatível com o do indivíduo apontado como culpado. As provas colhidas em um outro crime, ocorrido durante a reclusão do suposto criminoso, curiosamente apontaram o mesmo perfil genético, colocando em cheque o trabalho de investigação realizado. As suspeitas então recaíram sobre um irmão gêmeo do indivíduo.

a) Como são denominados os gêmeos do caso investigado? Que tipo de análise seria capaz de distinguir os gêmeos?

b) Descreva os processos de fecundação e desenvolvimento embrionário que podem ter gerado os gêmeos envolvidos no caso investigado.

**3.** (UFU-MG – 2015) A figura representa esquematicamente o estágio de nêurula de um embrião de cordado. Os folhetos embrionários estão representados pelos números de 1 a 3 e as estruturas A, B, C e D são oriundas do desenvolvimento e diferenciação dos folhetos embrionários.

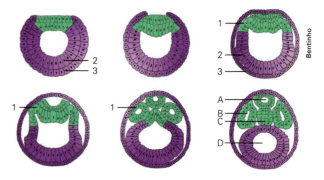

a) Indique a letra e o nome da estrutura que desaparece no decorrer do desenvolvimento embrionário dos mamíferos, dando lugar à coluna vertebral.

b) Indique os números e os nomes dos folhetos embrionários que dão origem, respectivamente, às células intestinais e às células neurais, nos mamíferos adultos.

c) Indique a letra e o nome da estrutura onde ficarão alojados os futuros órgãos do animal. Tal estrutura origina-se a partir de qual folheto embrionário?

4. (PUC-RJ – 2015) Com relação ao desenvolvimento embrionário dos animais, não é correto afirmar que

a) a diferença entre animais protostomados e deuterostomados diz respeito, no embrião, aos diferentes momentos de formação da boca e do ânus.

b) animais triploblásticos são aqueles que apresentam embriões com três folhetos embrionários.

c) a diferença entre animais diploblásticos e triploblásticos está no número de tecidos embrionários.

d) a ectoderme embrionária irá formar a epiderme; e a endoderme embrionária, a derme.

e) ectoderme, endoderme e mesoderme são tecidos embrionários.

5. (IFSC – 2015)

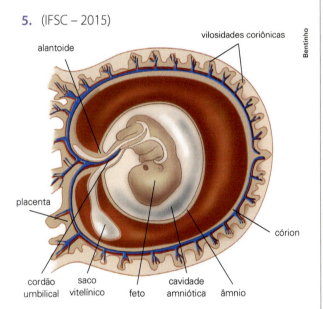

Anexos embrionários são estruturas que derivam dos folhetos germinativos do embrião, mas que não fazem parte do corpo desse embrião. Os anexos embrionários são: vesícula vitelina (saco vitelínico), cordão umbilical, âmnio (ou bolsa amniótica), cório e alantoide. Com base na figura acima e com relação à placenta e aos anexos embrionários, assinale a soma da(s) proposição(ões) correta(s).

01) O cordão umbilical é um anexo embrionário exclusivo de mamíferos.

02) A placenta é um órgão constituído tanto de tecidos materno quanto fetais (cordão umbilical) que possuem a função de transportar nutrientes e oxigênio da circulação da mãe para o feto. O sangue da mãe se mistura com o do feto, uma vez que os vasos sanguíneos de ambos são contínuos.

04) O âmnio é uma membrana que envolve completamente o embrião, delimitando uma cavidade denominada cavidade amniótica. Essa cavidade contém o líquido amniótico, cujas funções são proteger o embrião contra choques mecânicos e dessecação.

08) O alantoide é uma bolsa contendo substâncias de reserva energética (vitelo), responsável pela nutrição do embrião. Nos mamíferos placentários, o alantoide possui pequenas dimensões, sendo a nutrição desempenhada pela placenta.

16) O cório é o anexo embrionário mais externo, presente em répteis, aves e mamíferos.

6. (Uepa – 2015) Nos vertebrados aparecem estruturas embrionárias que auxiliam no desenvolvimento do embrião desses animais. A estrutura presente na maioria dos mamíferos e em algumas espécies de peixes, formada pela união de vilosidades do córion com o endométrio é denominada de:

a) âmnio         d) alantoide
b) chalaza       e) saco vitelínico
c) placenta

7. (PUCRJ – 2015) A respeito do ovo amniótico, produzido por répteis (incluindo as aves) e mamíferos, considere as afirmativas a seguir.

I. Permitiu aos amniotas ocupar um número maior de ambientes do que aqueles ocupados pelos anfíbios.

II. Difere do ovo dos anfíbios e peixes apenas pela presença de uma casca calcária.

III. É nomeado em função da presença do âmnio, membrana que circunda o embrião e o envolve em uma cavidade preenchida por fluido.

# Para rever e estudar

IV. É considerado uma característica derivada compartilhada nos amniotas.

É correto o que se afirma em:

a) Somente I, III e IV.
b) Somente II, III e IV.
c) Somente III.
d) Somente I, II e IV.
e) I, II, III e IV.

**8.** (UPM-SP – 2015)

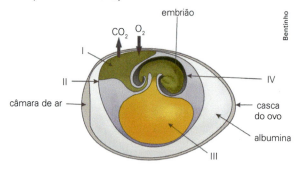

O desenho acima mostra um ovo terrestre de um réptil.

As setas I, II, III e IV correspondem, respectivamente, aos seguintes anexos embrionários:

a) alantoide, cório, saco vitelínico e âmnio.
b) alantoide, âmnio, saco vitelínico e cório.
c) cório, alantoide, âmnio e saco vitelínico.
d) saco vitelínico, alantoide, cório e âmnio.
e) âmnio, alantoide, cório e saco vitelínico.

**9.** (FGV-SP – 2015) A figura ilustra os vasos sanguíneos maternos e fetais na região da placenta, responsável pela troca dos gases respiratórios oxigênio e dióxido de carbono.

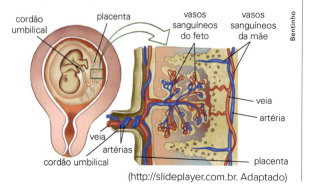

(http://slideplayer.com.br. Adaptado)

Como a circulação e a ventilação pulmonar nos fetos só iniciam após o nascimento, conclui-se que o sangue do cordão umbilical é conduzido

a) pela veia, sob alta concentração de gás carbônico e baixa pressão hidrostática.
b) pelas artérias, sob baixa concentração de gás oxigênio e baixa pressão hidrostática.
c) pelas artérias, sob baixa concentração de gás oxigênio e alta pressão hidrostática.
d) pelas artérias, sob alta concentração de gás oxigênio e alta pressão hidrostática.
e) pela veia, sob alta concentração de gás carbônico e alta pressão hidrostática.

**10.** (UFU-MG – 2015) As figuras a seguir representam o processo das clivagens iniciais do desenvolvimento embrionário em três organismos diferentes (I, II e III).

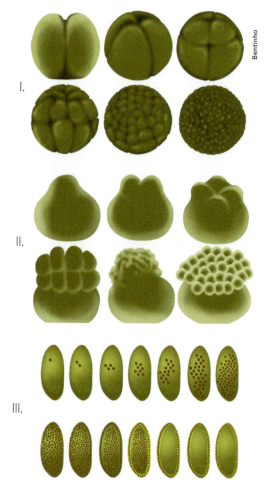

http://biofraganunes.blogspot.com.br/20111/10/embriologia.html.
Acesso: 14 mar. 2016.

Qual alternativa apresenta a associação correta entre os processos de clivagens e o organismo correspondente?

a) I – répteis; II – mamíferos; III – peixes.
b) I – anfíbio; II – aves; III – artrópodes.
c) I – artrópodes; II – répteis; III – aves.
d) I – aves; II – artrópodes; III – mamíferos.

**11.** (Udesc – 2014) O desenvolvimento embrionário é diversificado entre os diferentes grupos animais, e ocorre, de maneira geral, em três fases consecutivas. Assinale a alternativa correta quanto ao desenvolvimento embrionário dos anfioxos.

a) A organogênese é a fase em que o arquêntero, ou intestino primitivo, é formado a partir da blastocele.
b) A gastrulação é o processo de formação dos órgãos, sendo possível visualizar o tubo neural e o intestino, ao final dessa fase.
c) A organogênese é o processo de transformação da blástula em gástrula.
d) A segmentação é um processo em que o zigoto sofre clivagens (divisões), originando os blastômeros.
e) A neurulação é o início da formação dos folhetos embrionários denominados ectoderme e endoderme, a partir da gástrula.

**12.** (PUC-RS – 2014) Durante o desenvolvimento dos animais, um processo morfogênico chamado de gastrulação origina os tecidos embrionários, coletivamente chamados de folhetos embrionários: a ectoderme, a endoderme e a mesoderme. Com base nessa afirmativa, relacione os folhetos embrionários com alguns de seus derivados em vertebrados adultos.

( 1 ) ectoderme    (///) sistemas esquelético e motor
( 2 ) endoderme    (///) fígado
( 3 ) mesoderme    (///) sistema nervoso e glândula hipófise
                        (///) pâncreas e glândula tireoide

O correto preenchimento dos parênteses, de cima para baixo,

a) 1 – 2 – 3 – 1
b) 1 – 3 – 2 – 3
c) 2 – 1 – 3 – 3
d) 2 – 3 – 1 – 2
e) 3 – 2 – 1 – 2

Responda a questão a seguir no caderno.

**13.** (UFG – 2014) Analise a figura a seguir que representa a gástrula, uma estrutura embrionária.

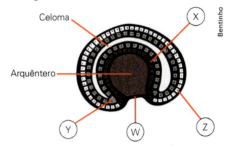

Considerando a figura:

a) denomine os folhetos embrionários primordiais X, Y e Z, respectivamente, e identifique o folheto que irá originar a notocorda;
b) nomeie a estrutura W. Com base no desenvolvimento embrionário dessa estrutura, explique a classificação dos moluscos e dos equinodermos.

**14.** (Udesc – 2014) O desenvolvimento embrionário é diversificado entre os diferentes grupos animais, e ocorre, de maneira geral, em três fases consecutivas. Assinale a alternativa correta quanto ao desenvolvimento embrionário dos anfioxos.

a) A organogênese é a fase em que o arquêntero, ou intestino primitivo, é formado a partir da blastocele.
b) A gastrulação é o processo de formação dos órgãos, sendo possível visualizar o tubo neural e o intestino, ao final dessa fase.
c) A organogênese é o processo de transformação da blástula em gástrula.
d) A segmentação é um processo em que o zigoto sofre clivagens (divisões), originando os blastômeros.
e) A neurulação é o início da formação dos folhetos embrionários denominados ectoderme e endoderme, a partir da gástrula.

Desenvolvimento embrionário humano    Capítulo 17    225

# UNIDADE

# 6

# HISTOLOGIA ANIMAL

Nas plantas e nos animais, células de diversos tipos formam grupos e trabalham em conjunto, desempenhando uma ou mais funções. Nesses grupos, as células podem estar unidas por contato direto entre suas membranas ou por uma substância conectiva composta de vários elementos, a matriz extracelular. Esses grupos de células, chamados tecidos, são objeto de estudo da Histologia. Nos animais existem quatro tipos de tecido: epitelial, conjuntivo, muscular e nervoso, que, organizados e atuando em conjunto, formam cada um dos diferentes órgãos do corpo humano. Os ossos, por exemplo, são formados por tecido? Por que os ossos são duros? O que é osteoporose? Essas e outras perguntas podem ser respondidas com os conteúdos abordados nessa unidade.

Sentado em frente ao computador ou dando um salto de balé, como na imagem do lado, a sustentação e o movimento do corpo depende dos ossos que, embora duros, também são formados por tecidos vivos.

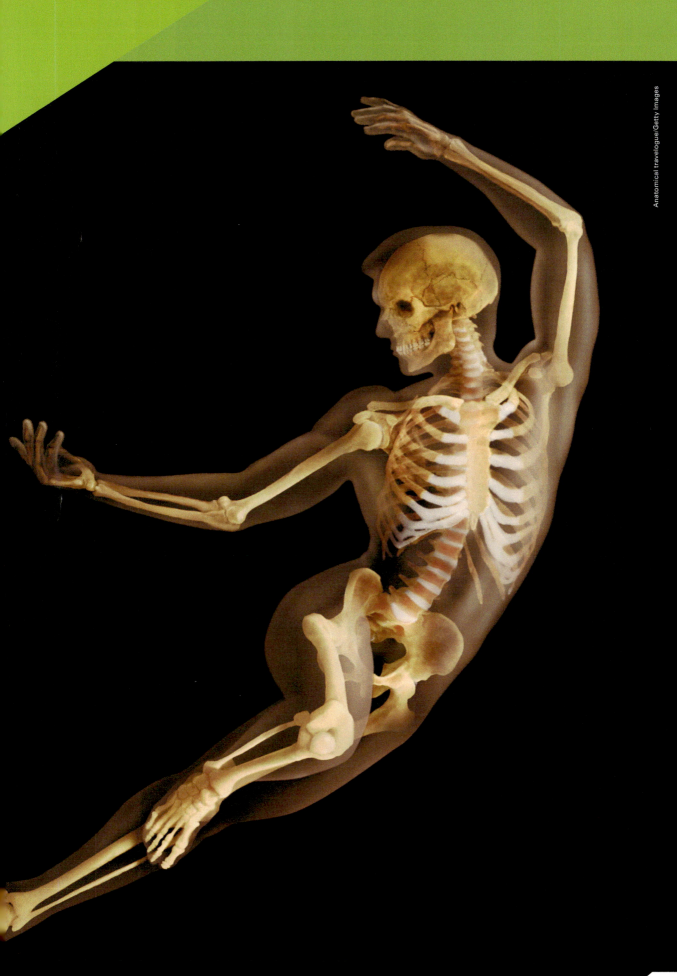

# CAPÍTULO 18

## TECIDO EPITELIAL

O **tecido epitelial** (ou **epitélio**) é formado por uma ou mais camadas de células dispostas lado a lado e intimamente unidas entre si por vários tipos de junções celulares (como os desmossomos, apresentados na Unidade 2) que deixam pouco ou nenhum espaço entre elas. Esse tecido apresenta, portanto, pouca ou nenhuma matriz extracelular, uma massa que se localiza externamente às células, rica em proteínas e que ajuda a mantê-las unidas.

O epitélio recobre toda a superfície do corpo e as cavidades internas dos órgãos. A forte adesão entre as células proporciona a esse tecido a capacidade de não se desintegrar ao ser esticado, como no caso da pele ao ser beliscada. A adesão das células proporciona, também, a capacidade de esse tecido atuar como uma barreira seletiva importante, como ocorre na parede interna dos intestinos, pois apenas substâncias capazes de entrar nas células conseguem atravessá-lo.

A camada externa da pele é um tecido epitelial. Uma de suas características é a forte aderência das células desse tecido.

Alguns tecidos epiteliais contêm células especializadas em produzir e secretar substâncias. Eles são denominados **tecidos epiteliais glandulares** (ou **secretores**). Os outros epitélios são denominados **tecidos epiteliais de revestimento**.

### ▶ Tecido epitelial de revestimento

O tecido epitelial de revestimento recobre o corpo e as cavidades dos órgãos. É constituído por células regulares, que podem ser achatadas, cilíndricas ou cúbicas, firmemente aderidas, justapostas, com pouca ou nenhuma matriz extracelular. Ele pode ser formado por uma única camada de células (**epitélio simples**) ou por várias camadas (**epitélio estratificado**).

Nos epitélios estratificados, as células da camada externa (apicais), que estão em contato com o meio externo ou com a cavidade do órgão, são diferentes das células das camadas mais internas (basais) e podem apresentar especializações como microvilosidades e cílios. Em alguns animais, o epitélio pode ainda apresentar estruturas complexas, como pelos, penas e escamas.

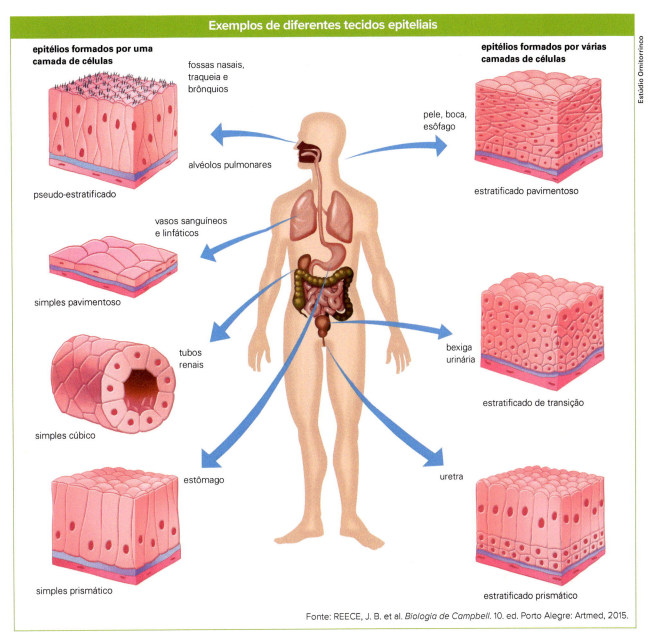

Esquema dos diferentes tipos de tecidos epiteliais de revestimento localizados no corpo humano.

Ilustrações desta página estão sem escala; cores-fantasia.

Na base do epitélio, simples ou estratificado, há uma lâmina de matriz extracelular altamente organizada, a **lâmina basal**, que o conecta ao tecido conjuntivo subjacente. Como os epitélios de revestimento não apresentam vasos sanguíneos, a nutrição, a excreção e as trocas gasosas ocorrem por difusão entre as células dos tecidos epiteliais e o tecido conjuntivo com o qual estão em contato.

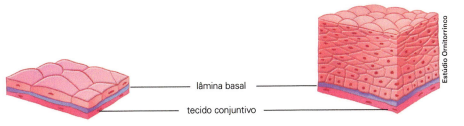

Esquema da localização da lâmina basal e do tecido conjuntivo em tecido epitelial simples pavimentoso (à esquerda) e tecido epitelial estratificado pavimentoso (à direita).

Fonte: REECE, J. B. et. al. *Biologia de Campbell*. 10. ed. Porto Alegre: Artmed, 2015.

Tecido epitelial  Capítulo 18  229

## A pele humana

A pele humana é, em extensão, o maior órgão do corpo humano. Ela apresenta uma camada externa, a epiderme, e uma interna, a derme.

A **epiderme** é formada por epitélio estratificado de origem embrionária ectodérmica, muito fino, medindo cerca de 0,2 milímetro de espessura. Os **queratinócitos** constituem o principal tipo celular da epiderme. Os superficiais, mortos, apresentam-se impregnados de queratina, uma proteína impermeável e resistente à distensão que evita a perda excessiva de água. Os mais profundos, da epiderme, são vivos e se dividem por mitose constantemente, originando células que são empurradas para a superfície do corpo. Quando próximas à superfície, essas células sofrem queratinização e morrem, substituindo as que foram perdidas ou desgastadas.

Os **melanócitos** também são encontrados na epiderme. Essas células da pele produzem um pigmento castanho chamado melanina, que confere à pele a sua cor bege ou marrom. A melanina protege as camadas mais profundas da pele de alguns dos efeitos prejudiciais do sol.

A camada mais interna, abaixo da epiderme, é a **derme**, formada de tecido conjuntivo de origem embrionária mesodérmica, irrigada por vasos sanguíneos e muito mais espessa que a epiderme. Há diversas estruturas que se originam na epiderme e aprofundam-se na derme, como as glândulas sudoríparas e sebáceas, as raízes dos pelos e dos cabelos.

O fato de a pele ser constituída por duas camadas lhe confere importantes propriedades. Por exemplo, podem-se cortar películas finas da superfície da pele sem que ocorra hemorragia. Só há liberação de sangue se a ferida for suficientemente profunda, de tal modo que atinja a derme.

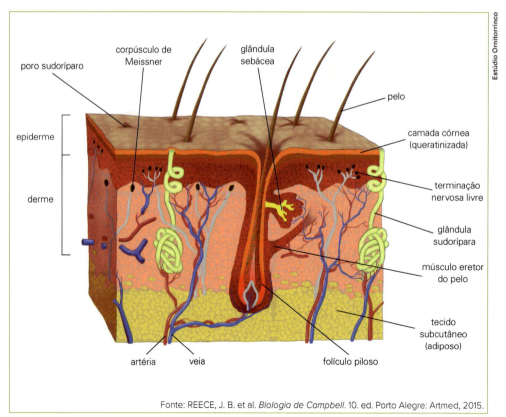

Ilustração sem escala; cores-fantasia.

Representação de corte da pele humana com seus anexos.

Fonte: REECE, J. B. et al. *Biologia de Campbell*. 10. ed. Porto Alegre: Artmed, 2015.

230 Unidade 6 Histologia animal

## Foco em saúde

### Câncer de pele: melanoma

O melanoma cutâneo é um tipo de câncer de pele que tem origem nos melanócitos (células produtoras de melanina, substância que determina a cor da pele) e com predominância em adultos brancos. Embora o câncer de pele seja o mais frequente no Brasil e corresponda a 25% de todos os tumores malignos registrados no país, o melanoma representa apenas 4% das neoplasias malignas do órgão, apesar de ser o mais grave devido à sua alta possibilidade de metástase.

O prognóstico desse tipo de câncer pode ser considerado bom se detectado nos estádios iniciais. Nos últimos anos, houve uma grande melhora na sobrevida dos pacientes com melanoma, principalmente em virtude da detecção precoce do tumor.

**Prevenção**

Como os outros tipos de câncer de pele, o melanoma pode ser prevenido evitando-se a exposição ao sol no horário das 10 h às 16 h, quando os raios são mais intensos, uma vez que o maior fator de risco para o seu surgimento é a sensibilidade ao sol (queimadura pelo sol, e não bronzeamento).

**Neoplasia:** lesão provocada pela proliferação celular anormal, descontrolada e autônoma; tumor.

**Metástase:** migração por via sanguínea ou linfática de vírus, bactérias, parasitas ou células cancerosas provenientes de uma lesão inicial.

A campanha Dezembro Laranja, da Sociedade Brasileira de Dermatologia, é um alerta para que as pessoas evitem o excesso de sol no verão.

Mesmo em outros períodos, recomenda-se a utilização de proteção, como chapéu, guarda-sol, óculos escuros e filtros solares com fator de proteção 15 ou superior.

Outros fatores de risco são: pele clara, exposição excessiva ao sol, história prévia de câncer de pele, história familiar de melanoma, nevo congênito (pinta escura ou marca de nascença), maturidade (após 15 anos de idade a propensão para esse tipo de câncer aumenta), xeroderma pigmentoso (doença congênita que se caracteriza pela intolerância total da pele ao sol, com queimaduras externas, lesões crônicas e tumores múltiplos) e nevo displásico (lesões escuras da pele com alterações celulares pré-cancerosas).

### Sintomas

O melanoma pode surgir a partir da pele normal ou de uma lesão pigmentada. A manifestação da doença na pele normal se dá após o aparecimento de uma pinta escura de bordas irregulares acompanhada de coceira e descamação.

Em casos de uma lesão pigmentada pré-existente, ocorre aumento no tamanho, alteração na coloração e na forma da lesão, que passa a apresentar bordas irregulares.

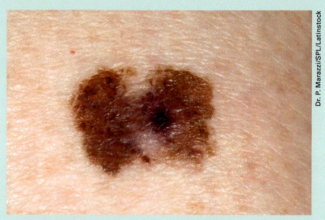

Melanoma: bordas irregulares e coloração variada.

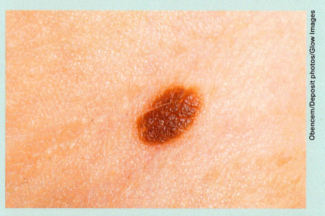

Nevo (ou pinta) normal: bordas regulares e coloração homogênea.

### Diagnóstico

A coloração pode variar do castanho-claro, passando por vários matizes e chegando até à cor negra (melanoma típico) ou apresentar área com despigmentação (melanoma com área de regressão espontânea).

O crescimento ou alteração da forma é progressivo e se faz no sentido horizontal ou vertical. Na fase de crescimento horizontal (superficial), a neoplasia invade a epiderme (camada mais superficial da pele), podendo atingir a derme papilar superior (camada intermediária da pele).

No sentido vertical, seu crescimento é acelerado através da espessura da pele, formando nódulos visíveis e palpáveis.

**Tratamento**

A cirurgia é o tratamento mais indicado. A radioterapia e a quimioterapia também podem ser utilizadas dependendo do estágio do câncer. Quando há metástase (o câncer já se espalhou para outros órgãos), o melanoma é incurável na maioria dos casos. A estratégia de tratamento para a doença avançada deve ter, então, como objetivo aliviar os sintomas e melhorar a qualidade de vida do paciente.

Instituto Nacional do Câncer José de Alencar. Tipos de câncer: pele melanoma. Disponível em: <www2.inca.gov.br/wps/wcm/connect/tiposdecancer/site/home/pele_melanoma/definicao>. Acesso em: 3 dez. 2015.

1. O cartaz em destaque na página 231 refere-se à campanha de combate ao câncer de pele. Outros dois meses, e suas respectivas cores, são dedicados ao combate dos cânceres de mama e próstata. Quais são eles?

# ▶ Tecido epitelial glandular

O tecido epitelial glandular é especializado na produção e secreção de substâncias. As glândulas secretoras são classificadas, basicamente, em três grupos: exócrinas, endócrinas e mistas.

As **glândulas exócrinas** ou de secreção externa apresentam canal (ou ducto) secretor por meio do qual eliminam as substâncias que produzem para o exterior do corpo ou em cavidades do organismo. São exemplos desse tipo de glândula as glândulas sudoríparas, que secretam substâncias na superfície do corpo, ou as glândulas do fígado que produzem a bile que é armazenada na vesícula biliar e, posteriormente, eliminada no duodeno (primeira porção do intestino delgado).

As **glândulas endócrinas** ou de secreção interna não apresentam canal secretor, eliminando os seus produtos diretamente no sangue. As secreções das glândulas endócrinas são chamadas **hormônios**. São exemplos de glândulas endócrinas: hipófise, tireoide, paratireoide, adrenais e gônadas.

Ilustrações sem escala; cores-fantasia.

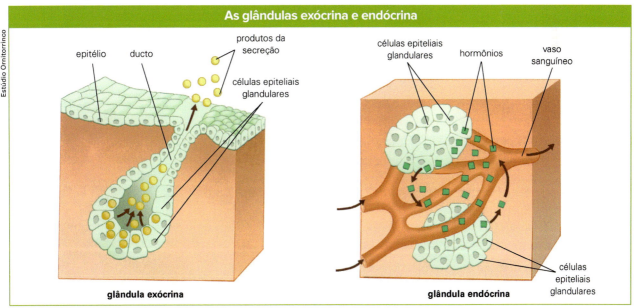

Representação esquemática de glândula exócrina e glândula endócrina, ambas as estruturas em corte.

As glândulas **mistas** apresentam ducto secretor e produzem hormônio, comportando-se simultaneamente como exócrinas e endócrinas. O pâncreas é um exemplo típico de glândula mista, pois, como glândula exócrina, produz o suco pancreático, lançado em uma cavidade, o duodeno (intestino), e, como endócrina, produz insulina e glucagon, hormônios eliminados na corrente sanguínea que têm a função de regular a quantidade de glicose em circulação no sangue.

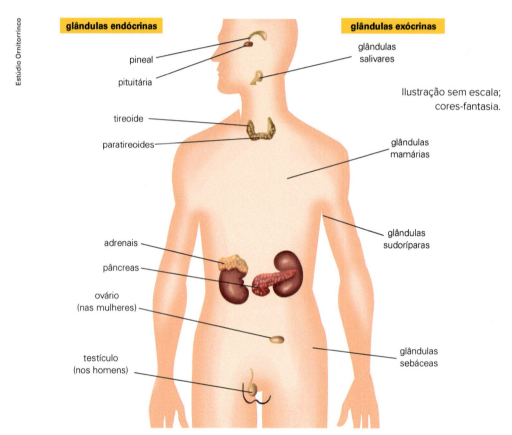

Localização das principais glândulas endócrinas, exócrinas e mistas no corpo humano.

## Atividades

1. Por que as células da epiderme humana são repostas continuamente por mitoses sucessivas?

2. Sabendo que as tatuagens são permanentes, responda: A tinta usada para fazer tatuagem é aplicada na derme ou na epiderme? Justifique sua resposta.

3. Considere que os tecidos epiteliais não possuem vasos sanguíneos. Como ocorre a nutrição desses tecidos?

4. Responda:
    a) Qual é a diferença entre as glândulas exócrinas e as endócrinas?
    b) Identifique o tipo de glândula do esquema ao lado.

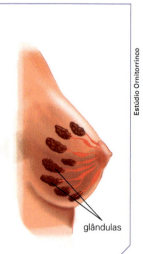

**Unidade 6** Histologia animal

# TECIDO CONJUNTIVO

## CAPÍTULO 19

O tecido conjuntivo é um importante componente do corpo animal. Ele conecta, protege e mantém reunidos os demais tecidos e os órgãos do corpo. A principal característica dos tecidos conjuntivos é a presença de grande quantidade de matriz extracelular, formada de colágeno, elastina, glicoproteínas e outras moléculas.

As principais células do tecido conjuntivo frouxo são os macrófagos e os fibroblastos.

Os **macrófagos** fazem parte do sistema de defesa dos animais. São células volumosas que ingerem por fagocitose bactérias infecciosas e restos de diversas naturezas, resultantes da desintegração de células e seus produtos. Nesse último caso, o macrófago atua como "faxineiro" dos nossos tecidos.

Os **fibroblastos** são células especializadas na produção de fibras de proteínas que conferem resistência, flexibilidade e elasticidade aos tecidos conjuntivos.

O tipo e a proporção dos constituintes da matriz extracelular conferem diferentes propriedades aos tecidos conjuntivos e são as principais características usadas para classificá-los. Os principais tipos de tecido conjuntivo são: frouxo, denso, cartilaginoso, ósseo, adiposo e hematopoiético.

## ▶ Tecido conjuntivo frouxo

O **tecido conjuntivo frouxo** contém muitas células com pouca matriz extracelular, dispostas de tal forma que o tecido se torna bastante flexível, podendo ser tracionado em diversas direções sem ser lesionado. A matriz extracelular, observada ao microscópio, apresenta-se como uma massa amorfa, com poucas fibras de colágeno e elastina, que geralmente se entrelaçam. A substância orgânica que predomina na parte amorfa é o ácido hialurônico.

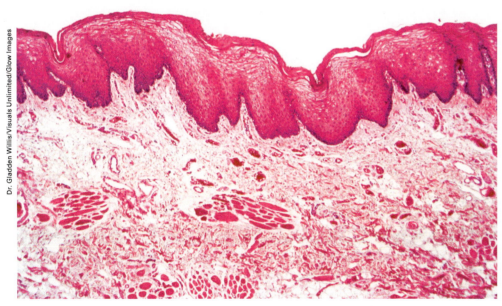

Aspecto do tecido conjuntivo na mucosa labial. Micrografia óptica; ampliada cerca de 18 vezes.

Tecido conjuntivo   Capítulo 19   235

## ▶ Tecido conjuntivo denso

O **tecido conjuntivo denso** apresenta o colágeno como componente predominante da matriz extracelular. As fibras de colágeno podem estar dispostas paralelamente, conferindo ao tecido alta resistência a trações em uma mesma direção, como no caso dos tendões e ligamentos, que unem músculos e ossos. Quando as fibras de colágeno do tecido conjuntivo denso se dispõem irregularmente, o tecido apresenta grande resistência a trações de diversas direções. Esse tecido é encontrado na derme (parte interna da pele).

## ▶ Tecido conjuntivo adiposo

Quando o tecido conjuntivo frouxo apresenta grupos de numerosas células com reserva de gordura, recebe o nome de **tecido conjuntivo adiposo**. O tecido adiposo é abundante sob a pele dos animais homeotérmicos (aves e mamíferos), atuando como isolante térmico e reserva alimentar. É bastante desenvolvido em animais que vivem em regiões muito frias, como focas, pinguins, ursos-polares e baleias.

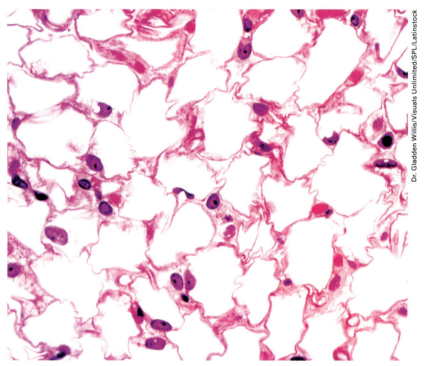

Aspecto do tecido conjuntivo adiposo humano visto ao microscópio óptico com corante e ampliação de cerca de 100 vezes. Os núcleos celulares (roxo-escuro) estão localizados na periferia das células; os citoplasmas (em branco) armazenam gordura.

## ▶ Tecido conjuntivo cartilaginoso

O **tecido conjuntivo cartilaginoso** (cartilagem) é um tecido sem vasos sanguíneos, cuja matriz extracelular é constituída principalmente por colágeno, fibras elásticas e sulfato de condroitina. Os **condrócitos** são células que produzem colágeno e secretam sulfato de condroitina, que, juntos, dão resistência e flexibilidade à cartilagem.

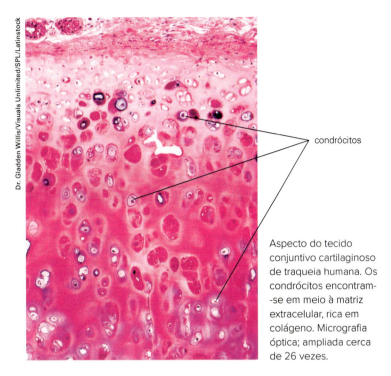

Aspecto do tecido conjuntivo cartilaginoso de traqueia humana. Os condrócitos encontram-se em meio à matriz extracelular, rica em colágeno. Micrografia óptica; ampliada cerca de 26 vezes.

O tecido conjuntivo cartilaginoso reveste as extremidades dos ossos que formam as articulações (como os cotovelos e os joelhos), protegendo-os do desgaste por fricção. É encontrado também em vários órgãos e estruturas, como extremidade do nariz, orelha externa, traqueia e discos que suportam as vértebras.

# ▶ Tecido conjuntivo ósseo

A constituição do **tecido conjuntivo ósseo** é semelhante à do cartilaginoso, diferindo dele por apresentar matriz extracelular impregnada de sais de cálcio, magnésio e potássio.

Na maioria dos vertebrados, os ossos do esqueleto começam a se formar durante o desenvolvimento embrionário, com o início da deposição dos minerais na cartilagem, que atua como um molde, em um processo chamado **ossificação**.

Depois de formados, os ossos se renovam constantemente devido à ação de dois tipos de células: os **osteoblastos**, que produzem a matriz extracelular dos ossos, e os **osteoclastos**, que reabsorvem as áreas envelhecidas. Esse processo permanente e constante possibilita a reconstituição do osso quando ocorrem fraturas e explica por que a cada dez anos, mais ou menos, o esqueleto humano se renova por inteiro. Os osteoblastos dão origem aos osteócitos, que se intercomunicam por meio de canalículos na matriz óssea.

Os ossos estão organizados estruturalmente em unidades microscópicas, os **osteons**, constituídas por um canal central, que abriga nervos e vasos, circundado por camadas de material mineralizado.

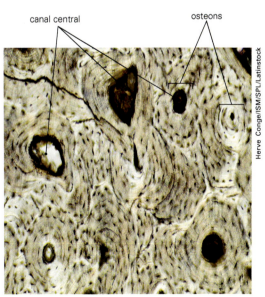

Aspecto do tecido conjuntivo ósseo. Micrografia óptica; ampliada cerca de 100 vezes.

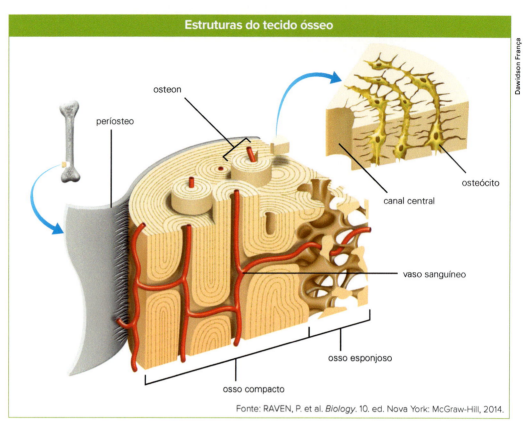

**Estruturas do tecido ósseo**

Ilustração sem escala; cores-fantasia.

Esquema da estrutura microscópica do tecido ósseo.

Fonte: RAVEN, P. et al. *Biology*. 10. ed. Nova York: McGraw-Hill, 2014.

## Foco em saúde

### Osteoporose: prevenção na juventude

A osteoporose é uma condição metabólica que se caracteriza pela diminuição progressiva da densidade dos ossos, deixando-os frágeis e quebradiços. Por ser assintomática, essa condição geralmente só é percebida quando a situação é grave. Muitos portadores se dão conta do estado de seus ossos após um espirro ou um acesso de tosse, quando a fratura de uma ou mais costelas leva-os a procurar o médico.

O que ocorre é que, com a idade, a ação dos osteoclastos aumenta e a dos osteoblastos diminui, provocando a redução da massa óssea. Como consequência, os ossos tornam-se porosos e perdem resistência. Perdas mais leves de massa óssea caracterizam a osteopenia. Perdas maiores são próprias da osteoporose e podem ser responsáveis por fraturas espontâneas ou causadas por pequenos impactos, como um simples espirro ou uma crise de tosse.

Comum entre pessoas acima dos 50 anos, a osteoporose costuma ser associada à velhice. Grande engano. Até a idade de 20 anos, 90% do esqueleto humano está formado, e é na infância e juventude que os ossos ganham massa. Quanto mais massa óssea na juventude, menor o risco do osso chegar à condição de osteoporose na velhice. Para tanto, é preciso, de um lado, evitar o tabagismo, o consumo de bebidas alcoólicas e o sedentarismo, que são fatores de risco e enfraquecem os ossos; e de outro lado, pôr em prática três medidas básicas: incluir alimentos ricos em cálcio nas refeições; tomar sol sem protetor solar, antes das 10 horas e depois das 16 horas para fixar a vitamina D no organismo; e fazer exercícios físicos.

| Alimentos ricos em cálcio | |
| --- | --- |
| **Alimento** | **Cálcio** (mg) |
| Brócolis (100 g) | 513 |
| Feijão-branco (100 g) | 476 |
| Couve-manteiga (100 g) | 177 |
| Iogurte (1 pote) | 279 |
| Leite desnatado (250 ml) | 268 |
| Sardinha (100 g) | 482 |
| Castanha-do-pará (100 g) | 146 |
| Queijo minas (100 g) | 579 |
| Queijo prato (100 g) | 345 |
| Espinafre (1 xícara) | 136 |

Fontes: Dr. Drauzio. Doenças e sintomas: osteoporose. Disponível em: <http://drauziovarella.com.br/mulher-2/osteoporose-3>. Tainah Medeiros. Prevenção da osteoporose deve começar na juventude. Disponível em: <http://drauziovarella.com.br/mulher-2/prevencao-da-osteoporose-deve-comecar-na-juventude>. Ministério da Saúde. Biblioteca Virtual de Saúde (BSV). Osteoporose. Disponível em: <http://bvsms.saude.gov.br/dicas-em-saude/2106-osteoporose>. Acessos em: 6 dez. 2015.

1. Pesquise quais são as atividades físicas que mais beneficiam os ossos.

# ▶ Tecido hematopoiético

Tecidos hematopoiéticos (do grego, *hemo* = sangue; *poiesis* = formação) são os tecidos que fabricam as células do sangue. Esses tecidos estão principalmente na medula óssea, mas também nos linfonodos (gânglios linfáticos), baço e fígado.

Os tecidos hematopoiéticos apresentam três funções:

1. produzir as células sanguíneas, ou seja, as hemácias, os leucócitos, e outras estruturas, como as plaquetas, e colocá-las em circulação;
2. remover da circulação as células envelhecidas e esgotadas;
3. produzir anticorpos.

## Medula óssea

A **medula óssea**, popularmente conhecida por tutano dos ossos, é um tecido líquido vermelho-escuro que, à época do nascimento, preenche a região central dos ossos, predominantemente de constituição esponjosa. À medida que a criança se desenvolve, os ossos tornam-se compactos. Nos adultos, a medula óssea vermelha é em grande parte substituída por tecido gorduroso, a **medula óssea amarela**, e permanece apenas nas partes esponjosas dos ossos longos dos braços e das pernas, nas vértebras, na pelve (ossos da bacia), no fêmur e no esterno.

Tecido conjuntivo  Capítulo 19  239

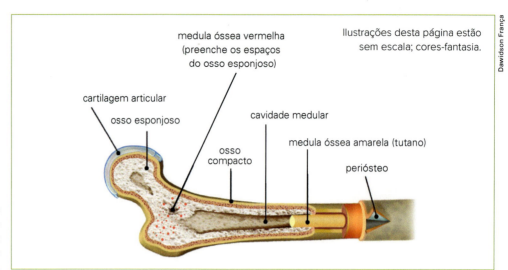

Representação de um osso longo de adulto humano, em corte, localizando a medula óssea vermelha e a medula óssea amarela.

O tecido hematopoiético da medula óssea vermelha contém células-tronco pluripotentes capazes de dar origem à grande variedade de células presentes no sangue.

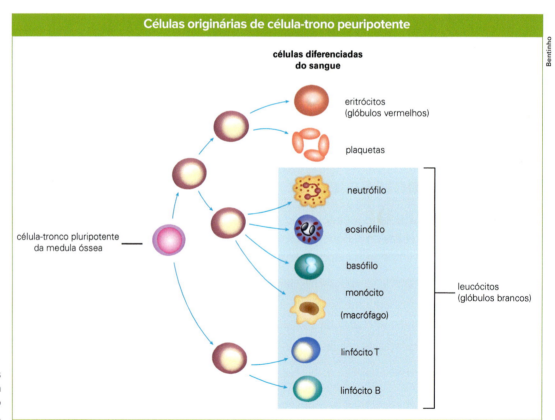

Diferenciação das células sanguíneas a partir de célula-tronco da medula óssea.

## ▶ Sangue

O sangue é um tecido conjuntivo cuja substância intercelular é líquida. Uma pessoa com 80 kg tem aproximadamente 5 litros de sangue no corpo.

O sangue é constituído por uma parte líquida, o plasma, em que se encontram imersos os elementos figurados, que podem ser células como os **leucócitos** (ou glóbulos brancos) e as **hemácias** (eritrócitos, ou glóbulos vermelhos), ou fragmentos de células, as **plaquetas**.

Cerca de 90% do plasma sanguíneo é água; 7% são proteínas, como fibrinogênio, protrombina, albumina e globulina; 0,9% são sais minerais e outros compostos orgânicos, como aminoácidos, glicose e vitaminas. O fibrinogênio, a protrombina e a albumina são produzidos pelo fígado.

## Hemácia

A **hemácia** é uma célula anucleada com formato bicôncavo. Ela contém principalmente água, numa proporção aproximada de 60%, e hemoglobina, em 33%. A função da hemoglobina é transportar oxigênio do pulmão para as células do corpo e dióxido de carbono das células do corpo para o pulmão.

Em condições normais, o sangue de uma mulher contém de 4,5 a 5,5 milhões de eritrócitos por mm³ de sangue, e o de um homem, de 5 a 6 milhões.

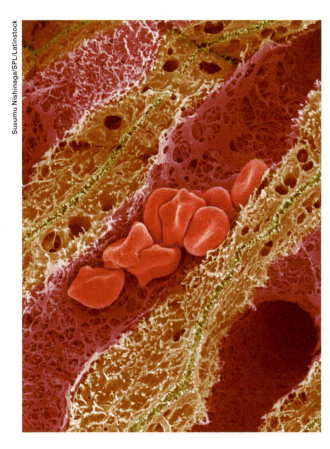

Hemácias em um capilar. A hemácia contém hemoglobina, responsável pelo transporte de gases. Micrografia eletrônica de varredura; cores artificiais; ampliada cerca de 3 500 vezes.

O tempo médio de vida de uma hemácia é de aproximadamente 120 dias, sendo depois destruída no fígado, no baço ou na medula óssea. Novas hemácias são constantemente produzidas na medula óssea vermelha.

## Leucócitos

Os **leucócitos** (glóbulos brancos) são células nucleadas, sem hemoglobina, presentes na circulação em menor quantidade que as hemácias. Em condições normais, encontramos de 5 mil a 9,5 mil leucócitos por mm³ de sangue.

A função dos leucócitos está relacionada à defesa do organismo. Transportados pelo sangue, os leucócitos alcançam os tecidos, podendo sair da corrente sanguínea para desempenhar sua função.

Os leucócitos podem ser de diversos tipos: neutrófilos, eosinófilos, basófilos, linfócitos e monócitos (dá origem a macrófagos).

Entre eles, merecem destaque três tipos: o neutrófilo, o monócito e o linfócito.

Os **neutrófilos** são os leucócitos mais abundantes, representando 65% do total de leucócitos em circulação. Eles são transportados pelo sangue por todo o corpo, até encontrar uma região onde haja uma infecção. Ao detectá-la, saem da circulação atravessando a parede dos vasos sanguíneos, fenômeno conhecido como **diapedese**. Em seguida, deslocam-se pelo tecido conjuntivo e fagocitam os microrganismos e restos de células que encontram. Depois de executarem essa tarefa, realizam nova diapedese e retornam à circulação sanguínea.

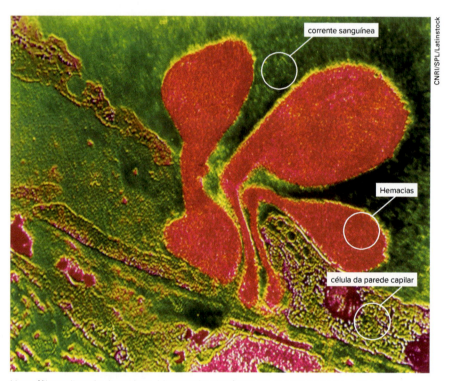

Neutrófilo realizando diapedese. Micrografia eletrônica de varredura; cores artificiais; ampliada cerca de 3500 vezes.

Os **monócitos** também são capazes de realizar diapedese e, quando o fazem, vão para o tecido conjuntivo, onde se transformam em macrófagos.

Os macrófagos e neutrófilos apresentam função de defesa. Os neutrófilos, por serem bem menores, são conhecidos como micrófagos. Os macrófagos são exclusivos dos tecidos conjuntivos frouxo e denso. Já os neutrófilos são encontrados no sangue e, ao realizar diapedese, no tecido conjuntivo.

Os **linfócitos** são os leucócitos em maior quantidade depois dos neutrófilos, correspondendo a 25% dos leucócitos em circulação. Também participam da defesa do organismo, produzindo anticorpos.

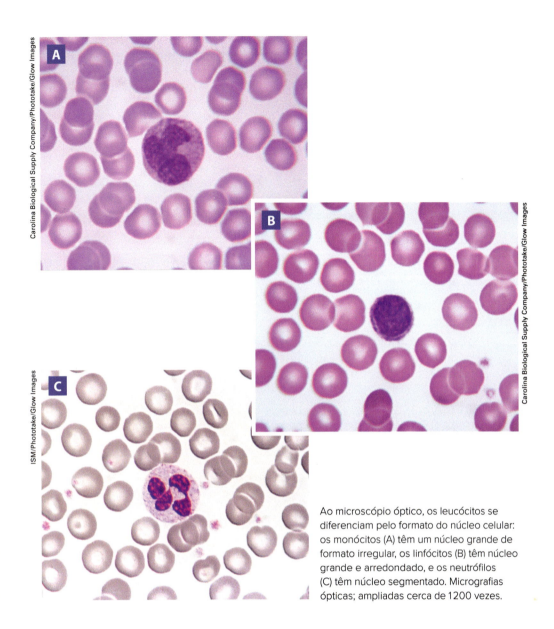

Ao microscópio óptico, os leucócitos se diferenciam pelo formato do núcleo celular: os monócitos (A) têm um núcleo grande de formato irregular, os linfócitos (B) têm núcleo grande e arredondado, e os neutrófilos (C) têm núcleo segmentado. Micrografias ópticas; ampliadas cerca de 1200 vezes.

## Plaquetas

As **plaquetas**, assim denominadas porque têm aspecto de pequenas lâminas em forma de placas, são fragmentos celulares. Têm como função a coagulação sanguínea.

Quando entram em contato com uma superfície áspera, como um tecido danificado, as plaquetas liberam seu conteúdo, que, entre outros componentes, apresenta tromboplastina. Essa substância também é liberada pelas células do tecido que sofreram a lesão e, em presença de íons cálcio ($Ca^{++}$), desencadeia a formação de protrombinase, uma enzima que converte a protrombina em trombina. A trombina desencadeia a transformação do fibrinogênio em fibrina. A fibrina forma fibras que se dispõem em rede, filtrando o sangue que a atravessa. Nesse processo, a malha de fibrinas retém as hemácias e as plaquetas até formar uma massa gelatinosa, de cor vermelho-escura, denominada coágulo sanguíneo, que interrompe a perda de sangue. O coágulo sanguíneo, que se forma na superfície do corpo, seca em contato com o ar, formando o que popularmente é conhecido como "casca da ferida".

## Foco em tecnologia

### Coleta de células-tronco do cordão umbilical

Está se tornando uma prática comum no Brasil a retirada e conservação das células-tronco do cordão umbilical no momento do parto. A conservação é feita por congelamento em nitrogênio líquido, e as células ficam à disposição para serem utilizadas num eventual problema de saúde. Ainda que haja bancos particulares de cordão umbilical que permitem à pessoa, caso necessite, utilizar células do seu próprio cordão, os especialistas têm incentivado a doação do cordão umbilical do bebê para um banco público. Veja as informações do Ministério da Saúde, por meio do Inca (Instituto Nacional do Câncer).

### Banco de Sangue de Cordão Umbilical e Placentário (BSCUP)

Em 2001, o Inca inaugurou o Banco de Sangue de Cordão Umbilical e Placentário (BSCUP), o primeiro banco desse tipo do Brasil, visando aumentar as chances de localização de doadores para os pacientes que necessitam de transplante de medula óssea.

As chances de um brasileiro localizar um doador em território nacional é trinta vezes maior que a chance de encontrar o mesmo doador no exterior, segundo pesquisa realizada pelo Registro Nacional de Doadores de Medula Óssea (Redome). Isso ocorre devido às características genéticas comuns à população brasileira.

Além disso, o BSCUP pretende ser um projeto-piloto para a instalação de outros bancos brasileiros e para treinamento de profissionais e regulamentação dessa atividade.

Inca. Disponível em: <www1.inca.gov.br/conteudo_view.asp?ID=124>. Acesso em: 16 jan. 2016.

Células-tronco, encontradas em grande quantidade no sangue do cordão umbilical dos bebês são conservadas em tambores com nitrogênio líquido, como este do Instituto Nacional do Câncer, Rio de Janeiro (RJ), 2010

### O que é Brasilcord?

É uma rede que reúne os Bancos Públicos de Sangue de Cordão Umbilical. Hoje, estão em funcionamento as unidades do Inca no Rio de Janeiro, do Hospital Albert Einstein, do Hospital Sírio Libanês e dos hemocentros da Unicamp e de Ribeirão Preto, todos no estado de São Paulo. No restante do Brasil, estão funcionando as unidades de Brasília, Florianópolis, Fortaleza e Belém. A instalação de bancos em todas as regiões do país é importante para contemplar a diversidade genética da população brasileira. O Inca é responsável pela coordenação da Rede. A Portaria Ministerial n. 903/GM de 16/08/2000 e o RDC da Anvisa 153 de 14/06/2004 regulamentam os procedimentos da rede. A criação da Rede Brasilcord foi regulamentada pela Portaria Ministerial n. 2 381 de 28/10/2004. [...]

**Quais são as principais diferenças entre os bancos públicos e privados?**

São serviços diferentes. O banco público disponibiliza as unidades imediatamente para quaisquer pacientes brasileiros que precisem de transplante de medula óssea e não tenham um doador familiar. A coleta é realizada com controles de qualidade e segurança, e as unidades são utilizadas para indicações precisas, sem ônus para o paciente que irá se beneficiar. É a única modalidade recomendada pelos organismos internacionais e por publicações científicas. O banco privado tem legislação específica, de cunho comercial, com ônus para as famílias que desejam armazenar o sangue. Além disso, as indicações e o aproveitamento do material são duvidosos, já que não existem publicações extensas sobre os resultados obtidos com uso de cordões armazenados em bancos privados. Armazenar o sangue do cordão em um banco privado é uma aposta num futuro que a ciência ainda não comprovou.

**Qual o posicionamento do Ministério da Saúde com relação aos bancos privados?**

O Ministério da Saúde e a coordenação da Rede Brasilcord são contrários a essa atividade, principalmente pela falta de utilidade pública e pela forma enganosa como tem sido feita a propaganda dos bancos privados. Os órgãos internacionais recomendam que não deve ser feito investimento público em bancos privados.

Inca. Disponível em: <www1.inca.gov.br/conteudo_view.asp?id=2469>. Acesso em: 16 jan. 2016.

1. Pesquise em que situações podem ser empregadas as células-tronco de medula óssea.

## Atividades

1. Por que os macrófagos são considerados os "faxineiros" dos nossos tecidos?

2. O monóxido de carbono (CO) é um composto normalmente presente nos gases emanados da combustão, principalmente nos expelidos pelos escapamentos dos veículos automotores. Quando inalado, une-se à hemoglobina em uma ligação 210 vezes mais estável do que a feita pelo oxigênio com a própria hemoglobina. Por causa disso, o monóxido de carbono é considerado um veneno para a hemoglobina, inativando-a. Tomando como base essa informação, responda: por que, nas entradas de túneis em estradas ou em avenidas das cidades, são colocadas placas com os dizeres "Caso o trânsito congestione no interior do túnel, desligue o motor do carro"?

3. De modo geral, podemos dizer que algumas de nossas células de defesa agem "comendo" os invasores. Que processo é esse e quais células são responsáveis por ele?

4. Os monócitos e os neutrófilos são capazes de realizar diapedese.

    a) O que se entende por diapedese?

    b) O que acontece com os monócitos e neutrófilos após a diapedese?

5. Cite uma característica que indique que os ossos são vivos.

6. A medula óssea é uma evidência da presença de células-tronco em humanos adultos. Você concorda com essa frase? Justifique.

Tecido conjuntivo **Capítulo 19** 245

## CAPÍTULO 20

# TECIDO MUSCULAR

O tecido muscular é formado por células alongadas, chamadas **fibras musculares** ou **miócitos**, muito especializadas e capazes de alterar seu comprimento. Cada músculo do organismo é composto de várias fibras musculares, em geral dispostas paralelamente umas às outras, com pouca ou nenhuma matriz extracelular entre elas. Ao diminuírem de comprimento, em conjunto e ordenadamente, as fibras musculares produzem a **contração muscular**.

O citoplasma das fibras musculares é marcado pela presença de **miofibrilas**, fibras moleculares constituídas principalmente por duas proteínas filamentosas, a actina e a miosina.

O tecido muscular é classificado em três tipos: **estriado esquelético**, **estriado cardíaco** e **não estriado** ou **liso**. O tecido muscular estriado recebe esse nome porque, visto ao microscópio óptico, apresenta estrias escuras perpendiculares ao eixo longitudinal da célula, ausentes no tecido muscular liso.

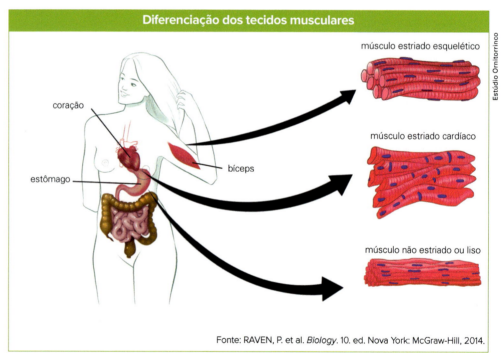

Ilustração sem escala; cores-fantasia.

Representação do aspecto das células que constituem os diferentes tipos de tecido muscular. O comprimento das células musculares é muito variável.

Fonte: RAVEN, P. et al. *Biology*. 10. ed. Nova York: McGraw-Hill, 2014.

### ▶ Tecido muscular estriado esquelético

Entre os tecidos musculares, o estriado esquelético é o que se encontra em maior quantidade no corpo dos vertebrados. Por meio dos tendões, constituídos de tecido conjuntivo, ele se conecta aos ossos e, quando se contrai, promove a movimentação deles. Está presente também em algumas partes do corpo que não possuem estrutura óssea, como os olhos, a língua e a parte superior do esôfago.

Ilustração sem escala; cores-fantasia.

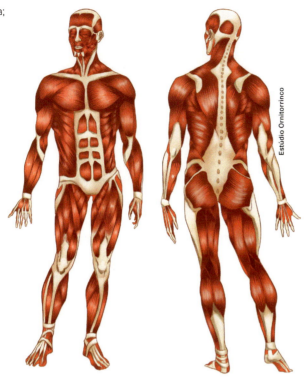

O tecido muscular estriado esquelético, organizado em músculos, recobre praticamente todo o corpo humano, logo abaixo da derme.

Ele é formado por fibras musculares longas e cilíndricas, cujo diâmetro varia entre 10 μm a 100 μm, e o comprimento, de alguns milímetros a 30 cm. Essas células se formam durante o desenvolvimento embrionário pela fusão de células precursoras, os mioblastos. Após a fusão, os núcleos das células originais são mantidos e, por isso, as fibras musculares, além de grandes, apresentam vários núcleos, geralmente dispostos junto à membrana plasmática.

Examinadas ao microscópio óptico, as fibras musculares apresentam estrias transversais claras e escuras, alternadas, que refletem a disposição da actina e da miosina no citoplasma. As bandas escuras são consequência da sobreposição dos filamentos de actina aos de miosina (banda A), e as claras contêm apenas filamentos de actina (banda I).

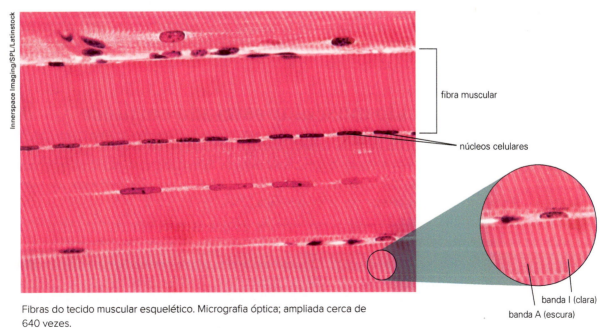

Fibras do tecido muscular esquelético. Micrografia óptica; ampliada cerca de 640 vezes.

Tecido muscular **Capítulo 20** 247

Esquema simplificado da disposição dos filamentos de actina e de miosina nas fibras musculares. Essa ordenação se mantém em toda a fibra muscular e, repetida milhares de vezes, confere a aparência de estrias claras e escuras na fibra..

Ilustrações desta página estão sem escala; cores-fantasia

Fonte: RAVEN, P. et al. *Biology*. 10. ed. Nova York: McGraw-Hill, 2014.

A contração dos músculos estriados esqueléticos é controlada voluntariamente e desencadeada por células do tecido nervoso, tema do próximo capítulo. Quando acionadas, essas células ativam a contração das fibras musculares, que ocorre por meio do deslizamento dos filamentos de actina sobre o filamento de miosina (veja a figura).

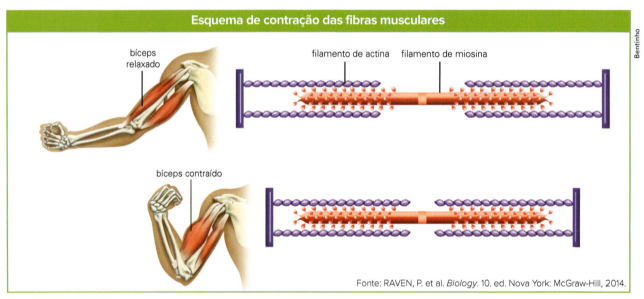

Fonte: RAVEN, P. et al. *Biology*. 10. ed. Nova York: McGraw-Hill, 2014.

Representação simplificada do movimento da actina e da miosina durante a contração muscular. Observe que a extensão dos filamentos não se altera.

## ▶ Tecido muscular estriado cardíaco

O tecido muscular estriado cardíaco compõe as paredes do coração, e suas células são responsáveis pelos batimentos cardíacos. O músculo cardíaco, também chamado de **miocárdio**, diferencia-se dos músculos esqueléticos principalmente porque suas células não são acionadas por ação voluntária.

As fibras cardíacas são menores do que as fibras esqueléticas (medem cerca de 15 μm de espessura e 80 μm de comprimento), são ramificadas, contêm apenas um núcleo na região central do citoplasma e estão unidas fortemente pela ação de **discos intercalares**, os quais são agregados de junções intercelulares complexas. Como as fibras esqueléticas, elas apresentam estrias claras e escuras em função da disposição dos filamentos de actina e de miosina.

248 Unidade 6 Histologia animal

**Localização e aspecto das fibras cardíacas**

Fibras musculares do tecido muscular estriado cardíaco, em corte longitudinal. Micrografia óptica; ampliada cerca de 300 vezes.

## ▶ Tecido muscular não estriado

O **tecido muscular não estriado** ou **liso** recebe esse nome porque, ao microscópio óptico, não apresenta as estrias claras e escuras presentes no tecido muscular estriado. Ele é composto de células fusiformes com apenas um núcleo, em geral na região central do citoplasma, e constitui os músculos lisos presentes em grande variedade de estruturas do corpo, como a parede do intestino, os ductos respiratórios e os de algumas glândulas, o útero e as paredes dos vasos sanguíneos.

Os músculos lisos apresentam contração lenta e prolongada e executam movimentos que são independentes da ação voluntária do organismo. São responsáveis, por exemplo, pelos movimentos peristálticos do intestino que promovem o transporte dos produtos da digestão estomacal desde o estômago até a eliminação pelas fezes. Pequenos grupos de células musculares lisas estão presentes na derme (tecido conjuntivo) com funções variadas, como as associadas ao folículo piloso, que executam a elevação do pelo (arrepio) em situações de medo, frio etc.

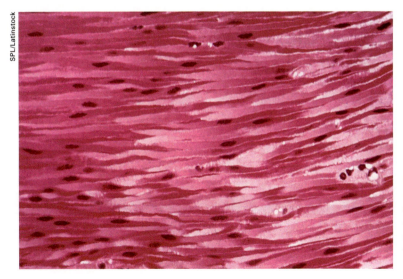

Fibras do tecido muscular não estriado. Micrografia óptica; ampliada cerca de 360 vezes; colorido artificialmente.

Tecido muscular  Capítulo 20  249

## Atividades

1. A figura a seguir ilustra o processo de contração muscular. No músculo relaxado, notam-se dois tipos de fibras (A e B). No contraído, percebe-se que as fibras B deslizaram sobre as fibras A, aproximando-se. Qual é a composição química das fibras A e das fibras B?

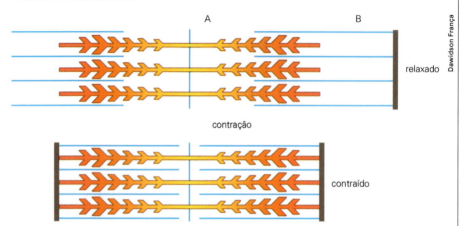

2. Copie em seu caderno a tabela abaixo completando os espaços hachurados de acordo com as características de cada tipo de tecido muscular.

| Característica | Estriado esquelético | Estriado cardíaco | Não estriado |
|---|---|---|---|
| Função | | | |
| Forma de fibra | | | |
| Presença de estrias | | | |
| Velocidade de contração | | | |
| Controle da contração | | | |

3. Um trauma muscular comum em atletas é a distensão muscular, que envolve o rompimento de fibras musculares além da formação de edema localizado provocado pelo derrame de líquidos corporais como linfa e sangue. Em muitos casos, após tratamento e recuperação do trauma, o atleta apresenta perda de força e de potência no músculo cicatrizado. Por que isso acontece?

4. No caderno, explique as seguintes afirmações.
    a) As células dos tecidos musculares apresentam grande quantidade de mitocôndrias.
    b) Mesmo numerosas nas fibras musculares, há uma enorme diferença na quantidade de mitocôndrias nas células de diferentes tipos de tecidos musculares: as mitocôndrias correspondem a 40% do volume citoplasmático nas células musculares cardíacas e a apenas 2% nas células musculares esqueléticas.

# CAPÍTULO 21
## TECIDO NERVOSO

O tecido nervoso constitui órgãos como o cérebro e a medula espinal, bem como os gânglios nervosos, nervos e terminações nervosas que estão distribuídos pelo corpo e que, em conjunto, compõem o sistema nervoso. Sua principal função é captar e processar informações sobre o ambiente externo e, também, sobre as condições internas do organismo (temperatura, concentração de substâncias e estiramento de músculos, por exemplo) e emitir uma resposta. Ao receber, processar e responder às informações sobre as condições internas, o tecido nervoso controla as funções vitais do organismo, como respiração, digestão, batimentos cardíacos, regulação do fluxo sanguíneo etc.

As informações do meio externo são captadas pelos órgãos dos sentidos: visão, audição, tato, olfato e paladar. Esses órgãos possuem os receptores, que são terminações nervosas especializadas e sensíveis a diferentes tipos de estímulo, como os mecânicos (tato e audição), os químicos (paladar e olfato) ou luminosos (visão).

O tecido nervoso se desenvolve a partir da ectoderme embrionária e é composto de dois tipos de célula, os **neurônios** e a **neuroglia** (ou, simplesmente, **glia**), e de uma pequena porção de matriz extracelular constituída principalmente de glicoproteína.

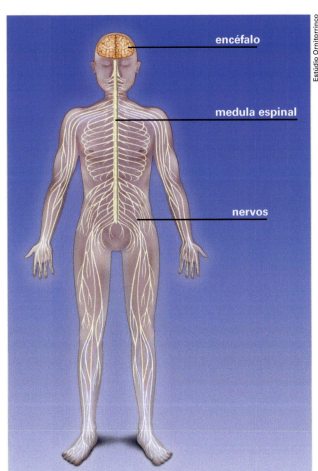

Ilustração sem escala; cores-fantasia.

Representação dos principais componentes do sistema nervoso humano.

Os neurônios são responsáveis pela transmissão da informação, enquanto as células da glia possuem várias funções, como sustentação e nutrição dos neurônios e defesa do tecido nervoso, podendo inclusive participar da atividade neuronal. Grande parte do tecido nervoso é formada por essas células, das quais as mais importantes são: os **astrócitos**, encarregados de sustentação e nutrição dos neurônios; os **oligodendrócitos**, que envolvem os axônios dos neurônios de maneira a isolá-los do microambiente do tecido nervoso; e as células da **micróglia**, que agem como macrófagos, participando da defesa do tecido nervoso.

## ▶ Neurônios

Os neurônios são células constituídas de três partes: **corpo celular** ou **soma** (onde está localizado o núcleo), **axônio** e **dendritos**. O número, o tamanho e a conformação dos dendritos variam de acordo com o tipo de neurônio, enquanto os axônios, em geral, aparecem em cada neurônio em quantidade unitária.

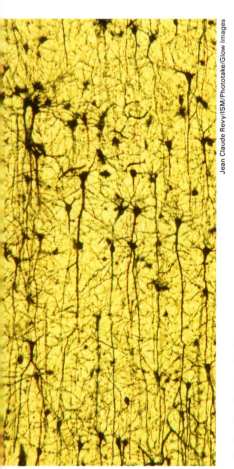

Neurônios em tecido nervoso. Micrografia óptica; ampliada cerca de 180 vezes.

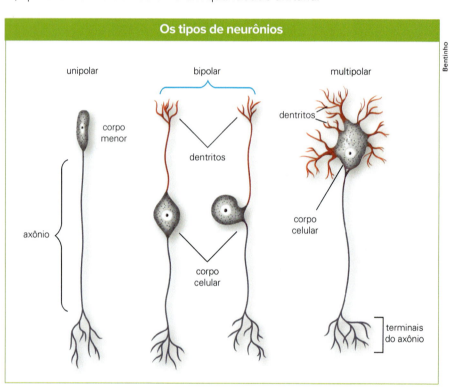

Ilustração sem escala; cores-fantasia.

Esquema dos diferentes tipos de neurônio.

Os **dendritos** são os prolongamentos do neurônio que recebem os estímulos do meio ambiente (de células epiteliais sensoriais ou de outros neurônios), encaminhando-os ao **corpo celular**, que os interpreta. O **axônio** é o prolongamento que parte do corpo celular e conduz informações a outro neurônio, às células musculares ou às glandulares. Ele é geralmente mais delgado e bem mais longo que os dendritos, podendo medir de 1 μm a 20 μm de diâmetro e de 1 mm a 1,5 m de comprimento. O axônio pode apresentar algumas ramificações laterais ao longo de seu comprimento. Na sua extremidade, as ramificações são numerosas e apresentam dilatações nas quais ocorre o contato com a célula seguinte. Os estímulos são transmitidos através de um sinal elétrico denominado **impulso nervoso**.

Segundo a sua função, os neurônios são classificados em:

- **neurônios sensoriais** (aferentes), que recebem estímulos sensoriais do meio ambiente e do próprio organismo e os conduzem à medula espinal e ao encéfalo para o processamento.

- **interneurônios** ou **neurônios de associação**, que estão localizados na medula espinal e no encéfalo e estabelecem conexões entre os neurônios.

- **neurônios motores** (eferentes), que se originam na medula espinal e no encéfalo e conduzem os estímulos para outros neurônios, glândulas ou músculos, gerando uma ação.

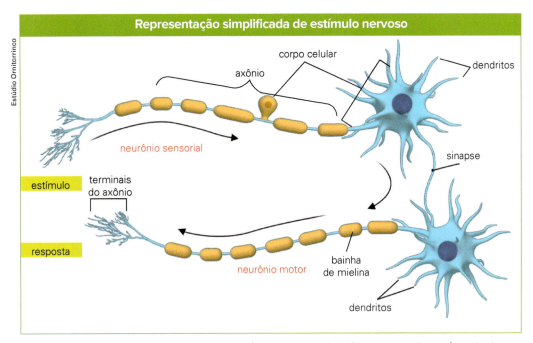

Representação esquemática do percurso de um estímulo nervoso pelos diferentes tipos de neurônio, desde sua recepção até a geração de uma resposta.

Os locais de contato entre dois neurônios ou entre um neurônio e a célula efetora (como uma célula glandular ou uma célula muscular) são as **sinapses**, que podem ser elétricas ou químicas.

Nas sinapses elétricas, o impulso nervoso provoca a liberação de íons que são transmitidos de uma célula à outra por junções comunicantes. Essas sinapses são comuns nos invertebrados, e ocorrem em apenas algumas estruturas nos mamíferos.

Nas sinapses químicas, o estímulo nervoso provoca a liberação de substâncias químicas (**neurotransmissores**) no espaço entre as duas células. Essas substâncias provocam alterações elétricas na célula seguinte, transmitindo-lhe o impulso nervoso. Conforme o tipo de neurotransmissor liberado, diferentes respostas ocorrem na célula-alvo.

Como os axônios podem ser excitadores, inibidores ou moduladores, o neurônio-alvo integra os estímulos provenientes de vários neurônios para gerar a resposta.

Após exercer sua função, os neurotransmissores são recaptados ou degradados por enzimas.

## ▶ Organização do tecido nervoso

O encéfalo, o tronco encefálico e a medula espinal constituem o **sistema nervoso central**. Nele o tecido nervoso está organizado de tal maneira que os corpos celulares dos neurônios ficam agrupados em regiões cujo aspecto, no tecido fresco e a olho nu, apresenta-se acinzentado. Essas regiões constituem a **substância cinzenta**. Os prolongamentos dos neurônios (principalmente os axônios) formam feixes de diferentes calibres e ocupam outras regiões, que compõem a **substância branca**.

A distribuição dessas substâncias no cérebro e na medula espinal não é uniforme. No cérebro, a substância cinzenta ocupa a periferia do órgão e algumas áreas internas dele chamadas núcleos; já a substância branca ocupa a área restante no interior do cérebro e em volta dos núcleos. Na medula espinal, a substância cinzenta está na região central e é circundada pela substância branca, periférica. No centro da medula há um canal remanescente da cavidade do tubo neural formada durante o período embrionário.

Os nervos, os gânglios nervosos e as terminações sensoriais constituem o **sistema nervoso periférico**.

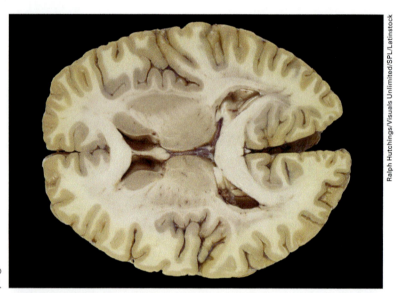

Foto de encéfalo humano em corte transversal.

Aspecto da medula espinal em corte transversal. Mede cerca de 2,5 cm no eixo vertical mediano. Micrografia óptica.

Unidade 6 Histologia animal

> **Foco em saúde**
>
> ### Os limites de regeneração do tecido nervoso
>
> A **esclerose lateral amiotrófica** (ELA) é uma doença neuromuscular progressiva, causada pela morte dos neurônios motores do córtex cerebral, do tronco encefálico e da medula espinal. Lentamente, a pessoa portadora dessa doença perde os movimentos do corpo. Com a perda do controle nervoso dos músculos esqueléticos, os músculos se degeneram e atrofiam.
>
> Várias doenças neurológicas são causadas pela perda de neurônios, o que é grave, pois em apenas algumas regiões do cérebro há células-tronco neurais capazes de se dividir e de gerar novos neurônios, repondo células danificadas. As células nervosas têm a capacidade de regenerar axônio e dendritos, mas lesões no corpo celular levam-nas à morte. Quando há lesões em circuitos neuronais, novas sinapses podem ser estabelecidas com o crescimento dos prolongamentos de neurônios, estimulados por fatores de crescimento. Dessa forma, os circuitos neuronais se reorganizam, recuperando a atividade perdida (plasticidade neuronal).
>
> 1. A plasticidade neuronal é uma descoberta recente. Pesquise como este fenômeno pode possibilitar regenerações após acidentes.

Os nervos são feixes de axônios e apresentam calibres muito diversos, conforme o número de fibras nervosas que abrigam. Os de maior calibre possuem milhares de fibras organizadas em feixes menores. Enquanto no sistema nervoso central os axônios estão envoltos pelos oligodendrócitos, no sistema nervoso periférico eles são rodeados pelas células de Schwann. Conforme a célula de Schwann se desenvolve, seu citoplasma envolve o axônio, formando uma capa protetora denominada **bainha de mielina**. A membrana plasmática da bainha de mielina é constituída por 70% de lipídios e 30% de proteínas, enquanto as outras membranas possuem 35% de lipídios e 65% de proteínas. A propriedade isolante dessa bainha faz os impulsos nervosos saltarem de uma região para outra do neurônio (condução saltatória), aumentando a velocidade da propagação do estímulo nervoso e diminuindo o gasto de energia.

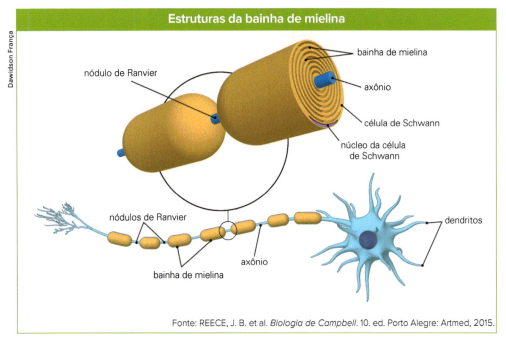

**Estruturas da bainha de mielina**

Ilustração sem escala; cores-fantasia.

Fonte: REECE, J. B. et al. *Biologia de Campbell*. 10. ed. Porto Alegre: Artmed, 2015.

Esquema de um neurônio do sistema nervoso periférico.

> **Para explorar**
>
> Pesquise o que é esclerose múltipla e qual é o agente causador. Explique no caderno a relação entre a bainha de mielina e os sintomas da doença.

Os **gânglios** nervosos são agrupamentos de corpos celulares de neurônios situados fora do sistema nervoso central, presentes em grande número e em vários locais do corpo. Eles realizam a interligação entre neurônios e estruturas do organismo e entre partes do sistema nervoso central com vários tipos de estruturas e órgãos.

### Atividades

1. A identificação de dendrito e axônio é realizada em função da passagem do impulso nervoso ao longo do neurônio. A figura abaixo representa um neurônio, e a seta indica o sentido do impulso nervoso. Que partes do neurônio as letras A, B, C e D representam?

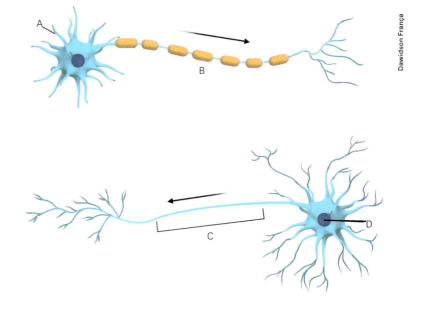

2. O que é sinapse?

3. Explique por que a bainha de mielina aumenta a velocidade de propagação do impulso nervoso e diminui o gasto de energia do neurônio.

4. De que forma os limites de regeneração dos neurônios tornam o cérebro um órgão vulnerável a lesões e aos efeitos nocivos de drogas?

5. Os neurônios são as células responsáveis pela transmissão do impulso nervoso e, em geral, são lembradas quando se fala de tecido nervoso. No entanto, outras células desse tecido são muito mais numerosas (representam entre 90-98 % das células do tecido nervoso) e exercem funções vitais para o funcionamento do sistema. Quais são essas células e quais as suas funções?

# PARA LER E REFLETIR

## O que são drogas psicotrópicas?

Todo mundo já tem uma ideia do significado da palavra **droga**. Em linguagem comum, de todo o dia ("Ah, mas que **droga**" ou "logo agora, **droga**...", ou ainda, "esta droga não vale nada!"), droga tem um significado de coisa ruim, sem qualidade. Já em linguagem médica, droga é quase sinônimo de medicamento. Dá até para pensar por que uma palavra designada para apontar uma coisa boa (afinal, medicamento serve para curar doenças), na boca do povo tem um significado tão diferente. O termo droga teve origem na palavra *droog* (holandês antigo) que significa **folha seca**; isso porque antigamente quase todos os medicamentos eram feitos à base de vegetais. Atualmente, a medicina define droga como **qualquer substância capaz de modificar a função dos organismos vivos, resultando em mudanças fisiológicas ou de comportamento**. Por exemplo, uma substância ingerida contrai os vasos sanguíneos (modifica a função) e a pessoa passa a ter um aumento de pressão arterial (mudança na fisiologia). Outro exemplo, uma substância faz com que as células do nosso cérebro (os chamados neurônios) fiquem mais ativas, "disparem" mais (modificam a função) e, como consequência, a pessoa fica mais acordada, perdendo o sono (mudança comportamental).

Mais complicada é a seguinte palavra: **psicotrópico**. Percebe-se claramente que é composta de duas outras: **psico** e **trópico**. **Psico** é fácil de se entender, pois é uma palavrinha grega que relaciona-se a nosso psiquismo (o que sentimos, fazemos e pensamos, enfim, o que cada um é). Mas **trópico** não é, como alguns podem pensar, referente a trópicos, clima tropical e, portanto, nada tem a ver com uso de drogas na praia! A palavra **trópico**, aqui, se relaciona com o termo **tropismo**, que significa **ter atração por**. Então, **psicotrópico** significa atração pelo psiquismo, e drogas psicotrópicas são aquelas que atuam sobre nosso cérebro, alterando de alguma maneira nosso psiquismo.

Mas essas alterações do psiquismo não são sempre no mesmo sentido e direção. Obviamente, dependerão do tipo de droga psicotrópica ingerida. E quais são esses tipos?

Um primeiro grupo é aquele em que as drogas **diminuem** a atividade de nosso cérebro, ou seja, **deprimem** seu funcionamento, o que significa dizer que a pessoa que faz uso desse tipo de droga fica "desligada", "devagar", desinteressada pelas coisas. Por isso, essas drogas são chamadas de **Depressoras da Atividade do Sistema Nervoso Central**, é a parte que fica dentro da caixa craniana; o cérebro é o principal órgão. Em um segundo grupo de drogas psicotrópicas estão aquelas que atuam por **aumentar** a atividade de nosso cérebro, ou seja, **estimulam** o funcionamento fazendo com que o usuário fique "ligado", "elétrico", sem sono. Por isso, essas drogas recebem a denominação de **Estimulantes da Atividade do Sistema Nervoso Central**. Finalmente, há um terceiro grupo, constituído por aquelas drogas que agem modificando **qualitativamente** a atividade de nosso cérebro; não se trata, portanto, de mudanças **quantitativas**, como aumentar ou diminuir a atividade cerebral. Aqui a mudança é de qualidade! O cérebro passa a funcionar fora de seu normal, e a pessoa fica com a mente **perturbada**. Por essa razão esse terceiro grupo de drogas recebe o nome de **Perturbadores da Atividade do Sistema Nervoso Central**. Resumindo, então, as drogas psicotrópicas podem ser classificadas em três grupos, de acordo com a atividade que exercem em nosso cérebro:

1. Depressores da Atividade do SNC.
2. Estimulantes da Atividade do SNC.
3. Perturbadores da Atividade do SNC.

[...]

BRASIL. Secretaria Nacional de Políticas sobre Drogas. Centro de Informações sobre Drogas Psicotrópicas. *Livreto informativo sobre drogas psicotrópicas*: leitura recomendada para alunos a partir da 7ª série do Ensino Fundamental. 5. ed. Brasília: Ministério da Justiça, 2013. p. 7-8. Disponível em: <http://www2.unifesp.br/dpsicobio/cebrid/folhetos/drogas_.htm>. Acesso em: 16 jan. 2016.

## QUESTÕES

1. Cite um exemplo de droga ou medicamento psicotrópico.

2. Pesquise sobre a ação do álcool no corpo humano, verifique em que tipo de droga citado no texto ele se encaixa e quando o consumo de álcool passa a ser um problema para a pessoa que o consome e para as que a cercam. Dica: no *site* do Centro de Informações sobre Drogas Psicotrópicas você pode encontrar informações confiáveis.

3. O álcool é uma droga aceita socialmente e amplamente consumida. Que medidas uma pessoa que consome álcool deve tomar para não prejudicar a si mesma e aos outros?

Tecido nervoso **Capítulo 21** 257

# Mãos à obra!

## Perfil Histologia

O desafio desta atividade é confeccionar um jogo cujo tema é Histologia. A classe será dividida em grupos e cada um vai elaborar e confeccionar uma versão do mesmo jogo, o Perfil Histologia. Nele os jogadores devem descobrir o nome de um conceito por meio de dicas fornecidas pelo mediador.

### Participantes

De 2 a 6 pessoas por tabuleiro.

### Material necessário

- 6 peças de cores diferentes que servirão como peões. Podem ser tampas de garrafa PET encapadas com papéis de cores diferentes, fichas de papel-cartão do tamanho de uma moeda e com cores diferentes ou peças confeccionadas com outro material adequado.
- 1 dado, ou papéis numerados, para decidir a ordem das jogadas.
- 1 tabuleiro, que será desenhado em papel e colado sobre uma base de papel-cartão. O tabuleiro deve ter um caminho que será percorrido pelos jogadores, com uma casa de saída e outra de chegada. Veja a figura.
- **40 cartas**, cada uma com o nome de um conceito estudado na unidade (o nome de um tecido, de um tipo de célula, de uma substância importante etc.) e no mínimo cinco dicas sobre ele. As dicas devem ser numeradas e entre elas pode haver instruções, como: *Avance uma casa, Volte uma casa, Passe sua vez, Mediador avança uma casa* etc. O grupo pode elaborar as dicas e as instruções que achar mais interessantes. Essas cartas podem ser feitas à mão, em cartolina. Veja o exemplo:

> *Pele humana*
> 1. *Apresenta duas camadas.*
> 2. *Maior órgão em extensão do corpo humano.*
> 3. *Volte uma casa.*
> 4. *Possui células que produzem um pigmento chamado melanina.*
> 5. *Mediador avança uma casa.*

- Tabela de pontuação, confeccionada em cartolina, conforme o modelo a seguir.

| Quantidade de dicas | Casas avançadas |  |
|---|---|---|
|  | Jogador | Mediador |
| 1 dica | 5 | 1 |
| 2 dicas | 4 | 2 |
| 3 dicas | 3 | 3 |
| 4 dicas | 2 | 4 |
| 5 dicas | 1 | 5 |
| Nenhum acerto | permanecem no lugar ||

### Como jogar

- Façam um círculo de no máximo 6 jogadores.
- Joguem o dado (ou os papéis numerados) para sortear o mediador. O colega que tirar o número 1 será o mediador, ou seja, fará as perguntas para o jogador seguinte. Na próxima rodada, o mediador será trocado pelo jogador seguinte, e assim por diante até o final do jogo.
- Os peões permanecem na casa inicial do tabuleiro; cada um representa um jogador.
- As cartas devem ser embaralhadas e mantidas em um monte viradas para baixo.
- O mediador pega a primeira carta do monte.
- O primeiro jogador escolhe um número (de 1 a 5 caso as cartas tenham cinco dicas).
- O mediador lê a dica correspondente ao número.
- O jogador decide se arrisca um palpite ou se passa a vez. Se o jogador decidir arriscar o palpite e acertar, consulte a tabela de pontuação para saber quantas casas ele e o mediador avançam. Se errar, o jogador pode tentar outra dica. Se, ao final das dicas, o jogador não acertar nenhuma, seu peão não sai do lugar.

### Fim do jogo

Vence aquele que chegar primeiro ao fim do caminho no tabuleiro.

258 Unidade 6 Histologia animal

# Explorando habilidades e competências

Leia o trecho de artigo a seguir e responda às questões.

A queimadura é um dos traumas mais devastadores que pode atingir o homem, e considerada uma das causas frequentes de mortalidade e de graves incapacidades a longo prazo. No Brasil, o trauma contribui com 57% do total de mortalidade na faixa etária de 0 a 19 anos e corresponde a 38% dos principais agravos atendidos no sistema de saúde. Sabe-se que cerca de 1 000 000 de casos de queimaduras ocorrem ao ano, dos quais 100 000 pacientes procurarão atendimento hospitalar e 2 500 irão a óbito em decorrência de suas lesões. Estima-se uma taxa de mortalidade entre 0,86% a 34,4%, sendo que a maior parte ocorre por infecção, e o período de internação é, em média, de 1 a 266 dias. Segundo Linde, o tempo necessário para a cura da queimadura é um dos principais determinantes para o desenvolvimento de complicações.

O tratamento de queimaduras sempre foi um desafio, tanto pela sua gravidade, como pela multiplicidade de complicações que normalmente ocorrem. A cura da queimadura implica não somente em cirurgias de enxertia de pele precoces, mas também em controlar e orientar a regeneração cicatricial, que tende a ocorrer de forma anárquica e com potencial de sequelas e infecções.

As falhas mais importantes do reparo ocorrem em estágios iniciais, levando à diminuição dos elementos celulares e alterações na síntese de colágeno. Diversos fatores locais e sistêmicos interferem e retardam a cicatrização e, por isso, a reparação tecidual tem merecido atenção em vários estudos, em busca de métodos terapêuticos que possam solucionar ou minimizar as falhas no processo. [...]

### Queimaduras

A queimadura é uma lesão dos tecidos orgânicos em decorrência de um trauma de origem térmica, que varia desde uma pequena bolha até formas graves, capazes de desencadear respostas sistêmicas proporcionais à extensão e à profundidade. São lesões que podem levar à desfiguração, à incapacidade e até à morte. Existem várias formas de classificação de uma lesão por queimadura, dentre elas a que se baseia na profundidade da pele prejudicada, o que determinará o tratamento e prognóstico do paciente. Essas lesões são denominadas como superficiais (antes referidas como 1º grau), de espessura parcial (conhecidas como de 2º grau) ou de espessura total (referidas como de 3º grau). As queimaduras superficiais afetam apenas a epiderme, apresentando-se hiperemiadas, edematosas e dolorosas, resolvendo-se dentro 5 a 7 dias. As queimaduras de espessura parcial podem ser superficiais ou profundas. As superficiais cicatrizam em 14 a 21 dias, acometem a derme e sua camada superior (derme papilar) apresentando bolhas, umidade e dor acentuada, deixando mínimo tecido cicatricial. As queimaduras profundas de espessura parcial acometem quase toda a espessura da derme, apresentando coloração pálida e menos dor. O tempo necessário para cicatrização pode ser de três a seis semanas ou mais, e tais queimaduras deixarão um tecido cicatricial que pode hipertrofiar-se e contrair-se. Nas queimaduras de espessura total, a lesão acomete toda espessura da pele e, em alguns casos, se estende ao tecido subcutâneo, músculo e osso. São de aspecto esbranquiçado e rígido e, por não haver elementos dérmicos para regeneração, só cicatrizam com enxerto. [...]

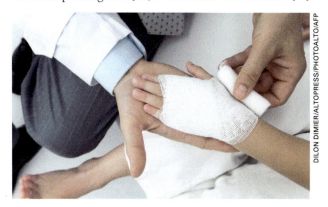

O sucesso do tratamento de queimaduras depende de cuidados ao longo do período de recuperação.

DE ALBUQUERQUE, A. K. B. et al. Efeitos do laser terapêutico no processo de cicatrização das queimaduras: uma revisão bibliográfica. *Revista Brasileira de Queimaduras*. 2010. Disponível em: <http://rbqueimaduras.org.br/detalhe_artigo.asp?id=29>. Acesso em: 13 mar. 2016.

1. Qual é o órgão humano mais afetado por queimaduras?

2. Grande parte da mortalidade devido a queimaduras se deve ao comprometimento de qual função da pele?

3. O texto fala em enxertia de pele para tratar queimaduras. Essa cirurgia consiste no implante de um pedaço de pele, o enxerto, na área afetada. De onde é possível obter pele para esse enxerto?

4. O cultivo de pele é uma maneira de obter pele para pode ser utilizada no tratamento de pessoas queimadas. Por que esse tipo de cultivo diminui a utilização de animais em testes pela indústria farmacêutica e cosmética?

5. Existem diversas pesquisas que tentam produzir pele artificial. Porém, existe grande dificuldade de reproduzir o sentido do tato. Que estruturas são responsáveis por esse sentido?

# Para rever e estudar

## Questões do Enem

**1.** (Enem PPL – 2012) Os tecidos animais descritos no quadro são formados por um conjunto de células especializadas, e a organização estrutural de cada um reflete suas respectivas funções.

| Tecido | Organização estrutural |
|---|---|
| Ósseo | Células encerradas em uma matriz extracelular rica principalmente em fibras colágenas e fosfato de cálcio. |
| Conjuntivo denso | Grande quantidade de fibras colágenas. |
| Conjuntivo frouxo | Fibras proteicas frouxamente entrelaçadas. |
| Epitelial de revestimento | Células intimamente unidas entre si, podendo formar uma ou mais camadas celulares. |
| Muscular estriado esquelético | Longas fibras musculares ricas em proteínas filamentosas. |

De acordo com a organização estrutural dos tecidos descrita, aquele que possui a capacidade de formar barreiras contra agentes invasores e evitar a perda de líquidos corporais é o tecido

a) ósseo.

b) conjuntivo denso.

c) conjuntivo frouxo.

d) epitelial de revestimento.

e) muscular estriado esquelético.

**2.** (Enem – 2011) Um paciente deu entrada em um pronto-socorro apresentando os seguintes sintomas: cansaço, dificuldade em respirar e sangramento nasal. O médico solicitou um hemograma ao paciente para definir um diagnóstico. Os resultados estão dispostos na tabela:

| Constituinte | Número normal | Paciente |
|---|---|---|
| Glóbulos vermelhos | 4,8 milhões/mm$^3$ | 4 milhões/mm$^3$ |
| Glóbulos brancos | (5 000-10 000)/mm$^3$ | 9 000/mm$^3$ |
| Plaquetas | (250 000-400 000)/mm$^3$ | 200 000/m$^3$ |

Relacionando os sintomas apresentados pelo paciente com os resultados de seu hemograma, constata-se que

a) o sangramento nasal é devido à baixa quantidade de plaquetas, que são responsáveis pela coagulação sanguínea.

b) o cansaço ocorreu em função da quantidade de glóbulos brancos, que são responsáveis pela coagulação sanguínea.

c) a dificuldade respiratória ocorreu da baixa quantidade de glóbulos vermelhos, que são responsáveis pela defesa imunológica.

d) o sangramento nasal é decorrente da baixa quantidade de glóbulos brancos, que são responsáveis pelo transporte de gases no sangue.

e) a dificuldade respiratória ocorreu pela quantidade de plaquetas, que são responsáveis pelo transporte de oxigênio no sangue.

**3.** (Enem – 2006) Os efeitos dos antiinflamatórios estão associados à presença de inibidores da enzima chamada ciclooxigenase 2 (COX-2). Essa enzima degrada substâncias liberadas de tecidos lesados e as transforma em prostaglandinas pró-inflamatórias, responsáveis pelo aparecimento de dor e inchaço.

Os anti-inflamatórios produzem efeitos colaterais decorrentes da inibição de uma outra enzima, a COX-1, responsável pela formação de prostaglandinas, protetoras da mucosa gastrintestinal.

O esquema a seguir mostra alguns anti-inflamatórios (nome genérico). As setas indicam a maior ou a menor afinidade dessas substâncias pelas duas enzimas.

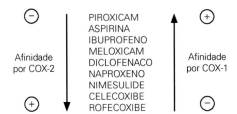

Com base nessas informações, é correto concluir-se que

a) o piroxicam é o anti-inflamatório que mais pode interferir na formação de prostaglandinas protetoras da mucosa gastrintestinal.

b) o rofecoxibe é o anti-inflamatório que tem a maior afinidade pela enzima COX-1.

c) a aspirina tem o mesmo grau de afinidade pelas duas enzimas.

d) o diclofenaco, pela posição que ocupa no esquema, tem sua atividade anti-inflamatória neutralizada pelas duas enzimas.

e) o nimesulide apresenta o mesmo grau de afinidade pelas enzimas COX-1 e COX-2.

4. (Enem – 2005) A água é um dos componentes mais importantes das células. A tabela a seguir mostra como a quantidade de água varia em seres humanos, dependendo do tipo de célula. Em média, a água corresponde a 70% da composição química de um indivíduo normal.

| Tipo de célula | Quantidade de água |
|---|---|
| Tecido nervoso – substância cinzenta | 85% |
| Tecido nervoso – substância branca | 70% |
| Medula óssea | 75% |
| Tecido conjuntivo | 60% |
| Tecido adiposo | 15% |
| Hemácias | 65% |
| Ossos sem medula | 20% |

Durante uma biópsia, foi isolada uma amostra de tecido para análise em um laboratório. Enquanto intacta, essa amostra pesava 200 mg. Após secagem em estufa, quando se retirou toda a água do tecido, a amostra passou a pesar 80 mg. Baseado na tabela, pode-se afirmar que essa é uma amostra de

a) tecido nervoso – substância cinzenta.
b) tecido nervoso – substância branca.
c) hemácias.
d) tecido conjuntivo.
e) tecido adiposo.

## Questões de vestibulares

1. (UCS – 2015) Há algum tempo as pessoas escutam e leem notícias sobre o imenso potencial das células-tronco para o tratamento de diferentes doenças. A expectativa criada gera ansiedade e às vezes frustração. Diante disso, pode-se afirmar que

a) as células-tronco hematopoiéticas tecido-específicas, produzidas no tecido ósseo, podem se transformar em células cartilaginosas.

b) as células-tronco dos tecidos específicos existem em diferentes tecidos ou órgãos como cérebro e coração e têm características pluripotentes.

c) as células-tronco embrionárias são obtidas de blastóporos, com poucas células não diferenciadas, que se transformam em qualquer tipo de célula.

d) as células-tronco pluripotentes induzidas reprogramam células adultas de vários tecidos, fazendo com que retornem ao estado tecido-específico.

e) as células-tronco hematopoiéticas já são utilizadas há décadas em transplante de medula óssea, para tratamento de algumas doenças do sangue.

2. (UFSC – 2015) Os ossos são estruturas muito resistentes e também elásticas e têm importantes funções no nosso organismo, como a de sustentação. Na figura abaixo, são mostradas as partes principais de um osso longo humano.

# Para rever e estudar

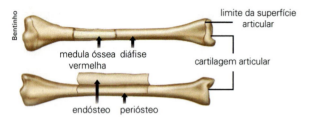

ATLAS ilustrado de Anatomia. São Paulo: Girassol 2007. p. 39.

Sobre os ossos, é correto afirmar que:

01) os ossos estão presentes como elemento de sustentação em todos os representantes do filo dos Cordados.

02) além da função de sustentação, todos os ossos têm no seu interior a medula óssea vermelha, responsável pela produção das hemácias.

04) o crescimento dos ossos depende, entre outros, de fatores genéticos.

08) o tecido ósseo cessa seu crescimento e as trocas de sais minerais com o sangue na idade adulta dos indivíduos.

16) além do cálcio e do fósforo, a vitamina D é essencial para o desenvolvimento dos ossos.

32) o crescimento dos ossos longos ocorre na região da diáfise, ou seja, entre as suas epífises.

64) nos indivíduos adultos, a deposição de cálcio nos ossos é constante, tornando-os cada vez mais rígidos.

3. (UFRGS-RS – 2015) O tecido ósseo é o principal constituinte dos ossos. Em relação a esse tecido, é correto afirmar que

a) os compostos minerais do tecido ósseo são responsáveis por sua flexibilidade.

b) o disco epifisário é a estrutura a partir da qual ocorre o crescimento dos ossos longos.

c) o osso não apresenta sensibilidade devido à ausência de fibras nervosas.

d) os osteoblastos são estimulados por um hormônio das glândulas paratireoides para a remoção de cálcio do sangue.

e) os osteoclastos formam osso novo para preencher o espaço deixado pelos osteoblastos.

4. (PUC-MG – 2015) O gráfico apresenta as variações de três parâmetros adaptativos de músculo estriado esquelético após algum tempo de treinamento físico aeróbico.

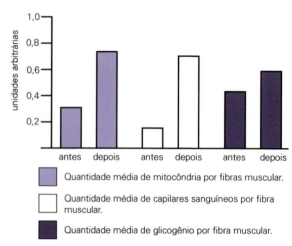

Fonte: TERJUNG, R. L. Muscle adaptations to aerobic training. *Sports Science Exchange*, 54 V.8(1), 1995.

Com base na análise dos resultados e outros conhecimentos sobre o assunto, é incorreto afirmar:

a) O aumento na quantidade de glicogênio nas fibras musculares determina obrigatoriamente o aumento na capacidade aeróbica dos músculos.

b) O aumento da quantidade de capilares nas fibras representa aumento na vascularização capaz de melhorar as trocas gasosas e a nutrição muscular.

c) O aumento na quantidade de mitocôndrias nas fibras musculares representa aumento na capacidade oxidativa.

d) A capacidade aeróbica muscular pode também depender da quantidade de mioglobina no interior das fibras musculares.

5. (Uema – 2015)

A maior parte do axônio é envolvida por uma camada de natureza lipídica chamada de bainha mielínica que funciona como isolante elétrico, aumentando a velocidade de condução do impulso nervoso. Algumas doenças, como, por exemplo, a síndrome de Guillain-Barré, têm origem na destruição da bainha de mielina com perda gradual da atividade motora.

Fonte: LINHARES, Sergio; GEWANDJNAJDER, Fernando. *Biologia hoje*. São Paulo: Ática, 2011.

Explique como a destruição da bainha de mielina afeta a atividade muscular.

**6.** (Uece – 2015) Todas as células do sangue são originadas na medula óssea vermelha a partir das células indiferenciadas, mas ao final do processo de diferenciação celular, assumem formas e funções especializadas. Dentre as células sanguíneas listadas abaixo, as que possuem a função de defesa, de coagulação e de transporte de oxigênio, respectivamente, são:

a) trombócitos, neutrófilos, hemácias.

b) plaquetas, eritrócitos, leucócitos.

c) leucócitos, trombócitos, eritrócitos.

d) eosinófilos, leucócitos, hemácias.

**7.** (UPF-RS – 2015) A pele é um órgão bastante complexo de nosso organismo e é responsável por diversas funções essenciais à vida. Assinale a alternativa que apresenta somente informações corretas sobre a pele.

a) Na epiderme, camada externa da pele, encontram-se numerosas fibras colágenas e elásticas que conferem tonicidade e elasticidade à pele.

b) Na derme, camada localizada imediatamente sob a epiderme, estão os melanócitos, células que produzem melanina, pigmento que determina a coloração da pele.

c) A epiderme e a derme são formadas por células que estão em constante processo de renovação e que podem apresentar formas achatadas, cúbicas ou cilíndricas, organizando-se de maneira justaposta em uma ou mais camadas.

d) Na camada externa da pele, denominada epiderme, encontram-se células que fabricam queratina e a acumulam internamente. Quando repletas de queratina, essas células morrem e passam a constituir um revestimento resistente ao atrito e altamente impermeável à água.

e) Tanto na epiderme quanto na derme são encontrados numerosos fibroblastos, responsáveis pela produção de fibras colágenas que conferem elasticidade e tonicidade à pele.

**8.** (IFSUL-SP – 2015) O tecido epitelial está dividido em tecido epitelial de revestimento e tecido epitelial glandular. O tecido epitelial de revestimento, além de revestir o corpo, forra as cavidades internas como a traqueia e os brônquios. Observando sua aparência, nessas cavidades internas, tem-se a impressão de que existe mais de uma camada de células, pois, os núcleos, dispõem-se em diferentes alturas.

Essa disposição celular caracteriza o epitélio

a) uniestratificado.

b) pluriestratificado.

c) pseudoestratificado.

d) de transição.

**9.** (Uern – 2015) Analise as afirmativas.

I. O tecido de revestimento dos rins é constituído por células cúbicas simples.

II. Os alvéolos pulmonares apresentam um epitélio pseudoestratificado pavimentoso.

III. O epitélio estratificado pavimentoso ocorre revestindo a cavidade nasal, a traqueia e os brônquios.

IV. O tipo de epitélio da epiderme é o estratificado pavimentoso.

V. O epitélio estratificado de transição ocorre revestindo a bexiga urinária.

Estão corretas apenas as afirmativas

a) I, II e III.

b) I, II e IV.

c) I, IV e V.

d) II, III e V.

**10.** (Udesc – 2015) Tecidos epiteliais, também denominados de epitélios, desempenham diversas funções no nosso organismo.

Em relação a estes tecidos, analise as proposições.

I. Tecidos epiteliais são pluriestratificados em função de seu papel de proteção.

II. Alguns epitélios possuem especializações que aumentam a sua capacidade de absorção.

III. Especializações epiteliais do tipo desmossomos e junções adesivas aumentam sua capacidade de absorção.

IV. A pele é um exemplo de tecido epitelial de revestimento.

V. As glândulas mamárias, assim como as sudoríparas, são exemplos de tecido epitelial de secreção.

# Para rever e estudar

Assinale a alternativa correta.

a) Somente as afirmativas II e V são verdadeiras.

b) Somente as afirmativas I, III e IV são verdadeiras.

c) Somente as afirmativas II, III e V são verdadeiras.

d) Somente as afirmativas III, IV e V são verdadeiras.

e) Somente as afirmativas I, II e V são verdadeiras.

**11.** (PUC-RS – 2015) A proteção da superfície corporal dos mamíferos contra os elementos físicos e químicos do ambiente externo é feita pelo tecido //////////, por meio de //////////.

a) conjuntivo – osteoblastos e adipócitos

b) conjuntivo fibroso – fibrócitos e mioblastos

c) epitelial glandular – secreção exócrina e endócrina

d) reticular denso – células endoteliais e de uma camada de colágeno

e) epitelial de revestimento – melanócitos e de uma camada de queratina

**12.** (UEM-PR – 2015) Sobre o tecido hematopoiético de humanos, assinale a(s) alternativa(s) correta(s).

**01)** As plaquetas são os elementos figurados do sangue e estão envolvidas no processo de coagulação sanguínea.

**02)** No indivíduo não anêmico, as hemácias são células anucleadas, discoides, circulares e bicôncavas, e duram em média 120 dias e depois são destruídas no fígado e no baço.

**04)** Um hemograma apresentando um aumento significativo no número de leucócitos indica inflamação ou infecção.

**08)** A anemia é uma condição de doença em que o transporte de oxigênio é prejudicado pela diminuição de fibrinogênio, decorrente de dieta alimentar inadequada.

**16)** Nos linfonodos ocorre grande quantidade de albuminas, que são responsáveis pela fagocitose de microorganismos patogênicos.

**13.** (UPM-SP – 2015) A respeito do sangue, considere as seguintes afirmações:

I. As células desse tecido são produzidas a partir de células-tronco adultas presentes na medula óssea.

II. Somente os glóbulos brancos são células sanguíneas nucleadas.

III. A quantidade insuficiente de glóbulos vermelhos é conhecida como anemia.

IV. A produção insuficiente de plaquetas tem como consequência a dificuldade de defesa.

São corretas as afirmativas.

a) I e III, apenas.

b) II, III e IV, apenas.

c) I, II, III e IV.

d) II e III, apenas.

e) I, II e III, apenas.

**14.** (Uepa – 2015)

Leia o texto para responder à questão.

A diferenciação celular que ocorre durante o desenvolvimento embrionário gera os inúmeros tecidos de nosso corpo. Eles atuam de modo integrado na realização de diferentes funções que nos mantêm vivos. São formados por células que podem possuir diferentes formas e funções, mas que juntas colaboram na realização de uma função geral maior.

(Texto Modificado de Bio, Sonia Lopes, 2008.)

Quanto à palavra em destaque no texto, analise as afirmativas abaixo.

I. O epitélio simples pavimentoso tem função de revestimento de vasos sanguíneos e linfáticos.

II. Uma das funções do tecido adiposo é a proteção contra choques mecânicos.

III. O tecido conjuntivo cartilaginoso tem função de sustentação e revestimento de órgãos elásticos.

IV. No tecido nervoso, os neurônios tem a função de receber e transmitir estímulos.

V. No tecido muscular, a actina e os osteócitos são responsáveis pela contração.

A alternativa que contém todas as afirmativas corretas é:

a) I, II e IV

b) I, II e V

c) I, III e IV

d) II, III e V

e) II, IV e V

**15.** (UPF-RS – 2015) Observe a figura abaixo, que representa, de forma esquemática, os principais tipos de células do Sistema Nervoso Central (SNC), indicadas pelos números 1 a 4.

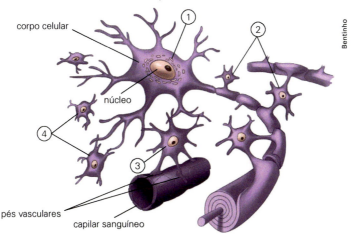

(Fonte: AMABIS; MARTHO. Biologia. São Paulo: Moderna, 2010. v. 1, p. 280. Adaptado)

Assinale a alternativa que relaciona corretamente o nome da célula ao número indicado na figura e às suas principais funções

|   | Nome das células | Número na figura | Principais funções das células |
|---|---|---|---|
| a) | Micróglia | 4 | Fagocitar detritos e restos celulares presentes no tecido nervoso. |
| b) | Astrócito | 2 | Formar o estrato mielínico que protege alguns neurônios. |
| c) | Célula de Schwann | 3 | Proteger e nutrir os neurônios. |
| d) | Oligodendrócito | 1 | Proporcionar sustentação física ao tecido nervoso e participar da recuperação de lesões. |
| e) | Neurônio | 3 | Conduzir os impulsos nervosos. |

**16.** (Uece – 2015)

A Obesidade Infantil já é considerada o distúrbio nutricional mais comum na infância. Em 1998, a Organização Mundial de Saúde declarou a Obesidade Infantil uma "epidemia global": mais de 22 milhões de crianças com idade inferior a 5 anos apresentam excesso de peso ou obesidade franca. Mais de 2/3 destas crianças se tornarão adultos obesos e terão sua expectativa de vida reduzida em 5 a 20 anos.

Disponível em: <http://www.boasaude.com.br/artigos-de saude/5321/-1/obesidade-infantil-causas-e-complicacoes.html>.

Sobre o tecido adiposo, é correto afirmar que

a) as células adiposas continuam se multiplicando por meio da ingestão excessiva de comida pelos seres humanos na fase adulta.

b) o unilocular é pouco irrigado, pois os vasos acabam sendo obstruídos pelo acúmulo de gordura.

c) é o tecido responsável por armazenar energia por meio da conversão de carboidratos em gordura.

d) o unilocular é conhecido comumente como gordura marrom.

**17.** (UEPB – 2014) Além da sustentação corporal, uma função importante dos ossos é servir de reservatório de cálcio para o organismo. Apesar de a maior parte da população não demonstrar preocupação com os próprios ossos, além do cuidado para não sofrer fraturas, algumas doenças podem atingir estes órgãos, como, por exemplo, a osteoporose. Sobre a(s) causa(s) desta doença são apresentadas para análise as seguintes proposições:

# Para rever e estudar

I. A osteoporose pode ter como causa a produção excessiva de paratormônio, secretado pelas glândulas paratireoideas, que estimula o aumento do número de osteoclastos, o que ocasiona degeneração da matriz óssea, com consequente fraqueza dos ossos.

II. Apesar de ser importante na manutenção do tônus muscular, o exercício físico não traz nenhum beneficio para os ossos, uma vez que a osteogênese é controlada apenas pela ação hormonal.

III. A osteoporose pode ter como causa a deficiência de vitamina A, já que esta é importante na regulação do equilíbrio entre as atividades de osteoblastos e osteoclastos: em indivíduos que apresentam deficiência desta vitamina, a ação dos osteoclastos suplanta a dos osteoblastos e o osso enfraquece.

Está(ao) correta(s) apenas a(s) proposição(ões):

a) III.

b) I.

c) II.

d) I e III.

e) II e III.

18. (Unesp – 2014) Alguns chefs de cozinha sugerem que o peru não deve ser preparado inteiro, pois a carne do peito e a da coxa têm características diferentes, que exigem preparos diferentes. A carne do peito é branca e macia, e pode ressecar dependendo do modo como é preparada. A carne da coxa, mais escura, é mais densa e suculenta e deve ser preparada separadamente.

Embora os perus comercializados em supermercados venham de criações em confinamento, o que pode alterar o desenvolvimento da musculatura, eles ainda mantêm as características das populações selvagens, nas quais a textura e a coloração da carne do peito e da coxa decorrem da composição de suas fibras musculares e da adequação dessas musculaturas às funções que exercem. Considerando as funções desses músculos nessas aves, é correto afirmar que a carne

a) do peito é formada por fibras musculares de contração lenta, pobres em mitocôndrias e em mioglobina, e eficientes na realização de esforço moderado e prolongado.

b) do peito é rica em fibras musculares de contração rápida, ricas em mitocôndrias e em mioglobina, e eficientes na realização de esforço intenso de curta duração.

c) da coxa é formada por fibras musculares de contração lenta, ricas em mitocôndrias e em mioglobina, e eficientes na realização de esforço moderado e prolongado.

d) da coxa é formada por fibras musculares de contração rápida, pobres em mitocôndrias e em mioglobina, e eficientes na realização de esforço intenso de curta duração.

e) do peito é rica em fibras musculares de contração lenta, ricas em mitocôndrias e em mioglobina, e eficientes na realização de esforço moderado e prolongado.

19. (Udesc – 2014) O tecido cartilaginoso pode ser encontrado na orelha, no nariz, na traqueia e nas articulações e possui algumas características que são comuns aos demais tecidos conjuntivos. Analise as proposições abaixo, quanto ao tecido cartilaginoso.

I. As células jovens do tecido cartilaginoso são chamadas de condroblastos e as células adultas de condrócitos.

II. As fibras colágenas e as fibras elásticas, em associação com proteínas e carboidratos, conferem consistência e flexibilidade ao tecido.

III. O tecido cartilaginoso adulto é calcificado e apresenta os canais de Havers, responsáveis pela nutrição das células.

IV. A abundância de glândulas mucosas, nervos e vasos sanguíneos permite a fácil regeneração deste tecido.

Assinale a alternativa correta.

a) Somente as afirmativas III e IV são verdadeiras.

b) Somente as afirmativas I, II e III são verdadeiras.

c) Somente as afirmativas I e II são verdadeiras.

d) Somente as afirmativas I e IV são verdadeiras.

e) Todas as afirmativas são verdadeiras.

20. (Unicamp-SP – 2014) O tecido muscular cardíaco apresenta fibras

a) lisas, de contração voluntária e aeróbia.

b) lisas, de contração involuntária e anaeróbia.

c) estriadas, de contração voluntária e anaeróbia.

d) estriadas, de contração involuntária e aeróbia.

# BIBLIOGRAFIA

ALBERTS, B. et al. *Fundamentos da Biologia Celular*. 3. ed. Porto Alegre: Artmed, 2011.

ARAGÃO, F. J. L. *Organismos transgênicos:* explicando e discutindo a tecnologia. Barueri: Manole, 2003.

CARVALHO, I. S. *Paleontologia*. Rio de Janeiro: Interciência, 2000.

CURI, R.; PROCÓPIO, J. *Fisiologia básica*. Rio de Janeiro: Guanabara Koogan, 2009.

CURTIS, H. *Biologia geral*. Rio de Janeiro: Guanabara Koogan, 1997.

DARWIN, Charles. *Origem das espécies*. Belo Horizonte: Vila Rica, 1994.

DE ROBERTIS, E. M. F.; HIB, J. *Bases da biologia celular e molecular*. 3. ed. Rio de Janeiro: Guanabara Koogan, 2005.

FUTUYMA, D. J. *Biologia evolutiva*. 3. ed. Ribeirão Preto: Funpec, 2009.

GOULD, S. J. *O polegar do panda*. São Paulo: Martins Fontes, 1989.

GUYTON, A. C. *Fisiologia humana*. 6. ed. Rio de Janeiro: Guanabara Koogan, 1988.

HENRY, J. *A revolução científica e as origens da ciência moderna*. Rio de Janeiro: Jorge Zahar, 1998.

JUNQUEIRA, J. C.; CARNEIRO, J. *Biologia celular e molecular*. 8. ed. Rio de Janeiro: Guanabara Koogan, 2005.

_____; *Histologia básica*. 10. ed. Rio de Janeiro: Guanabara Koogan, 2004.

_____; ZAGO, D. *Fundamentos de embriologia humana*. 3. ed. Rio de Janeiro: Guanabara Koogan, 1977.

LENT, R. *Cem bilhões de neurônios?* Conceitos fundamentais de neurociências. São Paulo: Atheneu, 2001.

MAYR, E. *Isto é Biologia*: a ciência do mundo vivo. São Paulo: Companhia das Letras, 2005.

_____. *O desenvolvimento do pensamento biológico. Brasília*: Ed. UnB, 1998.

MEYER, D.; EL-HANI, C. N. *Evolução*: o sentido da biologia. São Paulo: Ed. da Unesp, 2005.

OPÁRIN, A. *A origem da vida*. 7. ed. São Paulo: Símbolo, 1978.

PEREIRA, L. V. *Células-tronco*: promessas e realidades. São Paulo: Moderna, 2013.

RAMOS, M. C. *O ser vivo*. São Paulo: WMF Martins Fontes, 2010. (Coleção Filosofias: o prazer de pensar.)

REECE, J. B. et al. *Biologia de Campbell*. 10. ed. Porto Alegre: Artmed, 2015.

REHEN, S.; PAULSEN, B. *Células-tronco*: O que são? Para que servem? Rio de Janeiro: Vieira e Lent, 2005. (Coleção Ciência no Bolso)

SANTOS, B. S. *Um discurso sobre as ciências*. 5. ed. São Paulo: Cortez, 2008.

SOCIEDADE BRASILEIRA DE ANATOMIA. *Terminologia anatômica*. Barueri: Manole, 2001.

STORER, T. I.; STEBBINS, R. C. *Zoologia geral*. São Paulo: Companhia Editora Nacional, 2000.

TEIXEIRA, W. et. al. (Org.). *Decifrando a Terra*. São Paulo: Oficina de Textos, 2000.

TORTORA, G. J.; GRABOWSKI, S. R. *Corpo humano: fundamentos de anatomia e fisiologia*. 6. ed. Porto Alegre: Artmed, 2006.

# SITES

**Academia de Ciência** (Instituto Fernand Braudel de Economia Mundial)
Disponível em: <http://www.academiadeciencia.org.br/site/>. Acesso em: 17 mar. 2016.

**Associação Brasileira de Transplante de Órgãos – ABTO**
Disponível em: <http://www.abto.org.br>. Acesso em: 17 mar. 2016.

**Biblioteca Digital de Ciências** (Laboratório de Tecnologia Educacional do Departamento de Bioquímica, Instituto de Biologia, Universidade Estadual de Campinas – Unicamp-SP)
Disponível em: <http://www.bdc.ib.unicamp.br/bdc/index.php>. Acesso em: 17 mar. 2016.

**Biblioteca Virtual em Saúde** (Ministério da Saúde)
Disponível em: <http://bvsms.saude.gov.br/>. Acesso em: 17 mar. 2016.

**Centro de Pesquisa sobre o Genoma Humano e Células-Tronco** (Instituto de Biociências da Universidade de São Paulo)
Disponível em: <http://genoma.ib.usp.br>. Acesso em: 17 mar. 2016.

**Dr. Drauzio**
Disponível em: <http://drauziovarella.com.br/>. Acesso em: 17 mar. 2016.

**DST, Aids e hepatites virais** (Secretaria de Vigilância em Saúde do Ministério da Saúde)
Disponível em: <http://www.aids.gov.br/>. Acesso em: 17 mar. 2016.

**Eco-animateca**
Disponível em: <http://www.ecoanimateca.com.br/>. Acesso em: 17 mar. 2016.

**Embrapa** (Empresa Brasileira de Pesquisa Agropecuária, Ministério da Agricultura, Pecuária e Abastecimento)
Disponível em: <https://www.embrapa.br/>. Acesso em: 17 mar. 2016.

**Entendendo a evolução – Evosite** (Instituto de Biociências da Universidade de São Paulo, IB-USP)
Disponível em: <http://www.ib.usp.br/evosite/>. Acesso em: 17 mar. 2016.

**Espaço Interativo de Ciências** (Instituto Nacional de Biotecnologia Estrutural e Química Medicinal em Doenças Infecciosas e Centro de Biologia Molecular Estrutural)
Disponível em: <http://cbme.usp.br/>.  Acesso em: 17 mar. 2016.

**Fapesp** (Fundação de Amparo à Pesquisa do Estado de São Paulo)
Disponível em: <http://fapesp.br/>. Acesso em: 17 mar. 2016.

**...jovem** (Fundação Oswaldo Cruz)

Disponível em: <http://www.fiojovem.fiocruz.br/>. Acesso em: 17 mar. 2016.

**Instrumentação para o Ensino de Ciências – IEC** (Instituto de Biociências da Universidade de São Paulo, IB-USP)

Disponível em: <http://www.ib.usp.br/iec/>. Acesso em: 17 mar. 2016.

**Instituto Ciência Hoje**

Disponível em: <http://cienciahoje.uol.com.br/>. Acesso em: 17 mar. 2016.

**Ministério do Meio Ambiente**

Disponível em: <http://www.mma.gov.br/>. Acesso em: 17 mar. 2016.

**Museu do Índio** (Fundação Nacional do Índio)

Disponível em: <www.museudoindio.gov.br/>. Acesso em: 17 mar. 2016.

**Museu Escola** (Instituto de Biociências da Universidade Estadual Paulista "Júlio de Mesquita Filho", IB-Unesp)

Disponível em: <www.museuescola.ibb.unesp.br/index.php>. Acesso em: 17 mar. 2016.

**Museu Goeldi** (Museu Paraense Emílio Goeldi)

Disponível em: <www.museu-goeldi.br/portal/>. Acesso em: 17 mar. 2016.

**Portal da Casa das Ciências** (Recursos digitais para professores)

Disponível em: <www.casadasciencias.org/cc/>. Acesso em: 17 mar. 2016.

**Portal da Fiocruz** (Fundação Oswaldo Cruz)

Disponível em: <http://portal.fiocruz.br/pt-br>. Acesso em: 17 mar. 2016.

**Portal da Saúde** (Ministério da Saúde)

Disponível em:  <http://portalsaude.saude.gov.br/>. Acesso em: 17 mar. 2016.

**Portal da Sociedade Brasileira de Dermatologia**

Disponível em: <www.sbd.org.br/>. Acesso em: 17 mar. 2016.

**Portal do Instituto Brasileiro de Museus – Ibram** (Guia dos Museus Brasileiros)

Disponível em: <www.museus.gov.br/guia-dos-museus-brasileiros/>. Acesso em: 17 mar. 2016.

**Projeto Tamar**

Disponível em: <http://tamar.org.br/>. Acesso em: 17 mar. 2016.

# SIGLAS

## SIGLAS DE INSTITUIÇÕES DE ENSINO, EXAMES E VESTIBULAR

Enem – Exame Nacional do Ensino Médio

Enem PPL – Exame Nacional do Ensino Médio para Pessoas Privadas de Liberdade

Fatec-SP – Faculdade de Tecnologia (São Paulo)

FGV-SP – Fundação Getúlio Vargas (São Paulo)

Fuvest-SP – Fundação Universitária para o Vestibular (São Paulo)

IFSC – Instituto Federal de Educação, Ciência e Tecnologia de Santa Catarina

Ifsul-RS – Instituto Federal de Educação, Ciência e Tecnologia Sul-Rio-Grandense (Rio Grande do Sul)

PUC-MG – Pontifícia Universidade Católica de Minas Gerais

PUC-PR – Pontifícia Universidade Católica do Paraná

PUC-RJ – Pontifícia Universidade Católica do Rio de Janeiro

PUC-RS – Pontifícia Universidade Católica do Rio Grande do Sul

PUC-SP – Pontifícia Universidade Católica de São Paulo

UCS-RS – Universidade de Caxias do Sul (Rio Grande do Sul)

Udesc – Universidade do Estado de Santa Catarina

Uece – Universidade Estadual do Ceará

UEL-PR – Universidade Estadual de Londrina (Paraná)

UEM-PR – Universidade Estadual de Maringá (Paraná)

Uema – Universidade Estadual do Maranhão

Uepa – Universidade do Estado do Pará

UEPG-PR – Universidade Estadual de Ponta Grossa (Paraná)

Uerj – Universidade do Estado do Rio de Janeiro

Uern – Universidade do Estado do Rio Grande do Norte

UFF-RJ – Universidade Federal Fluminense (Rio de Janeiro)

UFG-GO – Universidade Federal de Goiás

UFMA – Universidade Federal do Maranhão

UFPB – Universidade Federal da Paraíba

UFRGS-RS – Universidade Federal do Rio Grande do Sul

UFSC – Universidade Federal de Santa Catarina

UFSM-RS – Universidade Federal de Santa Maria (Rio Grande do Sul)

UFTM-MG – Universidade Federal do Triângulo Mineiro (Minas Gerais)

UFU-MG – Universidade Federal de Uberlândia (Minas Gerais)

Unesp-SP – Universidade Estadual Paulista "Júlio de Mesquita Filho" (São Paulo)

Unicamp-SP – Universidade Estadual de Campinas (São Paulo)

UPE – Universidade de Pernambuco

UPF-RS – Universidade de Passo Fundo (Rio Grande do Sul)

UPM-SP – Universidade Presbiteriana Mackenzie (São Paulo)

**Revista Ciência e Cultura** (Sociedade Brasileira para o Progresso da Ciência – SBPC)
Disponível em: <http://www.sbpcnet.org.br/site/publicacoes/ciencia-e-cultura.php>. Acesso em: 17 mar. 2016.

**Revista Ciência Hoje** (Instituto Ciência Hoje)
Disponível em: <http://cienciahoje.uol.com.br/revista-ch>. Acesso em: 17 mar. 2016.

**Revista Pesquisa Fapesp** (Fundação de Amparo à Pesquisa do Estado de São Paulo)
Disponível em: <http://revistapesquisa.fapesp.br/>. Acesso em: 17 mar. 2016.

**SciELO – Scientific Electronic Library Online** (Fapesp, CNPq, Bireme/Opas/OMS, FapUnifesp)
Disponível em: <http://www.scielo.org/php/index.php>. Acesso em: 17 mar. 2016.

**Sociedade Brasileira de Diabetes**
Disponível em: <http://www.diabetes.org.br/>. Acesso em: 17 mar. 2016.

**Sociedade Brasileira de Imunizações – SBIM**
Disponível em: <http://www.sbim.org.br/>. Acesso em: 17 mar. 2016.

**Sociedade Brasileira para o Progresso da Ciência – SBPC**
Disponível em: <http://www.sbpcnet.org.br/site/>. Acesso em: 17 mar. 2016.

**UFRGS Ciência** (Secretaria de Comunicação Social da Universidade Federal do Rio Grande do Sul – Secom)
Disponível em: <http://www.ufrgs.br/secom/ciencia/>. Acesso em: 17 mar. 2016.